U0520744

JIGUAN
GONGKE

机关功课
51讲

张传禄 著

重庆出版集团 重庆出版社

目录 CONTENTS

① Lesson one　第一课　会与领导相处

第1讲　密切联系领导　　2
第2讲　坚决服从领导　　7
第3讲　真诚尊重领导　　11
第4讲　竭力成就领导　　21
第5讲　虚心学习领导　　35
第6讲　善于约束领导　　43

② Lesson two　第二课　掌握办事要领

第7讲　按领导意图办　　52
第8讲　按规定程序办　　58
第9讲　按工作职责办　　60
第10讲　大事要细办　　62
第11讲　急事要慢办　　65
第12讲　轻事要重办　　70
第13讲　熟事要生办　　74
第14讲　难事要易办　　78
第15讲　生事要熟办　　81
第16讲　特事要特办　　84
第17讲　有事要快办　　91

3 Lesson three　第三课　贵在能参善谋

第18讲　胸怀全局想问题　　96
第19讲　抓住重点出主意　　104
第20讲　着眼实效搞谋划　　111

4 Lesson four　第四课　练就生花妙笔

第21讲　笔杆子创奇迹　　118
第22讲　把公文写成美文　　124
第23讲　做到精心起草　　146

5 Lesson five　第五课　提高讲理水平

第24讲　把大道理讲小　　150
第25讲　把深道理讲浅　　154
第26讲　把老道理讲新　　157
第27讲　把空道理讲实　　161
第28讲　把冷道理讲热　　167
第29讲　把硬道理讲软　　170
第30讲　把歪道理驳倒　　173

6 Lesson six　第六课　创建人脉磁场

第31讲　会搞人际关系　　180
第32讲　善于合作共事　　186
第33讲　铭记协商二字　　188
第34讲　警惕文人相轻　　192
第35讲　谨防过河拆桥　　195
第36讲　提升服务质量　　198

第37讲　讲究协调方法　　205

7 Lesson seven 第七课　养成良好习惯

第38讲　守规矩的习惯　　214
第39讲　善思考的习惯　　217
第40讲　爱学习的习惯　　222
第41讲　严保密的习惯　　230

8 Lesson eight 第八课　把握创新方法

第42讲　观察有新视角　　238
第43讲　调研有新思路　　249
第44讲　督查有新方法　　256
第45讲　思维有灵活性　　264

9 Lesson nine 第九课　锤炼高尚品格

第46讲　做贤能不做小人　　272
第47讲　做清官不做贪官　　277
第48讲　做人才不做奴才　　286

10 Lesson ten 第十课　登上成功快车

第49讲　把单位当家建　　292
第50讲　干一行精一行　　295
第51讲　优化自己才能　　301

后　　记　　310

序:"机关"释尽皆学问

周大新

拿到《机关功课51讲》,书名一下子就吸引了我。对任何一个单位来讲,机关工作都是很重要的,机关是决策的中枢机构。决策前的准备工作,决策的各项预案,是由机关负责提出的;决策后的抓落实,落实中的信息反馈,也是由机关来完成的。任何一级机关,都是领导的办事机构,在权力运作过程中,领导干部是决策者、指示者,机关干部是操作者、落实者。因此,对于机关工作人员而言,想做好机关工作,首要的基本功就是要做足"机关功课"。

基层看政绩,机关重素质。机关工作人员要勤于学习、善于学习,不断提高自己的综合素质。大家都讲复合型人才,复合型人才就是综合素质高的人才,而搞机关工作最重要的就是综合素质。本书作者张传禄告诉读者,怎样学会与领导相处,怎样练就生花妙笔,怎样掌握办事要领,等等,可谓句句真言、字字珠玑。即使是刚进机关的新手,认真地读一读本书,大概也便学会了机关工作人员的"基本功课",基本胜任机关工作了。

在《机关功课51讲》中,张传禄重实践、说实话、求实效,均以"有用没用""能不能用"为标准,力求实现学以致用。书中内容紧贴机关工作的实际，道出了机关工作人员的切身感受，阐释了机关工作的特点及奥秘，传授了做好机关工作的方法及技巧，系统、准确、透彻、明晰，既有可操作性，又有较强的理性。它既能指导"新机关"尽快入门，又能帮助"老机关"全面提高。对于想了解机关或进入机关的人，将是一把灵便的开门钥匙；而对于正置身其中的人，则堪称是一部机关生存技术手册。

自2005年以来，作者已出版了"机关学"系列专著。可贵的是作者没有止步，而是不断地追求完美的新境界，使其作品更加好读、更加好懂、更加好记、更加好用、更加与时俱进。党的十九大以来，在以习近平同志为核心的党中央的领导下，中国特色社会主义进入了新时代。与此相适应的是，各级领导机关在执政理念、执政方式、能力素质建设、思想作风建设等方面都发生了深刻变化，同时也出现了新的需求和要求。时代是思想之母，实践是理论之源。《机关功课51讲》，可以说是作者置身新时代的新思考、新提炼、新概括，突出了"与时俱进，删繁就简，除旧布新，去粗取精，提炼升华"的主旨，为机关干部做足功课提供了精品读本。

说它是精品，首先是认真贯彻了习近平同志关于治国理政的系列重要论述精神以及加强办公厅（室）建设的系列重要指示精神，并在如何运用习近平新时代中国特色社会主义思想指导机关建设方面，作了深入思考和系统提炼。比如，依据习近平同志要求的"在处理同领导的关系中，力求做到'参与而不干预、协助而不越权、服从而不盲从'"，书中提出了"密切联系领导，坚决服从领导，真诚尊重领导，竭力成就领导，虚心学习领导，善于约束领导"的要求和方法；针对习近平同志曾严厉批评有的领导干部"与新社会群体说话，说不上去；与困难群众说话，说不下去；与青年学生说话，说不进去；与老同志说话，给顶了回去"的失语状态，书中提出"会说话"的窍门："把大道理讲小，把深道理讲浅，把老道理讲新，把空道理讲实，把冷道理讲热，把硬道理讲软，把歪道理驳倒"，等等。可以说，《机关功课51讲》始终彰显学习理解、贯彻落实习近平同志有关领导机关建设的一系列重要论述的使命自觉和文化自觉。

说它是精品，还因为《机关功课51讲》重新概括出智慧型机关干部的"十个必备"课程：会与领导相处，掌握办事要领，贵在能参善谋，练就生花妙笔，提高讲理水平，创建人脉磁场，养成良好习惯，把握创新方法，锤炼高尚品格，登上成功快车。作者通过其自身近四十年的各级机关工作实践认识到，在机关工作，光有热情和干劲不行，还需要有智慧。智慧型机关干部应当是科学的思想方法和工作方法的集中体现，意志与品质，言论与行动，智商与情商，方法与策略，动机与效果等，必须在机关的实践中高度集成。在这个意义上，我认为只要备足了这十个方面的功课，无论在哪级机关工作，都会得心应手，游刃有余，脱颖而出，顺利到达成功的彼岸。

说它是精品，更因为它展现出了精品化特质。相较于作者此前的著作，本书一方面是篇幅更精炼了，但知识点、信息量却增加了许多；再一方面是实用方法概括更精到了。比如，提高自身素质的"五项全能"：能文能武，能高能低，能前能后，能方能圆，能苦能乐；机关办事方法"四条要求"：凡早也是要办，晚也是要办的事，一定要早办；凡主动也是办，被动也是办的事，力争主动办；凡也可以去办，也可以不办的事，尽可能地办；凡冷淡也是办，热情也是办的事，要热情地办。还如，机关工作应具备的独特精神：不怕吃苦，不怕批评，不怕返工，不怕无名；一要任劳，二要任怨，三要认命；机关干部成功的四条标志：上面有人调，下去有人要，领导喜欢用，测评得高票。诸如此类的新理念、新提法、新概括，贯穿《机关功课51讲》的每课每讲，相信这些通俗易懂、实在管用的东西，能引起读者朋友的共鸣和欢迎。

从机关中来，到机关中去。《机关功课51讲》并非出自领导理论家之手，而是机关干部的经验之谈。张传禄是解放军某部的机关干部，他以40年的亲身体验和观察思考，提炼从基层到总部各级机关的工作经验，阐述了在一个特殊的环境中为人处世的珍贵心得，撰写成这么一本既实用又好看的书，可以说是做了一件对机关长远建设非常有益的事。

《机关功课51讲》聚机关工作经验之精华，传机关工作高效之要诀，铺机关干部成才之道路，是不可多得的一本好书，值得每一个机关干部或未来的机关干部认真地读一读。

（本文作者为当代著名作家、第七届茅盾文学奖获得者）

第一课
会与领导相处

领导机关是由领导干部和机关干部组成。领导干部是决策者、指挥者，机关干部是操作者、落实者。因此，做好机关工作，最重要的便是处理好与领导的关系，让领导信任你，重用你。

我以为，做人当如篮球，谁都争，谁都抢，谁都喜欢你；而不能似排球，你打过来，我推过去，谁也不要你。特别是机关干部，作为领导的助手，若不会与领导相处，就得不到领导的信任和重用，纵是学富五车，满腹经纶，也必然陷入怀才不遇的沼泽而难以自拔。像汉朝的贾谊，人称他是"王者之佐"的人才，但他"志大而量小"，"才有余而识不足"，君臣关系处理不好，得不到重用，结果三十来岁"自伤哭泣而死"。苏东坡在《贾谊论》中指出："非汉文之不用生，生之不能用汉文也。"意为不是汉文帝不重用贾谊，而是贾谊没有很好地利用汉文帝来施展自己的政治抱负。古人的教训，值得今人警惕。

第1讲　密切联系领导

机关有"三服务"的重要职责，第一项就是为领导服务。提倡"密切联系领导"，是由机关工作的性质和特点所决定的。

任何一级机关，都是党委和领导的办事机关、职能部门。机关干部的工作，绝大多数是依据党委的决定和单位领导的指示而行。说得更直接一些，领导是决策层、指示层；机关干部是操作层、落实层，没有擅自决定事宜的权力。如果与领导联系不频繁，就得不到领导的指示和支持，工作就会失去依据和遵循；如果与领导关系不密切，就得不到领导的信任和重用，也就难以有施展才华的机会。长此以往，你在机关就很难有大的作为。

传统文化认为过犹不及。所以，需要申明的是，机关干部的"密切联系领导"，要做得恰如其分，恰到好处。要对"密切"二字有正确的理解，如果在这方面稍微做得过一点，就有奴颜婢膝、溜须拍马的嫌疑，为正人君子所不齿。如果是这样，带来的危害就太大了。

第一，影响自己的形象。一个形象恶劣的机关干部，必然制约着自己工作和事业的成功。

第二，给自己带来巨大风险。虽然有的机关干部以不正当的手段搞卖身投靠那一套，得到某些好处，带来一时风光，但同时也带来了极大风险。如果不正派搞投靠能够成功，说明所投靠的那位领导人也不够正派，至少不够严格。常言讲，"恶有恶报，善有善报，不是不报，时候未到"，所有不正派的领导到头来是不会有好结果的，投靠者与之俱荣的希望，很可能最后得到的是与之俱损的结果。

第三，容易败坏机关生态环境。在机关工作，你投靠这位领导，他投靠那位领导，于是你成了A的人，他成了B的人。结党营私，山头林立，帮派林立，是何等恶劣的机关生态环境？因而十九大报告强调指出："坚决防止和反对宗派主义、圈子文化、码头文化，坚决反对搞两面派、做两面人。"

一位经验丰富的老领导在我担任机关部门领导时提醒说："进了班子，不要进圈子。"意为永远做组织的人，不要成为谁谁的人，可谓经验之谈，更可供新时代的机关干部借鉴。

第四，妨碍个人茁壮成长。一个人如果把学问与精力都用在与别人结党营私上或投靠权势上了，宝贵时间花在难登大雅之堂的事情上了，心理承受能力支付在不正派的上下关系所面临的巨大心理压力上了，他还能有多少时间历练真本事？没有真本事的人，是很难有光明前途和未来的。

无须讳言，社会上曾有过"逆淘汰"的现象，不少人走上社会，看着一些人凭关系上去了，就失去了奋斗的热情，变得灰心丧气甚至随波逐流，或是破罐子破摔起来。但我一直坚信，本事胜过关系，有真本事的人，虽然他的路走得要苦一些，曲折一些，但他是靠自己的真本事活着，他就不用担心关系没有了怎么办，他也不用担心自己没有出头之日，因为这个社会不可能都来假吧？总得有点有本事的人来支撑吧？

我退休这些年来，不断耳闻有的高官被查处了，有的高官被判刑了，有的高官上吊、跳楼自杀了。这些人中间，有的我过去比较熟悉，有的我们还一起共过事。他们大都原本也是靠本事吃饭的，后来经不住诱惑，耐不住寂寞，逐渐走上了靠关系吃饭、靠金钱吃饭（花钱买官）的歪门邪道。职务级别是升上去了，但最终却跌落下来或是"进去了"（进了监狱）。最典型的是我们当年搞新闻报道的一个同仁，找到了一个大靠山，几年间，跃升到省部级行列。他还邀请我到他主政的那个单位讲过课，我讲的就是"靠本事吃饭"的问题。前不久，有人告诉我，你那个同仁在家自杀了。因为他的靠山倒了，所以，他绝望了。这使我想起了胡雪岩的感悟："靠山是火山"。

关系是瓷饭碗，会碎的；文凭是铁饭碗，会锈的；本事是金饭碗，是会升值的。这里所说的"密切联系领导"，绝不是搞诸如阿谀奉承、吹吹拍拍、拉拉扯扯、卖身投靠等庸俗的东西，而是依靠高质量的工作赢得领导的信赖和器重。

把工作做出成绩来

十九大报告指出："增强狠抓落实本领，坚持说实话、谋实事、出实招、求实效，把雷厉风行和久久为功有机结合起来，勇于攻坚克难，以钉钉子精神做实做细做好各项工作。"这应当成为我们机关工作的指针。

无论做任何事情、从事何种职业，我们都需要有踏实的作风，勇于攻坚克难，做实做细做好各项工作。否则，会使领导者的决策、计划落空，最终影响工作大局，此最为领导所忌。所以，一定要把工作做出成绩来。对工作负责，就是对自己负责。对工作不负责，既是对自己不负责，也是对领导不负责。任何领导都不会信任没有事业心、责任感，没有抓落实本领的下属。

机关干部要有这样的追求：做同一件事情，你要比别人做得好；别人也做得同样好时，你要比别人做得快；别人也做得同样快时，你要比别人成本低；别人成本也一样低时，你要比别人附加值高。总之，让人感到你是最棒的，别人无法与你比拟或无法取代你。你能把非凡的工作干得有声有色，把平凡的工作干得不平凡，这也是领导和事业所需要的。

办好领导交办的事

我在机关部门领导任上有一点深刻体会，如果叫一个人去做点什么事，一次不行，两次还不行的话，再也不大可能叫他去做什么事情了，因为他不得托。而事实上，如果一个人被人看死，尤其是被领导看死的话，他基本上就没有光明的前途了。所以，领导让办的事情，积极主动办，认认真真办，一定要办好；领导不让办的事情，坚决不去办，不能阳奉阴违，口是心非。既不把简单问题复杂化，也不把复杂问题简单化。办事要有根有据，有章有法，有头有尾，有始有终，不留任何后遗症，更不能影响领导的形象和威望。

不要有功利心

一个有功利心的人，往往会很浮躁；而浮躁的人，往往又耐不住寂寞，好急功近利，企图走捷径。比如，有的人领导在的时候一个样，拼命表现；领导不在的时候又一个样，耍滑偷懒，什么也不干。这样的人，往往被领导一时看重，但是没有民意做基础，时间长了就会露出马脚，给领导留下的是恶劣印象。

实际上，在一个单位，谁做得多，谁做得少，谁能干，谁不能干，领导大都会看在眼里，心里有杆秤。如果说他看不见，也是假装看不见，因此千万不要耍小聪明，玩小点子。工作怎么样，要让领导和同事看出来，而不要从自己口中说出来，这是常识性的问题。

我还有一点切身体会，做好分管的具体工作，做出突出的政绩，必须全身心地投入，这是十分辛苦的，可以认真总结成功的经验和存在的问题，并向领导汇报，但特别注意不要在领导面前诉苦，尤其在工作进行过程中，如果老是强调工作有难度，推进不容易，不但不会给领导留下你工作不遗余力的正面印象，反而会留下你干工作力不从心的不良印象。记住这一箴言："只有埋头，才能出头。"

还有一点需要谨记，绝大多数领导都需要有人为他提建议、出主意，而功利心太重的人在考虑问题时很短见，重视个人利益、短期利益，无法形成长期的看法，最终也很难引起领导的兴趣。

群众口碑要好

领导看待下属，不仅要看其是否有能力，是否有成绩，而且还要看其是否有群众基础。如果仅有好人缘，却目无领导，固然得不到领导的重用，但若仅仅与领导的关系好，而没有良好的群众基础，同样也不会得到领导的重用。

一个人能否得到重用，不仅领导心中有数，群众心里同样有一杆秤。只有在做好本职工作的基础上，建立良好的群众关系，才能够顺理成章地得到领导的重用。

"这奖杯那奖杯，不如群众的口碑"，这话不仅适用于领导，同样适用于机关干部。

第2讲　坚决服从领导

对领导坚决服从，既是工作方法问题，更是组织纪律、组织原则问题。

强烈的服从意识，不仅是我们大力提倡的为政理念，也是一条世界通行的准则。不少人认为，美国是民主度高、自由度大的地方，在那里老百姓可以骂总统，员工可以顶撞老板，下属可以不听领导的，实际上这只是一种极为幼稚的主观臆想。美国第三十七任总统尼克松说过："唯一雷打不动的原则是：一旦最高的领导人作出决定，争辩就要停止，所有的人都必须支持他的决定。"第四十一任总统乔治·布什也重述："在某个问题上，副总统可以与总统持不同见解，并把这种不同见解在决策的过程中表达出来。但是，一旦总统最终作出决定，分歧就不复存在了。"

服从是无条件执行

大凡到过西柏坡的人都知道，那里有一个简陋得不能再简陋的中央军委指挥所。毛主席和其他几位中央领导同志，就是在这世界上最小、最简陋的指挥所里，指挥了震惊中外的"三大战役"。

我多次前来拜谒这个圣地。据解说员介绍，当时这里在物质方面几乎什么也没有——没有雄厚兵力支援前方，没有武器弹药供给前方，没有军饷给养保障前方。有的只是源源不断的电报，把作战命令、指示下达给前线各路指挥员。

那时，各野战军的条件都相当艰难，但接到中央的指示、命令，无一人叫艰苦，喊困难，谈条件，讲价钱。没有兵力自己招募，没有粮草自己征集，没有弹药自己想办法。中央不负责诸如此类的具体事宜，只管发指示，下命令，收捷报。这真是上级下达指示无商量，下级坚决执行无条件。

这就是中国共产党的组织原则和组织纪律。从中国共产党由无到有、由小到大、由弱到强、由胜利走向胜利的伟大实践看，贯穿始终的是强烈的服从意识：个人服从组织，少数服从多数，下级服从上级，全党服从中央。"四个服从"保证了党的绝对领导，永葆了党的旺盛生命力和强大战斗力。

服从的显著特征就是不讲条件、不讲价钱，"有条件要完成，没有条件创造条件也要完成"。所以，我们机关干部在接受领导交给的任务时，要充分发挥主观能动性，遇到的困难再多，付出的代价再大，也不要强调客观理由。

如果时常"主观不努力，客观找原因"，首先会给领导落下"执行指示不坚决"的印象，其次还会给领导落下"此人太无能"的印象。实际上，领导交代任何任务，都会明了其中的难处，正因为有困难，才交给你去完成，这既是对你的信任，也是对你的考验和培养。

仔细琢磨一下，如果你遇事总是强调客观、畏难发愁，办事总是失败而归，你在领导的心目中必然是个难受重托、难当大任的形象，领导怎么可能会信任你呢？

服从而不盲从

1990年3月，习近平同志在与福建宁德地县办公室干部谈心时曾指出："在处理同领导的关系中，力求做到'参与而不干预、协助而不越权、服从而不盲从'。"这是机关工作的真谛，也是机关干部必须始终遵循的原则。

提倡服从而不盲从，是因为落实好领导的决策指示需要有创造性。大凡盲从者，遇事不动脑筋、不想办法，简单复制指示内容，满足于当"收发室""传声筒"，必然难以把上级的指示贯彻落实好。只有发挥主观能动性，体现工作创造性，才能把领导指示精神与客观实际结合好、落实好。陈毅元帅曾对机关干部讲过一段话："对首长要服从，但也要有'强谏'的责任，并不是明明看到首长把问题处理错了，你也不作声，而是要有'请求'首长采纳正确意见的责任心。"

类似的理念，在西方也颇为流行。比如美国的道格尔·休斯上校，他在一次远征的动员大会上就说过："忠诚不是愚忠，服从不是盲从，假如你的长官错了，你还盲目地忠诚于他，你就是愚昧的人，这样的人没有资格进入海军陆战队。"

服从与盲从，一字之差，有着本质的区别。所谓服从，是以对事业高度负责的精神执行领导指示，只要是正确的，就不讲条件、不讲价钱，坚决贯彻落实；发现不正确、不妥当的地方，不能任事态发展，而要及时采取有效措施给予补救。

盲从则是唯唯诺诺，唯命是从，不论是非曲直，一律盲目执行。鉴于盲目执行会给党的事业带来严重危害，毛泽东在《反对本本主义》中告诫全党："我们说上级领导机关的指示是正确的，决不单是因为它出于'上级领导机关'，而是因为它的内容是适合于斗争中客观和主观情势的，是斗争所需要的。不根据实际情况进行讨论和审查，一味盲目执行，这种单纯建立在'上级'观念上的形式主义的态度是很不对的。为什么党的路线总是不能深入群众，就是这种形式主义在那里作怪。盲目地表面上完全无异议地执行上级的指示，这不是真正在执行上级的指示，这是反对上级指示或者对上级指示怠工的最妙方法。"（《毛泽东选集》第一卷，第111页，人民出版社1991年版。）

服从而不盲从，对于每一个人来说都是既简单又不简单的事。说它简单，是因为作为一名下属，服从是天职，对于上级的部署或领导的决定，理应雷厉风行地坚决执行。说它不简单，是因为服从有风险，执行需谨慎，再高明的领导，也难免会有局限和疏忽，作出的决策部署也可能不够完善不够科学，甚至是错误的。你若不假思索地盲从，后果会很严重，但你若贸然提出异议，后果也可能"很严重"。那么，工作中如何做到服从而不盲从？

一是讲责任、明是非。可能有人会说，主意是领导拿的，是对是错，关我何事，我只管执行就是了。可是你别忘了，虽然主意是领导拿的，但作为下属，为领导当好参谋助手，是你义不容辞的责任，况且一旦出了问题，追究起责任来，首当其冲的就是你。因此，当我们执行命令时，都要多想一想"这个决定对不对""执行之后效果好不好"，三思而后行。

二是有勇气、敢担当。向领导提出不同意见特别是反对意见，是有一定风险的。然而，责任重于泰山，面对错误的指令，要敢于较真碰硬。要相信，绝大多数领导是明白人，只要你是出于公心，对工作负责、对岗位负责、对领导负责，汇报的内容客观有道理，只对事不对人，领导是会欣然接受你的意见和建议的。

三是守原则、亦灵活。一定要及时向上级领导报告了解掌握到的重要信息，同时，还要注意提意见的方式、方法、时机、地点，有的必须事前更正，有的可以事中修正，有的还可以事后修补，视情况而定，灵活掌握。

第3讲 真诚尊重领导

尊重领导的理由绝大多数人都懂得，但不一定都能够做得恰到好处。

什么是尊重？尊重是尊敬和敬重，但不是巴结讨好，逢迎献媚。尊重与媚上有本质的区别。不能把阿谀奉承、溜须拍马、大献殷勤、讨好领导等媚上行为误作是尊重领导。因为人是有人格的，不论职位高低，在人格上都是平等的，你尊重领导，也要保持自尊。没有人格、没有自尊、自我作践的人生不叫人生。那么，如何才算是对领导的真正尊重呢？

1. 要有领导意识

现实生活中，每一个人都扮演着不同的角色。如何摆正自己的位置，是一个很现实却又很难把握的问题。

历史上有个叫崔浩的人，他是北魏名臣，才智过人，文武兼备，在北魏做官五十多年，为北方的统一以及北魏政权的巩固与发展立下了不朽功勋。北魏入主中原后，非常重视汉族知识分子。当时崔浩从全国各地选拔了五十多名人才，而其中大部分是汉族知识分子。他要把这些人派往各地担任郡守时，却激怒了拓跋贵族。

当时监国的是太子拓跋晃，他指出，崔浩这样做不合适，应该优先使用前面选拔的储备人才，刚选拔的这批人可先安排郎中之类的适当位置锻炼锻炼再说。

应该说，太子的建议很有道理。可是崔浩自恃功高盖世，固执己见，非要安排这批人不可。崔浩公然与太子叫板，太子的老子皇帝当然也不高兴，对崔浩有了成见，失去了对他的信任。后来，拓跋贵族终于借崔浩主持编纂《国史》辱没北魏先皇为由，告发了他。公元450年夏，威震南北的北魏权臣崔浩终于倒下了，落了个灭族而亡的悲惨结局。

这个故事告诉人们，无论你有多高的水平，资历多老，曾作出多少贡献，曾有过多少功劳、苦劳和疲劳，都不要混淆了角色，摆不正领导与被领导的位置。

在机关工作可能会经常与领导打交道，甚至同甘共苦，同吃同住同劳动，彼此非常熟悉。也许有人认为，熟悉了关系好处，生疏时关系难处。实际上恰恰相反，领导与被领导的关系，生疏时处理起来比较简单；熟悉了，倒是要特别讲究分寸和艺术。为什么呢？

首先，和领导熟悉了，思想上容易松懈麻痹，变得不谨慎，甚至"放肆"起来，话也多了，事也多了，一旦把握不住，许多问题和毛病就跟着来了。其次，领导对你信任了，使用的就多了，如果你没有足够的智慧和足够的知识储备，就可能出现"江郎才尽"的窘境。再次，和领导熟悉了，接触的层次高了，面也宽了，了解的情况也多了，需要处理的关系也更加复杂了，搞不好就会纠缠其中难以脱身。处理这类关系，从根本上讲，就是要始终保持清醒头脑，谨慎、谨慎、再谨慎，切不可忘乎所以飘飘然。

这里所谓的有领导意识，就是不论你和领导的关系多么密切，领导就是领导，被领导就是被领导，这个意识要非常强。一般来说，单独相处，可以比较随便，在公开场合，要正正规规，即使领导和你开玩笑，你也要庄谐适度，礼貌又不伤气氛。越是和领导熟悉，越要体谅领导的难处，不要给领导出难题，也不要因自己的一些琐碎的私事去麻烦领导。领导交办的事情绝对不能马虎，要认认真真、有板有眼地去完成，并且要有回音。此外不能打着领导的旗号为自己办私事，领导的事就是领导的事，自己的事就是自己的事，这要分得很清楚。

跟随领导外出，这是机关干部经常碰到的事情，除了工作和业务上要考虑周密，进行充分准备外，对领导的日程安排、食宿保障等，都要想周全，要特别注意在各种礼仪场合维护领导应有的尊严和风度。和领导接触多了，知道的事情也就多了，口风一定要紧，不能把领导不宜公开的生活琐事、言论和关系到处去说，更不能在领导之间传话。

在这里着重讲讲如何与领导进行话语交流的问题。部属如何与领导交谈，是一个经常遇到的且又非常敏感的问题。一方面，部属必须与领导交谈；另一方面，与领导谈话，不允许太随便，要求在谈话的范围、态度上有一定的分寸。谈话不投入、不积极，可能惹得领导不高兴；谈得太投入、太积极，与领导某些心理定势冲突起来，也会引起领导的反感。因此，在与领导谈话方面，要注意以下几点：

首先，要注意谈话的政治性。你所讲的，不要涉及领导的人际关系、保密事务，不能与领导所要执行的政策、方针有所冲突。

其次，要注意谈话的从属性。谈话时要时刻明白自己的身份，夸夸其谈，对领导指手画脚，就没有摆正自己的位置。

再次，要注意谈话的事务性。正规的谈话只能涉及公事，不要东拉西扯，不要把宴会厅里讲的东西也一股脑搬到办公室来。公务谈话不能扯得太远。

此外，还要正确对待谈话的被动性。部属与领导谈话，总是处于被动的地位，这是你首先应该明确的。你的谈话可能无法引起领导的兴趣，有时领导可能会中止谈话，或者另找话题，这也是极为自然的。为此，你必须仔细考虑，精心计划，留有后路。在谈话中主体意识太强，总是要求领导围绕你的话题转，对领导的插话、中断话题、转移话题表现出明显不满，都是不合适的。

2. 要有距离意识

距离产生美。人和人之间的交往，也不是一帆风顺的，总会经历沉沉浮浮，起起落落。有道是亲近生狎昵，无论多么好的朋友关系，都应当保持一种若即若离的适当状态，否则便会失去尊重。

领导与被领导相处更是如此。一旦失去尊重，就要横生枝节了。春秋战国时宋闵公与大将南宫长万因嗜好相投，宋闵公就与他没了距离，他们经常在一起嬉戏玩耍，赛棋赌酒，口中嘈杂着讥讽嘲讪。但是酒能乱性，有些人喝多了控制不住自己的情绪。一次，君臣两人边喝边吵骂，全没了君臣的样子，南宫长万一时恼火起来，竟失手将宋闵公打死，为宋国制造了不小的动乱。南朝的陈朝与元末，经常出现君臣们在朝堂或大庭广众之前袒裼裸裎，无耻渲淫，不久都出现身死国亡的局面。历史的教训值得借鉴。

下属与领导相处，要学习地球与太阳相处的智慧，始终保持恰当的距离。据科学家研究，如果地球离太阳再近1%，那么地球将成为一个火球，烈焰腾腾，生命将无法存活；如果地球离太阳再远3%，那么地球将成为一个冰球，生命同样无法存活。也就是说，在巨大的太阳系中，只有在地球运行轨道的狭小空间内，才适合生命的生存。否则，只要地球离太阳再近或再远一点点，地球上的生命将不复存在，地球将成为一个毫无生机的星球。太远了不行，太近了也不行，可见恰当的距离是多么重要。

那么，我们与领导的距离怎样才算恰当？

一是不掺和领导的家务。家家有本难念的经，清官难断家务事。作为部属，无论你和领导的关系多好，无论你对领导多么关心，一定不要掺和到领导的家务事之中。大凡家务事，都是公说公有理，婆说婆有理，在多数情况下无理可讲，无理就是理。尤其是家庭矛盾、夫妻矛盾，都是靠时间和忍让来化解的，而不是靠外力来助解。更何况国人还有"家丑不可外扬""家财不可外露""家密不可外知"的传统观念，如果你无知无畏，无所顾忌，掺和到了领导的家务之中，有意无意知道了领导的"家丑""家财""家密"，就为自己背上了沉重的包袱，而且也容易引起领导的猜疑。

二是不迎合领导的嗜好。"嗜好"这个词，多指不良的特殊爱好。领导也是人，是人就有自己的嗜好，这是很正常的。但是，作为部属，不能投其所好，刻意去迎合领导的嗜好，助长领导的不良嗜好，以致影响到领导的形象和威信。自古以来那些奸佞之人都是以迎合领导的嗜好博得领导的欢心，最终害了领导，也害了自己。春秋时期的齐国有两位很有名的君主。一位是齐桓公，他在齐国动乱之后，不计个人恩怨，任用管仲为相，提拔宁戚等一班贤臣，国事复振，而且一匡天下，九合诸侯，成为史书记载的明君之范。但他的不良嗜好最终使他的英明毁于一旦。各种珍馐美食尝尽之后，他想尝尝人肉的味道，一位叫易牙的属下投其所好，把自己的儿子杀了，做成菜品献上邀宠，并得到宠信，进而和竖刁等谄媚之徒一起干预朝政。当时因有管仲在，他们掀不起大波浪。管仲临死时怕小人作乱，恳求齐桓公以国事为重，戒除不良嗜好，把易牙、竖刁等奸佞小人赶出宫去。齐桓公答应并做到了。但是管仲没死多久，齐桓公就感到没有这几个迎合他嗜好的人就浑身不自在，便又召他们回宫，宠信如故。结果，这几个奸佞小人恃宠作乱，妄立国君，幽禁桓公，使这位曾经叱咤风云的一代霸主病饿而死，死后数月不得安葬，齐国也因此由盛转衰。

到了齐景公时，他一方面任用晏子、司马穰苴等贤臣武将，使齐国仍维持着一个大国的形态，但是另一方面，他又宠信迎合他嗜好的梁丘据等佞臣，喜听谀言和淫靡之音，荒疏国事。一天深夜，他在宫中宴乐之余，仍感到索然无味，就心血来潮，吩咐随从，拿了酒具，要到晏子家去喝酒。前驱通报到晏子家里，晏子赶忙换上正规的文官朝服，执笏恭立于大门之外。齐景公还未下车，晏子就向前行礼问道，您深夜来此，是诸侯有事要商量，还是国家有事要商量？齐景公说明来意后，晏子说，安国家、定诸侯的事情，您可以找臣下商量，这是我的职责。至于陪您喝酒的事，您左右有的是人，我不能奉陪。

齐景公没有办法，只好吩咐改程，到大司马穰苴家去。穰苴得到消息后，穿着正规的武将服装，持枪恭立于大门之外，迎着齐景公的车子行军中礼问道，是否发生了紧急军情，有劳君主深夜驾临？得知来意，穰苴以同样的理由婉拒齐景公入宅欢宴的要求。这事发生之后，诸侯国都知道了，齐国有两根明理知礼的擎天之柱，大家相互警戒，再不敢找齐国的麻烦了。

什么是不迎合领导的嗜好？晏子、穰苴的做法就是很好的参照。

三是不伤害领导的面子。领导与被领导的关系是以工作为核心构成和发展的，由于工作思路、工作方法以及对工作绩效的评价不同，上下级之间随时都可能产生一些分歧和矛盾。但是，无论有千万条客观理由，都要注意控制好情绪，不能和领导把关系搞僵了，工作中的疙瘩好解，伤及感情的事就难办了。因为工作伤了感情，撕破了脸皮，就如同地球远离太阳3%，形成冰球效应，就无法在一起共事了。

所以，对机关干部来说，对于工作上的分歧，既要在思想上消化，保持同领导继续讨论的机会，更要在行动上按领导的决定坚决执行，特别要防止过激的言行伤害领导的自尊心和面子。对待与领导的分歧和矛盾，讲得通的可以尽量讲，讲不通的要暂时搁置起来，待以后寻找更好的时机解决。这样做，不仅是一种礼节，也是一种觉悟、修养和纪律。

特别需要记住的是，越是凭关系而不是凭本事上台而且确实没有多少真才实学的领导，对是否受到尊重越敏感。现实生活中有一种极为反常的奇怪现象，越是没有多少水平的人，越感到自己水平高得不得了，这样的人当了领导，架子还大得不得了，脾气大得不得了。实际上是外强中干,故意做作。由于他没有多少能耐,担心下属瞧不起,担心说话没人听,就摆出唯我独尊的架势,总认为他说什么都是对的,你只能照着办,不能有相反意见。有时你站在对领导和事业高度负责的角度,直言不讳地提点合理化建议,他也会感到权威受到挑战,尊严受到伤害,对你产生成见和反感。

被人误会特别是被领导误会的滋味是不好受的,即使在这种境况下,也没有必要对领导不尊重、与领导把关系搞僵了。因为你毕竟还要在他手下工作,从大处讲,事业也不是他一个人的,你干事业也不是为了他,在不得已的时候只能委曲求全。孔子讲,对鬼神敬而远之,这种策略很好,没本事的领导肯定不是菩萨,而是鬼神,你对他不要抱多大幻想,一定要"敬而远之",把自己分内的事情干好,把自己的职责履行好,大小工作不出纰漏,他也奈何不了你。三十年河东,三十年河西,风物长宜放眼量。时间将会证明一切。

3. 要有掩护意识

看过战争片的人都知道,战场上,每逢遇到炮弹、手榴弹袭来的危急关头,指挥员身边的战士总是奋不顾身地把领导扑倒在地,用身体掩护领导的生命安全。战时的这种"掩护意识"也适用于平时。因为在日常工作中,会经常遇到棘手的问题。这类问题一般具有复杂性、严重性、敏感性特征。为领导分忧,把担风险、得罪人的事情办好,是机关干部的职责所在。

一位老领导对苦衷的诉说,很值得深思。他说:"我在领导岗位上时,经常遇到一些莫名其妙的事,受到处分的、被清退不合理住房的、确定转岗交流的一些同志,直接找到我,说这一切都是我定的。这些敏感的问题大都是集体研究决定,怎能都推到我一个人身上?"仔细一想,很可能是机关干部为了好做工作,有意无意把领导当成了"挡箭牌"。这位老领导说的问题,还是比较普遍的。

机关干部作为部属,在处理棘手问题的过程中,应发挥好分责、缓冲、匡正三个方面的作用。所谓"分责",就是在工作中要抢挑重担,知难而进,为领导分忧;所谓"缓冲",就是在处理一些比较复杂和容易激化的矛盾时,要打头阵,给领导最后决策留下缓冲的余地和充裕的时间;所谓"匡正",就是对领导的一些失误和不完善的决定,要出于公心进行纠正和补充,当领导考虑或处理问题有所不周时,要主动提醒,防止造成失误。

在工作中对领导的掩护,还可以具体为如下三个方面:

一是当领导不太清楚下面的事情,或者下面不太领会领导的意图时,机关干部应多做沟通工作,起到桥梁作用,使上下之间协调一致。

二是当贯彻涉及诸如职级调整、纪律处分、进退去留等切身利益的组织决定时,机关干部应多做疏导工作,起到必要的掩护作用,不能动不动就把领导推到第一线,以使工作留有回旋余地。

三是当领导的意图与下面的实际情况不符而产生强烈反应时,机关干部应多做化解的工作,起到缓冲的作用,并及时查清情况,提出建议,力避产生对立情绪。

4.要有本分意识

毋庸讳言,机关干部说话办事找不准位置,把握不准身份,越权越位的现象并非鲜见。记得有一次组织一个会议,主要领导讲话都结束了,会议主持者按惯例客套了一句:"大家还有什么要讲的吗?"话音刚落,一个承办会务的机关干部接上了话茬:"我再讲几句。"接下来,他俨然会议总结人一般,慷慨激昂地提了半个小时的"要求",会议还没结束,会场便议论纷纷:"机关干部就这水平,'大小王'不分?"

怎样守住本分?这里面首先有一个认识问题,机关干部确实需要积极主动的精神,既能办文、办会、办事,又能出谋献策,为领导拾遗补阙,为下面排忧解难。但是,机关工作是服务于领导,而不是施行领导职权；是辅助决策，而不是作出决策，发挥主观能动性和创造性绝不是可以越权行事。所以，什么时间办什么事，什么场合说什么话，要做到心中有数。总的来讲，在领导面前，未经核实的情况不能乱讲，没有依据的意见不能乱提；在机关不能炒作未公开的领导意见，不能背后说三道四；到基层讲话办事也要注意分寸，不能盲目迎合一些消极情绪。具体工作中，要注意把握好以下几个环节：

忌场合越位。有些场合，比如参加会谈、宴会、应酬接待等公务活动，作为机关干部，在这些场合不宜表现过多，避免喧宾夺主，有失礼仪。

忌工作越位。工作要多干，但并不是"多多益善"。有些工作留给领导干更合适一些。如果你盲目"主动"，干了领导才能干的事，就可能造成越位。这里主要还是把握好自己的身份特征，找准立足点，摆正位置。因为机关干部的角色是经常变化的，要注意根据角色特征发表意见，就会避免出现有时说得不到位、有时说得过了头的问题发生。

忌决策越位。按理说，机关人员只有建议权，没有决策权，不可能出现越位的问题。但在实际生活中，有的机关人员自我感觉良好，容易过多干预领导的决策，有的甚至把自己的思想强加于领导，这是非常不明事理的，时间长了也是会出问题的。所以，一定要记住，在决策酝酿阶段，机关干部可以大胆地提意见建议，但决策的确定，还是由领导来拍板。

在部队机关工作中有个约定俗成的规则：参谋人员在首长作出决策时有三次建议权，超过三次就是干扰首长决心、动摇军心，这是不能允许的。参谋人员在建议不被首长采纳的情况下，有保留自己意见或者越级向上反映的权利，但必须坚持"四不允许"：

不允许因为领导不采纳自己的意见便与领导纠缠不休；

不允许到处散布自己的反对意见和不满情绪；

不允许随意猜疑或歪曲上级指令；

不允许各吹各的号，各唱各的调，自行其是，甚至分庭抗礼。

总之，机关干部与领导相处，考虑问题一定要细腻一些，领导毕竟是领导，什么时候也不能把关系搞紊乱了。关系正常规范，感情密切长远。

最常见的这几种不正常关系一定要警惕：对领导唯唯诺诺，甚至阿谀奉承，犹如"主仆"关系；对领导敬而远之，不敢直言相谏，好像"猫鼠"关系；自认为是领导面前的"红人"，能让领导言听计从，自己看作是"哥们"关系；把分管的业务看得很重，不愿让领导当家插手，领导处事还得跟他商量，成了"协作"关系；对领导的指示坚决不执行，或者所提意见建议得不到领导批准时，发牢骚，讲怪话，颠倒了上下关系。

第4讲　竭力成就领导

有一个领导与被领导的"双赢原理",说的是领导者的工作是帮助部属获得成功,如果手下的人都成功了,领导者是没有理由不成功的。同样的道理,下级帮助领导成功,自己本身也就获得了成功。

领导有指示,你要有落实

习近平总书记在为2014年10月10日至11日召开的全国党委秘书长会议作出的重要批示中强调:"崇尚实干,狠抓落实是我反复强调的。如果不沉下心来狠抓落实,再好的目标、再好的蓝图,也是镜中花、水中月。"(《秘书工作》2014年第11期)就我们机关干部来讲,"领导有指示,你要有落实",就是成就领导的重要方面。

我曾经与一位县委书记交谈,他饶有兴趣地给我讲了一个真实故事:

> 县委机关干部李胜东到一个镇挂职当镇党委书记。走马上任前,县委书记对他交代一项任务:"你去的这个镇的东峪村有个村民王二蛋缠访、闹访影响很不好。你要把这个问题彻底解决掉。"
>
> "是,保证完成任务。"李胜东虽然知道这项任务太艰巨,但领导有指示,他必须不折不扣地落实贯彻。

对王二蛋的事儿，李胜东非常清楚。这个人上访的原因非常简单：三年前的一天，他的老母亲过八十大寿，去请村里最大的官刘支书来家喝寿酒，刘支书因另有婚礼应酬，去了那家喝喜酒，没来他家喝寿酒。这在常人看来，根本算不上什么事，更不可能发展成为一桩上访事件。正所谓"林子大了什么鸟都有"，王二蛋铁定认为，这是村干部瞧不起他。为了讨个说法，王二蛋竟然成了"上访专业户"。

他先是到镇上，后是到县里，再后来到市里，如今已经闹到省信访局了，并放出风来，省里不给他主持公道，他还要到北京去"告御状"。对王二蛋的胡搅蛮缠、无理取闹，接访过他的干部深有体会，无论你怎么说破天，他就是油盐不进。村支书逼得没办法，几次登门向他道歉，他还是不依不饶。一些接访他的干部背地里议论说："这真是可怜之人，必有可恨之处。"

如何才能使王二蛋心服口服，不再缠访、闹访？李胜东可谓绞尽脑汁。他觉得，任何问题的解决，都有它的最佳方法和最佳角度。彻底解决王二蛋的问题，就不能按常规出牌，需要出奇制胜。以前都是王二蛋上访，这次他决定主动下访。

到任的第二天上午，李胜东处理完手头上的政务，看看快11点钟了，便蹬上自行车朝十里之外的东峪村骑去。半个小时过后，他成了王二蛋家的座上客。还在田里干活的王二蛋听家人报信说，镇里新来的李书记到了自己家，高兴地撒腿就往家里跑，碰见路人还不忘炫耀一句："镇里李书记今天到我们家来了。"

见了面，李书记热情地握着他的手说："老王，昨天我刚到镇里报到，今天先到你家认个门。过去你老去上访太辛苦，现在我登门拜访，虚心听听你的意见。"感动得王二蛋连连说："谢谢书记，谢谢书记……"

唠了一会儿，李胜东一看时间，已经中午12点了，就拉开手提包提出一块鲜猪肉说："我在镇上割了点肉，你让大嫂炒俩菜，今天中午我就在你这里蹭饭了。"又问道："有酒没有？"

王二蛋赶忙说："有，有。"说着就从饭橱里掏出一瓶白酒，两人对喝起来。王二蛋边喝边倾诉，李胜东很认真地听着，一句评论也不加。

酒足饭饱之后，李胜东说："今天就到这里吧，你还没说的心里话，我下回再来听。"

过了几天，李胜东又是在中午开饭的时间到来，这次他没有带肉，而是带了两瓶酒。进门就说："老王，你弄俩菜，咱们今天好好喝一次，你把心里话再倒倒。"这次，李胜东还是带着耳朵来的，听凭王二蛋一个人说。

其实，王二蛋也没有什么可说的，翻来覆去就是那么一件事。就这样，李胜东隔三岔五就到王二蛋家去一次，开始他还带点东西，后来他什么东西也不带了。王二蛋是个要面子的人，李书记带东西时要招待，不带东西他还要招待，时间一长，就觉得在经济上吃不消了。李胜东第五次登门"听取意见"时，王二蛋终于憋不住了："李书记，您不用再来了，我确实没有什么可说的了。"

李胜东一本正经地说："老王，我还是要来的，直到听你把话说深、说透、说完，免得想起来了再去上访。"

王二蛋一听李胜东还要来，急得汗珠子都快从额头上掉下来了："李书记，您千万别再来了，过去是我错了还不行吗？我保证，今后再也不去上访了。"

县委书记听了李胜东的电话汇报，笑着说："你解决问题的精神可嘉，但招式是不是损了点？"李胜东也笑着说："没办法啊，您老有指示，我怎敢不落实？"

应该说，这个落实领导指示的故事，可谓浩浩海洋中的一朵小小浪花：小人物，小事件，小概率，上访者几近无事生非，解难题者的"奇招"似乎亦难登大雅之堂，我们听了故事除了哑然失笑、会心一乐之外，似乎也难从中发现什么典型性、可借鉴性。其实不然。我们不妨以小见大，品评以下三点：

一是要有解决问题的决心。最初，村民王二蛋的事真不算个事儿，村支书稍加解释和抚慰就可以化解。这个事件，何以快速蔓延到镇上、县里、市里、省里，持续三年竟还有继续蔓延到京城的趋势？开始显然是没重视，村里、镇上乃至县里、市里都没把这当回事儿。后来动静闹大了，就一级一级往下"推"，每一级都有充分的理由不能为此"增加管理成本"。再后来，不只是多次登门道歉的村支书万般无奈，各级接访干部也只能感慨"可怜之人，必有可恨之处"。设身处地想一想，即便是新挂职的镇党委书记们，都未必会把解决这个老大难问题选为走马上任后的"亮相"动作。这就凸显出李胜东书记贯彻落实领导指示决心的可贵。

二是要有解决问题的态度。有人把"态度"由内而外分解为三个层面：心态——想什么、怎么想；状态——做什么、怎么做；姿态——怎样对待他人。李胜东书记到任后的第一个姿态是"主动下访"；随后是在繁忙的政务中连续五次抽空登门，很认真地听取王二蛋的意见，直到这位上访专业户主动认错、保证不再上访。李胜东书记的姿态、状态，体现的是一种什么样的心态？是冷幽默的揶揄调教，还是诚挚地引导对方省自纠？与动辄训斥、围追堵截、严厉制裁相比，这其中是不是彰显着对平民百姓应有的立场和情感？

三是要有解决问题的方法。李胜东书记的"奇招"可称之为"放下身段——任其宣泄——因势利导"三部曲。因为放下身段，王二蛋"高兴""感动"得不再对抗；因为任其宣泄，王二蛋郁结的块垒逐渐消解；待"要面子"的王二蛋已"觉得在经济上吃不消"，并多少觉察到书记的真实意图，书记再亦庄亦谐地点明主题敲上一记，这样，王二蛋的主动认错与保证就水到渠成了。李胜东书记的"奇招"，源自对基层民情民俗的谙熟，源自对民间处理问题方式与智慧的借鉴，更源自对特定工作对象心理特性的精微洞察。此"奇招"自然不可以照搬照套，但是不是在启迪我们"渡河"时要多多考虑"桥和船"的问题呢？

一言以蔽之：在越大范围、越高层次上"抓落实"，越应该高度重视解决问题的决心、态度、方法，并继续有所推进、有所创新，这是使领导指示落实到位的基本问题。

领导有决心，你要有信心

我们从中华人民共和国开国大典的具体事例说起。那是1949年中华人民共和国成立前夕，全国政协召开会议，商讨新中国成立的具体事宜。

会前，毛主席提出"开国大典的礼炮要放28响"。对于毛主席的这个决定，在政治协商会议上，有人提出了质疑。听到委员们的异议，毛主席未作解释，只叫大会筹委会的唐永健（时任华北军区作训处处长）起草个说明，说明怎么写，他也没交代。

接到起草《说明》的任务后，唐永健想，毛主席定下了放28响礼炮的决心，自然有他的理由。作为机关工作人员，必须围绕毛主席的意图想问题，不能有丝毫的含糊和犹豫。

他首先研究了礼炮的来龙去脉。礼炮最早源于英国海军，当时最大战舰装有21门大炮，全部鸣放便是最高礼仪；其次是装有19门炮的战舰，19响鸣放便是级别低一点的礼节。1875年，美国人从英国那里学来了这种方法，正式采用放礼炮的礼节，后来便风行于世界，并一直延续到今天。迎宾礼炮的讲究是，欢迎国家元首或相当于元首的贵宾，如总统、国王等，鸣放21响；欢迎政府首脑或相当于政府首脑的贵宾鸣放19响。

庆典礼炮与迎宾礼炮有没有区别？唐永健又进行了深入研究。从研究的情况看，这两者还是有一些区别的。实际上，庆典礼炮并不像迎宾礼炮那么讲究，它都是各国自行规定的，很有一些随意性。比如英国，他们的君主诞辰、加冕庆典要鸣放62响礼炮；而美国呢，他们国庆时要鸣放50响礼炮，表示美国有50个州。

大概是受世界礼炮文化的启发，唐永健起草的说明是这样写的：我们的开国庆典用54门大炮，鸣放28响。54门大炮表示第一届政协有45个政治单位和9个方面的特约代表，共54个方面的人士；鸣放28响的理由是，中国共产党从1921年横空出世到1949年刚好28岁，28响礼炮，就是我们党28年奋斗史的礼赞！这个说明送上去后，毛主席二话没说，挥笔就签上了毛泽东的大名。就这样，新中国在28响礼炮的轰鸣声中诞生了（参见唐厚梅：《开国大典礼炮为何是28响》，《党史纵横》2009年第7期）。

再深一步研究，我们就不难看出，唐永健这个说明把毛主席的意图领会得非常透彻。我们纵观毛主席的一生，大体可以分为三个阶段，每个阶段又大体都是28年。第一阶段，从1893年12月26日出生，到1921年7月参加党的"一大"，参与创建中国共产党，这一年他刚好28岁；第二阶段，从1921年参与创建中国共产党，到1949年10月1日，毛主席和其他老一辈革命家一起，率领全党、全军和全国人民，经过28年艰苦卓绝的奋斗，终于推翻三座大山，缔造了一个崭新的中华人民共和国，这一年毛主席是56岁；第三个阶段，从1949年中华人民共和国成立，到1976年9月9日，毛主席在北京逝世，大体上又经过28个年头。

有人说，毛主席这一生与28这个数字结下不解之缘。"毛泽东"三个字的繁写体，也正好是28画，他在湖南长沙第一师范读书时，写"寻友启事"，落款就是"二十八画生"。在延安时，毛主席有一次同谭政（中华人民共和国成立后曾任解放军总政治部主任，大将军衔）谈话，深刻而风趣地说："谭政同志啊，不知你注意了没有？你的名字谭政这两个字是28画，我的名字毛泽东也是28画，我们共产党这个'共'字拆开了也是'廿八'。我们都是共产党人，要做共产党的事啊。"

当然，毛主席与28这个数字有缘，并没有什么神秘之处，只不过是某种巧合而已。但是，机关干部理解领导的意图，把各种因素都考虑进去，才有利于达到准确、透彻的程度。

准确领会和坚决落实领导意图，第一位的是对领导意图坚信不疑。这不仅是工作方法，更是工作纪律。领导的决心既然定下了，那就没有什么含糊的，必须坚定不移地贯彻下去。领导意图即使有一些不够周到、不够完善的地方，也要千方百计去丰富、完善和发展，不能千方百计去怀疑、否定和推翻。这方面的教训不少，有的机关干部面对领导已经定下的决心，还持怀疑态度："这样行不行？""这样怕是不合适吧？"可以说，这是缺乏机关工作常识的表现。

所以，要牢记这句话："领导有决心，你要有信心。"不管遇到什么困难和阻力，都不要退缩，一切要以实现领导的决心为出发点和归宿。

领导有难题，你要有点子

在机关工作，应该具备这样的素质，无论领导被什么难题困扰着，你都能及时出谋划策，为领导排忧解难。比如，咸丰十年（1860年）八月，英法联军攻占天津，直逼京师。咸丰皇帝留下六弟恭王在京应付洋兵，自己携带一大群亲信和后妃仓皇逃往热河行宫。半途中，咸丰帝心血来潮，给正在和太平天国军队作战的湘军统帅曾国藩下了一道圣旨，命他速派鲍超一军北上援救。

鲍超是湘军中的一员悍将，他指挥的军队称为霆军。霆军的战斗力极强，曾国藩不想让他离开与太平军交手的战场，但圣命又不可违，怎么办？他召集幕僚们商讨此事。大多数幕僚主张服从命令，派霆军北上勤王。也有少数人认为将在外君命有所不受，军情紧急，不能发兵。

唯独李鸿章提出了一个与众不同的方案，他说："眼下的局势，即便是霆军迅速北上，也无济于事。这道圣旨实在是未经深思熟虑的情急之言。洋人入都，并不在于要推翻朝廷，不过是索取钱财和放开限制而已，最后的结局必然是金币议和，无伤大局，我们不妨采取拖延的办法来对付。先上一道奏折，说鲍超威望不够，请在曾和胡（即湖北巡抚胡林翼）二人中酌派一人率军北上。估计这奏折到达热河时，已不再需要湘军了。"

果如李鸿章所言，朝廷很快便有了新的命令下来：议和已成，无需北上。正是李鸿章能出好点子，使曾国藩既未违抗旨意，又未影响战事，收到两全其美的功效。

无论哪一级领导，每天都会遇到这样那样的难题，他们希望部属最好具备这样的能力：领导来不及考虑的问题，你能提前想到；领导想到的问题，你能具体细化；领导担心的问题，你能提前预见；领导希望解决的问题，你能有法破解。

领导有疏漏　你要有补救

领导的疏漏主要表现在两点：一是智者千虑，必有一失。任何领导都有考虑问题不全面、处理事情不周到的时候。二是情况在不断地变化，计划不如变化快的情形时有发生。遇到这种情况，是拘泥于成命，还是随机应变，这最能考验一个人的智慧。

拿破仑兵败滑铁卢，就是最好的例证。1815年6月18日，拿破仑率领12万大军同英普联军进行了历史上著名的滑铁卢战役。英军由威灵顿率领，普军由布吕歇尔元帅率领。拿破仑兵分两路出击，命令属下将领格鲁西元帅率5万兵力去追击普鲁士军队，自己率领7万将士同威灵顿的英军在滑铁卢展开殊死决战，双方损耗十分惨重，都在盼望援军到来。

格鲁西的副司令热拉尔曾建议他迅速回撤去支援拿破仑，但是格鲁西却坚持认为，拿破仑给他的任务是追击普鲁士军队，没有新的命令让他回撤增援，他不能擅离职守，因而继续率军去追击普鲁士军队。而布吕歇尔率领的普鲁士军队呢，则巧妙地摆脱了法军的尾追，及时赶到滑铁卢，对拿破仑的法军右翼展开猛攻。威灵顿在普鲁士军队的配合下，趁势转入反攻，法军大败，拿破仑带了一万名残兵退回巴黎，从此结束了他的戎马生涯。

6月22日，拿破仑第二次被迫退位，被囚禁在圣赫勒拿岛上，直到1821年郁郁而终。有专家认为，如果格鲁西不拘泥于拿破仑的命令，及时回撤救援的话，法军也许就得救了。

机关干部处在工作一线，对实际问题体会更真切、更直接，了解更透彻，发现领导的决策有不妥当的，不能一任事态发展，要及时采取有效措施给予补救，这是有事业心和责任感的标志。我觉得，如果事事都顺着领导的话说，看领导的眼色行事，明知不对，却想少说为佳，明知是错，依然将错就错，这样建立起来的上下级关系，根本谈不上是良好的工作关系。"领导有疏漏，你要有补救"，需要机关干部牢记在心。

领导有分歧　你要有化解

机关干部所面对的领导，不仅是一个人，更是一个集体，每个领导的话都要听，每个领导的指示都要执行。如果领导之间的意见一致时，落实起来一般没有问题。但是，由于领导们的学识经历不同，性格脾气不同，观察问题的角度不同，相互之间意见不一致，甚至相互有矛盾的情况并不少见，在这种时候，不少机关干部感到很为难，不知道如何处置才好。根据我的体会，处理这类问题，需要做到机敏灵活，妥善周全。

从容应对尴尬场合。机关干部处于决策中心的边缘，由于工作的关系，经常参与决策咨询，又由于地位的关系，没有更多的发言权，更没有决定权。因此，常常会遇到既不便表态又不便回避的尴尬场合。比如，几位职务相当的领导当着你的面发表不同意见，甚至激烈争论，这种情况可以说是常有的，碰到这样的场合，要区别不同情况，冷静观察，沉着而机敏地加以处置。

如果领导争论的问题不在你的工作范围之内，或关系不大时，你最好是缄口不语。西方有句格言"沉默是金"，这个时候不说话，可以说是最明智的做法。

如果领导争论的问题在你的工作范围之内，但你对此又没有透彻的了解，那么你要迅速查明有关背景材料，迅速考虑基本意见，以备领导询问。此时的基本原则是，领导不问你就别吱声，领导问什么，你就答什么，以介绍情况为主，不要带上意见和看法，更不要带上感情色彩。当领导要求你发言时，你最好是简明扼要地把有关情况介绍清楚，然后把几个可供选择的方案提出来，供领导参考定夺。

灵活处置不同意见。在情况紧急需要迅速决断而领导的意见不一致时怎么办？这时候，机关干部应开动脑筋，迅速寻求一种使不同意见的领导都能接受的折中方案。考虑折中方案时，要充分尊重主要领导的基本意见，但有时主要领导的意见不正确或难以实施，而领导又固执坚持时，应考虑一个变通方案，使领导既能接受，又可待情况变化后迅速调整。

巧妙化解分歧观点。严格地说，领导对某项工作的实施计划或某件事情的处理方法意见不一致，与相互之间存在着矛盾和隔阂是不同的。意见不一致是认识问题的方法和手段不同而已，处理时虽有一定的难度，但毕竟都是为了把工作做好，不存在个人恩怨等工作以外的因素；相互矛盾则是两个人之间的个人恩怨，并把这种个人间的好恶带到了工作上来，处理起来就更复杂一些，弄不好会在无意中得罪一方。因此，应该区别不同情况，采取不同的方法进行处理。

当然这两者之间的界限也不是那么明显，有时因为长期认识不一致，逐渐转化为相互之间的矛盾，谁看了对方都不顺眼，老是搞不到一起去；有时则因为有了矛盾才使工作意见更难统一，你要那么办，我偏要这么办。所以，处理这种情况要十分慎重，要机智灵活地把两者联系起来综合考虑。

针对领导意见出现分歧的处理方法有以下几种：

一是按"时间先后"来处理。即哪个领导先说了就按照哪个领导的意见办。这实际上是不等不同意见表达出来就执行，可以避免听谁的话不听谁的话之嫌。

二是按"职务高低"来处理。也就是谁的职务高就主听谁的。虽然职级低的领导心里不高兴，但是不能完全埋怨机关干部，即使有意见也摆不到桌面上来。

三是按"实效大小"来处理。也就是你认为哪个领导的意见更切合实际，更富有成效，就按哪个领导的意见来办，并把自己的认识向持有不同意见的领导讲清楚。

四是按"兼顾左右"来处理。也就是在不违背大原则的前提下，对不同领导的意见尽量照顾到。有这样一个真实的事例，某单位对营院整修时，两位主要领导在如何修排水沟上意见发生分歧：一位要求修明沟，认为这样节省经费；一位要求修暗沟，认为这样美观。两位领导的意见都有道理，而且互不退让，都要机关职能部门按照自己的意见去办。负责施工的机关干部便来了一个折中方案，营院道路边的一半修成暗沟，房后不引人注意的一半修成明沟。既没有得罪某个领导，又把任务完成了。

以上这几种方法都是可行的，有些情况下恐怕也只能如此。因为等领导们的意见统一起来再办，大概早已时过境迁了。工作毕竟不是儿戏，耽误不得。而有些问题本来就有多种答案，不存在谁对谁错，共识的形成往往只能在结果出来之后。当然，这几种办法又各有利弊，不能说是最佳的方法。

比如说，"按职务高低来处理"，从原则上讲没有错，但只照顾了职级高的领导，你的直接领导和职级相对低的领导会对你有看法：这样的机关干部只知照令行事，没有明确的是非正误感，眼中只有某某领导，没有我们这些人。时间一久，就会对你产生不良看法，待某某领导调离后，日子恐怕不怎么好过。

又比如，"按实效大小来处理"，虽然可以避免上述办法的弊端，但这个"实效大小"是虚拟的，实际上是你对事物实质的判断结论，而不是真正的实效。因此，这样做不但需要严肃认真的工作态度和刚直不阿的胆识与勇气，而且需要良好的素质、精湛的业务能力和善于斡旋的本领。不然就不要这样去做，因为即使做了，也往往事与愿违。

如果再深一步研究，其实还有一些相对更高明的处置办法：

一是事前影响法。机关干部承办事情，力争想在领导之前，不仅预想出工作本身应该怎样做，充分准备方案和建议，力求使之切合客观实际，而且要预测出哪些环节意见不容易统一，领导各自对此事可能会有什么想法，在方案中把这些因素考虑进去，适当有所照顾和体现。没有照顾和体现的，一旦他们提出来，该如何解释，去说服他们放弃这部分意见，使他们同意按照你提出的方案去办。这种方法的优点在于可以避免矛盾，利于工作，而且随着时间的推移，有利于弥合领导之间的分歧，使领导都对你产生信任感。困难在于你必须充分了解领导，熟悉工作，有过人的眼光和协调关系的能力。

二是适当缓办法。有时不等你想好承办事情的方法，领导就把意图交代下来了，这个说这么干，那个说那么干，弄得你左右为难。在这种情况下，如果事情并非十分紧迫，可以放一放，搁置一段时间再说。事后当领导问起时，可在适当的场合与时机解释一下：一来这件事对推动单位建设作用不大，或者说时机尚不成熟，应该适当推迟一下；二来领导意见不统一，我们贯彻起来有困难，并恳切希望领导部署工作意见尽量一致，以利于工作的展开和单位建设。只要对单位建设造不成危害，机关干部应该有这么点敢于承担责任的勇气和不怕领导误解的精神。实践中有些同志这样做了，而且效果不错。

领导有批评　你要有改正

无论你对工作多么认真努力，无论你是否尽职尽责、竭尽全力，领导对你的工作不满意、有看法都是不可避免的。遇到这种"有口难辩""心有冤屈"的情况，你应该怎么办？是对领导的看法置若罔闻甚至赌气、撂挑子，还是把领导的"看法"化作提高服务质量的动力？我觉得，无论领导的"看法"对不对、准不准，都要从中得到警示，并找出扭转"看法"的"办法"来。领导"圈阅制"的由来，就是一个很好的例证。

1948年2月，毛泽东主席亲自主持拟制了《中共中央关于土地改革中各阶级的划分及其待遇的规定》，随即让新华社电台拍发全国各中央局、中央分局，要求各地认真讨论，并将意见迅速汇报中央。毛主席就等候、关注着各地的反映。

3月的一天，毛主席突然问起东北方面调查土改和讨论规定的材料来了没有。担任秘书的胡乔木告诉他说早就来了。毛主席追问："来了为什么不及时送给我看？"另一个秘书叶子龙说："大概还没有来吧。"可胡乔木清楚地记得电文已经来了。叶子龙连忙去找，结果从文件堆里翻了出来。

电文上已画了许多勾。当时领导人看阅电报、文件后，就在头一面上画上勾。所以叶子龙说："这份电文您已经看过了。"

毛主席听了有些不悦，说："我根本没看过！"

由于上面只有勾勾，从勾勾上根本看不出究竟是谁画的，所以到底谁看过，谁没有看过，确实分辨不清。这时，胡乔木替叶子龙打了一个圆场，说画勾这种方法有缺陷，责任不全在叶子龙。

毛泽东听了胡乔木的解释，觉得有道理，就没有再深究。为了改变这种谁看了谁没有看搞不清的现状，叶子龙想出了个办法。从此，他在传送电报、文件之前，先在电报、文件上署好各位领导的名字，哪位领导看过了，就在他们的名字上画一个圈，谁看了谁没看一目了然。领导人传阅电报文件在署名上画圈的制度，就这样形成了，并一直沿用到今天（参见《领导文萃》2000年第2期）。

对待领导的批评，一定要有个正确的态度。领导能批评你，说明他对你关心，对你爱护，对你重视。有的机关干部说，能被领导批评也得有资格。如果领导都懒得批评你了，说明你在他心目中没有什么位置了，这话不无道理。所以要记住这句话，严师出高徒。不批评不进步，不磨砺不成才。如果你能经受得住批评的考验，而且能做到"有则改之无则加勉"，按领导意图办事，定会进入一个新的境界。

第5讲 虚心学习领导

部属向领导学习，是提升自身素质的一个重要方法。微软公司的一位高级主管说："我常常把自己仿真成比尔·盖茨，每一次与他一同去开会时，我都先在心里把自己比作他，然后再以其他人的身份尽量向'他'提出一些刁钻尖锐、令'他'无法招架的问题，最后再以自己对这些问题的答案与比尔真正的回答（这些问题一定会被别人提出）相互印证，以确定自己够不够资格做公司的主管。"我觉得，微软高管的这种方法值得借鉴。

有的成功学家推荐，一定注意向获得成功的优秀人物学习，因为优秀人物才有更多值得借鉴的成功经验；平庸的人难有管用的经验，即使有经验，也不可能是一流的经验，只能是二流、三流或末流的经验，学了不仅没用，还可能有害。一个单位的领导，实际上是这个领导机关的优秀人物，你经常向他请教，可能要花上一两个小时，但听来的、学来的可能是领导花了20年、30年，甚至更长时间积累的经验。

我1975年高中毕业后，就进入最基层的乡镇机关工作，后携笔从戎，从最基层的连队干起，先团机关，再师机关、集团军机关，一步步干到总部机关，近四十年的岁月都是在工作岗位上，没有机会脱产进院校"充电"和深造。我在边干边学的实践中总结出三句话：水平不高学领导的，办法不多学群众的，经验不足学传统的。"学领导的"就是向领导学习。

向领导学习，是获得成功经验的捷径。一般来说，大凡能走上领导岗位的，必定有他的过人之处。因为领导岗位是一个竞争异常激烈的领域，宦海沉浮，大浪淘沙，能够不被过早地淘汰，或者没有中途触礁翻船，一级一级走到更高领导岗位的人，经历都比较丰富。借用歌德"年轻人想得到的东西，老年人那里应有尽有"的名言句式，可以说"机关干部想得到的东西，领导那里应有尽有"。

我从总部机关下到两个军级院校担任政治部主任七年多的时间，调离和退休离开这两个单位后，给我反馈的"民意闲谈"点赞声不少，我觉得，就是得益于在总部做机关干部时虚心向领导学习。我从每个领导身上都学到了不少东西，比如向我的老处长学习"如何向领导汇报工作"，向我的老主任学习如何做到"有本事没脾气"，尤其是老政委田永清，他曾经被原中央军委副主席、国务委员兼国防部长迟浩田首长誉为"军中儒将"。我从他那里学到了做人、做官、做事的好多真经，受益颇多，特别是机关干部"一二三四五六"的工作思路，堪称机关工作的经验之谈。借机简述一下，相信对机关干部会有所启发：

第一，树立一个标准。

一个标准就是做第一等的工作，创第一流的成绩。"做第一等的工作"的提法，是毛主席1934年1月27日在江西瑞金第二次全国工农兵代表大会上提出来的。做第一等的工作，也是一条世界性的通行规则。拿破仑有句名言："不想当将军的士兵不是好士兵。"当然，拿破仑也知道，从士兵到将军不是靠凭空想象出来的，而是高标准、严要求干出来的。因而，他还有一句名言："即使让我挖厕所，也要挖出天下最好的厕所来。"这其实说的也是坚持做第一等工作的标准。真是英雄所见略同。机关干部做第一等的工作，是由机关工作的地位作用决定的。机关工作作风关乎党和政府的作风和形象，必须把"做第一等工作"的高标准树立起来。

第二，打牢两个基础。

一是理论基础。机关干部特别是机关领导干部要有理论兴趣、理论思维、理论素养，而理论素养是首要素养。有了理论素养，才能在繁纷复杂的形势面前心明眼亮，不迷失方向。

二是实践基础。机关工作是一门科学，是理论性、实践性、综合性很强的工作。打好实践基础，就要从基层做起，从最简单的工作做起，从最实际的工作做起，从最艰苦的地方做起，从最困难的地方做起。没有实践基础，就根基不牢，就做不好工作。我的观点是年轻的时候不要急于到大机关，过去有这么一句话："将帅必来自卒伍，宰相必起于州郡"，这说明打牢实践基础很重要。

第三，具备三种力量。

一要具备真理的力量。机关干部一定要掌握基本理论、重大理论、现实理论，要相信真理。对待科学理论要真学、真懂、真信、真用。

二要具备知识的力量。"知识就是力量"，这是哲学家的名言。我们过去对机关干部要具备知识的力量提得不多，但我感到这一条很重要。机关干部如果知识贫乏，思维就不开阔，就做不好机关工作。我过去曾经把机关干部的知识结构概括成"飞机型"。"机头"是掌管方向的，主要是马列主义和马克思主义中国化各个时期的最新理论成果。"机身"是机关工作的有关理论、法规和实践经验。"两翼"是做好机关工作的相关知识，如哲学、文学、美学、法学、历史学、心理学、社会学、教育学、管理学等。知识贫乏是机关干部的一大忌讳，一定要知识丰富，上知天文地理，中知人情世事，下知鸡毛蒜皮。

关于机关干部知识结构，有四种类型：第一种是"一"字型的，这种人有知识广度，但是没有知识深度。第二种是"1"型的，这种人有知识深度，但没有知识广度。第三种是"T"字型的，这种人不仅有知识广度，而且有知识深度。还有的把"T"字型叫"图钉"型，"盖"代表知识的广度，"针"代表知识的深度。第四种是"十"型的，这种人不但有知识的广度，而且有知识的深度，更重要也是最根本的，是能够冒尖、超前、创新的，比"T"字型人才又前进一步。所以，机关干部构建什么样的知识结构，自己要心中有数。

三要具备人格的力量。人格就是人们在社会实践中形成的内在综合品质及其控制机制，是人的思想、性格、才能、作风、气质、行为等的惯常模式。作为个体，人格就是他的本身，一个人的人格怎样，这个人的人生形象、人生价值就是怎样的。人格问题说到底，就是怎么做人和做什么样的人的问题。人格对于机关干部非常重要，没有人格，没有道德，就失去了从事机关工作的资格。

人格的力量是无穷的。讲到这里，我想起了敬爱的周恩来总理。周总理1976年去世后，"十里长街送总理，万民肃立心相随"的情景，至今还在我们眼前。"人民总理人民爱，人民总理爱人民"的传颂，更是永记我们心间。在《百年恩来》电视片中，反映周总理人格魅力的两个细节让我感受特别深。有这样一个镜头：周总理、邓颖超的老战友、天津觉悟社最后一位成员管易文，这位百岁老人接受采访的时候，记忆力已经完全丧失，连新四军时期就与他并肩作战、共同生活了数十年的夫人都不认识了。但是，当摄影组的成员把周总理的照片放在他面前时，管老的目光顿时变得炯炯有神、亲切柔和，他用颤抖的手指一再圈点和抚摸周总理的形象。而当有人把墙上悬挂的、管老在周总理逝世当天亲笔书写的横幅指给他看时，出乎所有在场人的意料，管老竟然十分清晰地连呼三声："音容宛在，永别难忘！"泪水湿润了他的双眼。在这次采访之后50多天，管老就永远离开了人间。我们敬爱的周总理，就是这样深深地刻印在一位丧失了对人间一切记忆的百岁老人的脑海里。这就是人格的力量。

还有一件事情也很能说明人格的力量。周总理逝世的时候，联合国降半旗，以示致哀。周总理是政府首脑，不是国家元首。当时，在联合国降半旗的时候，有些国家代表提出异议：为一个国家的政府首脑降半旗，这在联合国还是第一次，以后各国总理去世的时候要不要都降半旗？当时的联合国秘书长瓦尔德海姆先生就在联合国总部大厦台阶上讲了一分钟的话，也就是讲了"三个一"：哪个国家的政府首脑像周恩来那样，终生只有一个妻子，而且始终相敬相爱？哪个国家的政府首脑像周恩来那样，无比热爱他的亿万人民，而自己却没有一个子女？哪个国家的政府首脑像周恩来那样，虽然他的国家家大业大，而自己却在国外没有一分钱的存款？你们国家如果出现这样的政府首脑，逝世后联合国也给他降半旗。这时，联合国所有的人员都折服了，为失去世界伟人周恩来半旗垂落，低头默哀。这就是人格的力量。

第四，做到四句话。

一是勤于学习。要把学习作为工作的一部分，作为生活的一部分，作为生命的一部分。嗜书如命，手不释卷，生命不息，学习不止。

二是勇于实践。当机关干部光读书不行，还要有实践、有经历、有阅历。学历+经历+阅历=能力。

三是善于总结。人生要经常"回头看"，干完一项工作，也要"回头看"。有什么成功经验，有什么失败的教训，今后怎么做，要善于总结。人的成长进步快慢，与是否善于总结有很大的关系。有的基层干部"两眼一睁，忙到熄灯；两眼一闭，提高警惕"，整天很忙，但是不善于总结，就很难有提高。

四是敢于创新。机关干部仅满足于完成一般程序性的工作还不够，还要敢于创新。要结合实际，着眼实效，创造性地抓好工作落实。创新不是一句空洞的口号，具体到机关工作要做到这么几句话：（1）吃透上头的。就是对上情吃得很透，理解得很准，这是机关谋划指导工作的依据。（2）摸清下头的。就是深入实际，调查研究，对本单位的情况了如指掌，对所属单位的优长和薄弱环节一清二楚，这是机关出谋划策、指导工作的基础。（3）了解外头的。就是全方位、多渠道了解外面的新情况、新问题、新变化、新经验，加强横向联系。他山之石可以攻玉。信息也是财富，闭目塞听,孤陋寡闻,是绝对做不好机关工作的。(4)形成自己的。就是要做好"结合"的文章,使"上头""下头""外头"相互结合,相互催化。创新在某种意义上说就是"结合"。(5)见到实际的。机关工作谋划创新,"形成自己的"只算完成了这篇文章,还要通过一定的程序,把它变成党委领导的决策意见,变成群众的自觉行动。所以,不能满足于想出来了,写出来了,讲出来了,还要在决策落实上狠下功夫,确保见到工作实效。

第五,练好五项基本功。

当好机关干部,就得练好五项基本功。

一是"头功"。就是善于开动脑筋,善于学习、思考、谋划、总结,做一个有思想的机关干部。要"武装"自己,不要"包装"甚至"伪装"自己。头脑里要装三个东西,一要装科学理论,二要装渊博知识,三要装英雄形象。脑袋决定屁股,思考的深度决定工作的力度。四肢发达,头脑空空,是当不好机关干部的。

二是"口功"。就是要有较好的口头表达能力。口才是机关干部素质能力的综合反映。会讲话的标准是"四头":(1)有听头。内容充实,信息量大,有新鲜东西。(2)有笑头。你讲的妙趣横生,不沉闷,能够调动起他人的兴奋神经。(3)有说头。听了你的讲话后,大家自发地讨论、议论、评论。(4)有想头。过了多少年,人家还能想到你的讲话,从中受到教育和启迪。

三是"腿功"。就是要经常深入实际,调查研究,联系群众,广交朋友。在现实社会,机关干部的腿往哪里跑是个大问题。考核干部的工作圈、生活圈、交往圈,都要看干部的腿功如何。有这样几句话:少往上面跑,以避跑官要官之嫌;少往外地跑,以避游山玩水之嫌;少往街上跑,以避吃喝玩乐之嫌。这几句话很有道理。总之,要管住自己的腿,该去的地方要经常去,不该去的地方坚决不去。

四是"手功"。这其实是写作能力。机关干部的写作能力,是看家本领，没有这个能力，很难称得上是合格的机关干部。机关干部的"手工"，总体要求是"把公文写成美文"。关于公文写作常识不是我们现在讨论的问题。但是，机关干部写文章，要追求笔下生花，出手不凡。总体来讲，你写出的文章，要达到四点要求：（1）言之有物。不要无病呻吟，空洞无物。（2）言之有理。道理上站得住脚，不能强词夺理。（3）言之有序。逻辑性很强，条理很清楚。（4）言之有趣。尽量有点文采，把思想性、知识性、趣味性很好地结合起来。

五是"身功"。就是勤政优政，清正廉政，发挥榜样作用、表率作用、模范作用，树起可亲可敬可学的良好形象。

第六，养成六个习惯。

一是每年至少读一本好书；二是每年至少解决一个棘手问题；三是每年至少出一个好主意；四是每年至少作一次好的报告或讲座；五是每年至少写一篇好的文章或起草一份好文件；六是每年发现总结推广一个好的典型单位或个人。

田将军有一次给大学生讲"人生十宝"，《秘书工作》杂志等媒体给予了肯定和宣传。我学习了以后，更觉受益匪浅，觉得这"人生十宝"不但适用于大学生，同样适用于机关干部。在此照录如下：

第一宝，结交两个朋友：运动场与图书馆。运动场上强健体魄，图书馆中博览群书，帮助实现大学生活的"充电、蓄电与放电"。

第二宝，插上两个翅膀：理想与毅力。在达成人生目标的过程中，有了这两双"隐形的翅膀"，才能飞得高，飞得远。

第三宝，培养两种功夫：本事与本分。"没有关系没关系，艰苦奋斗靠自己。"田将军劝诫同学们，做人要靠本分，做事得靠本事。

第四宝，乐于吃两种东西：吃亏与吃苦。不怕吃亏、乐于吃苦，不仅助力个人学习，于人际关系也有所裨益。

第五宝，具备两种力量：思想的力量与利剑的力量。栋梁之才的培育离不开这两种力量，强国复兴的建设更是与之息息相关。田将军的话语得到了同学们的热情响应。

第六宝，构建两个支柱：科学与人文。让科学和人文涌动在一个大学生的内涵之中，相较于人的外表形象，这更为重要。

第七宝，记住两个秘诀：健康的秘诀在早上，成功的秘诀在晚上。田将军引用爱因斯坦的话：人与人的差异产生于业余时间。业余时间可以成就一个人，也可以毁灭一个人，我们应利用好这一"双刃剑"，勤早起，多钻研。

第八宝，配备两个保健医生：运动与乐观。前者给予身体活力，后者则充当"心理医生"，二者相结合，保障人的身心健康。

第九宝，争取两个一致：事业与兴趣一致，婚姻与爱情一致。拥有兴趣，事业上才能作出重要贡献；找到爱情，婚姻才能拥有坚固的根基。田将军讲述了苏格拉底叫学生找麦穗的故事，祝愿同学们都能找到"最大最好最美的麦穗"作为终身伴侣。

第十宝，追求两个极致：一是把自身的潜力发挥到极致，二是把自身的寿命延长到极致。多动脑筋，挖掘大脑的记忆力与创造力；珍爱生命，争取为祖国健康工作五十年。

总体来讲，部属在与领导的接触中，要仔细观察领导的一言一行、一举一动。他的风范与仪态有哪些可学习的地方？他们如何带部属？他们如何处理"人"的问题？他们如何运用时间？他们如何处理压力？他们如何充实自己？他们看什么书、什么杂志、什么报纸版面、什么电视节目？等等。

当然，也有个别领导是靠不正当手段和关系上来的，没有什么本事和能耐，虽然不值得你学习什么，但你也很有必要和他接触，发现他身上的缺点和问题，作为一种警惕，防止他身上存在的毛病在你身上重复出现，这也是一大收获。

第6讲　善于约束领导

如何约束自己的领导，确实是一个新题目、难题目，又是一个人人都需要认真研究的题目。行为管理学原则最吸引人的特征之一，就是每个人都可以用它管理和约束所有的人。

唐代魏征的故事，可谓人人皆知，他就是精于约束自己领导的高手。正因为如此，贵为大唐天子的李世民非常忌惮他，不得不处处谨言慎行，收敛过度的欲望。这里仅举两例：有一次，魏征跟随李世民去拜祭李氏祖坟。回来的路上，魏征问："陛下不是说要到南山游玩吗，怎么不去了？"李世民笑着说："一开始实有此心，怕你嗔怪，只好不去了。"还有一次，李世民得到一只绝好的鹞鹰，一天把它架在肩上玩，远远望见魏征来了，怕他批评自己玩物丧志，赶忙把鹞鹰藏在怀里。魏征奏事完毕后，迟迟不肯离去，又谈了许久，李世民怕他发现，竟把鹞鹰给捂死了。

由于魏征精于约束领导，使李世民减少了好多失误，才出现了历史上有名的"贞观之治"，为大唐盛世奠定了坚实基础。因此，当李世民听到魏征去世的消息时，下令停止上朝五天，并流着眼泪沉痛地说："夫以铜为镜，可以正衣冠；以古为镜，可以知兴替；以人为镜，可以明得失。朕常保此三镜，以防己过。今魏征殂逝，遂亡一镜矣。"

这个事例说明，再大的官，也需要有责任心的下级来约束。能有办法约束领导的机关干部，才是一个成熟、智慧的机关干部。

依靠感情约束

实践证明，同事之间也好，上下级之间也好，感情问题至关重要。感情好，有事不当事；感情差，没有事找事；感情深，大事能化小，小事能化了；感情浅，小事能闹大，大事能闹炸。

心理学研究证实，人的感情有相融和相斥之分。脾气、性格、理想、志趣相投的人，感情就会融洽，反之，感情就会排斥，说不到一起，坐不到一块。如果领导打心底里喜欢你，你说出的话他才爱听，只有他爱听你说的，你的话在他那里才能起作用，也就才有约束力。

那么，怎样才能与领导密切感情？比较便捷的做法是，要强化"自己人效应"。"自己人效应"的观点，出自苏联心理学家纳奇拉什维里的研究，他把彼此有一定相似处的人称为"自己人"，他认为，"自己人"一般都是相互认同和彼此信任的，这种现象叫"自己人效应"。

当然，我们不能把这里说的"自己人"狭隘地理解为领导者与被领导者的人身依附关系。"自己人效应"体现的是一种领导与被领导之间的同志关系、平等关系。

现在，人们对"情商"这个词越来越熟悉，越来越重视。情商是相对于智商而言的概念。智商，关涉社会与自然的关系问题；情商，则关涉人与人的关系问题。在现代社会中，人与人之间的感情关系，变得越来越微妙，特别是在一起共事，你又是处于下级位置的情况下，如果没有很好的感情做基础，就很难说服领导接受你的观点。所以，培养与领导的感情，是现代社会和现代生活的必然趋势，不是低级庸俗的东西。

机关干部培养与领导的感情，不是靠送丰厚的礼物，而是靠出色的工作表现。"最好的礼物是工作，最硬的后台是群众"，对这句话我体会深刻。在部队工作近四十年间，我大大小小调动过十多个工作单位，或从基层到机关，或从机关到基层，或从小机关到大机关，或从一般机关干部到机关部门领导干部，或从山沟到城市，还有从小城市到大城市，等等。每次调动或升迁，都会有人问我同一个问题："花了不少钱吧？"我感到非常不解，调动工作或职务升迁，都是用人单位选调人才，个人怎么还得花钱？

我有一个极朴实的想法，无论哪个单位的领导选调你、提拔你，都是看中了你能"出力"，不是看中了你能"送礼"。要得到领导的欣赏，你就要把他交代的任务完成好，这就是最好的礼物，如果他费劲把你选调来、提拔起来，你什么活也干不了，什么任务也完不成，证明他看人不准，用人不当，让他多丢面子。"不争气"的下属，领导是绝不会喜欢的。

特别是在新时代，政治生态和政治环境优良优化，选人用人呈现民主、科学、公正、透明的良性循环，正如十九大报告明确指出的，"坚持党管人才原则，聚天下英才而用之，加快建设人才强国""努力形成人人渴望成才、人人努力成才、人人皆可成才、人人尽展其才的良好局面，让各类人才的创造活力竞相迸发、聪明才智充分涌流"。所以，只要你有真学问真本事，踏实能干，成绩斐然，领导肯定会喜欢你的。

依靠水平约束

依靠水平约束领导，说到底是能够对领导施加影响。因为，你不可能强迫领导干什么或者不干什么，只能通过施加影响使领导自觉自愿地改变自己的不当行为。在机关工作，不会影响领导，就很难显示出自己的价值，也就很难有大的作为。

对领导施加影响是一个高难度动作,既能影响领导的工作思路和工作方法,又不使领导感到你有越权之举、架空之嫌,其中的技巧值得细心研究。在美国,每个人都知道爱德华·豪斯上校,他在伍德罗·威尔逊入主白宫期间,对国内及国际事务有着极大的影响。威尔逊十分重视豪斯的秘密咨询和意见。那么他是用什么方法来影响总统的呢?《星期六晚报》的一篇文章引述了豪斯下面的一段话,揭开了其中的奥秘:

我发现,要改变总统对一件事的看法,只有一个办法,那就是,我常常很不经意地向他提出一些事情,使我的观念自然地灌注到他的头脑中,使他发生兴趣,潜移默化地影响他的决策。这一方法第一次生效的时候是在一次偶然事件中,我到白宫拜见他,催促他决定一项政策,而他当时显然对这项政策不赞同。可是几天后,我在餐桌上吃惊地听到他把我的建议当成他自己的意见说了出来。

豪斯当时没有提醒总统"那不是你的思想,而是我的"。因为,他知道要有效地约束总统,一定要让他忘记别人的智慧在左右他,一切决策都来自他自己。同样的道理,如果你要"改造"你的上级,那么不要忘记,尽管是你提出的建议,你也要让领导觉得,这个想法是他自己的。

杜甫的名诗《春夜喜雨》中有这样的诗句:"好雨知时节,当春乃发生。随风潜入夜,润物细无声。"机关干部对领导施加影响,应注意掌握不经意中的艺术,要注意利用一切机会、条件和场合,宣传自己的观点和看法,恰似"无心插柳"那样,却能使"柳成荫"。

当然,机关干部的"不经意",不是漫无目的瞎侃一通,看似是随意闲谈,实际都是经过认真准备的。当领导和你非正式地探讨问题、切磋学术或说古论今、谈天说地时,你可以畅所欲言;当领导正式征询你的意见时,你必须深思熟虑,知一说一,切不可信口开河;当你主动向领导进言的时候，应当选择那些有价值、有把握而领导又没有考虑到，或思之不深、思之不全的问题，不要太随便。

还有一点非常重要，机关干部在领导面前要敢于并善于坚持正确的见解。同时，还要注意反复渗透，不要指望一次两次就能对领导产生多大的影响力。重复就是力量。如果方法得当，不厌其烦地多渗透几次，就有可能达到应有的效果。事实上，没有几次和领导真正的思想交锋，很难让领导从心底里觉得你是一个有本事的人。

依靠法规约束

机关干部是负责具体业务工作的，一般来说，本职范围内的政策规定，具体办事要求和程序要比领导熟悉，也应该比领导熟悉。这并不是在贬低领导，而是身居不同的职位，往往需要不同的知识，掌握不同的知识。假如职位较低，则需要和掌握的是涉及面较专且比较具体的知识。假如职位较高，则需要和掌握的是涉及面较广且比较概括的知识。让某些统帅去当骑兵团长的角色，也许并不一定出色，反过来也是同样的道理。这就是机关干部和领导干部优劣的辩证法。

领导可能不听你指手画脚，但他会高度重视政策规定和程序要求的东西，这也是领导干部和一般干部的区别。在多数情况下，领导干部做出违反规定和程序的事情，都是因为对具体的要求不熟悉、理解不准确所致，有意不按政策胡来的毕竟是极少数。所以，机关干部平时要多学习有关政策法规和运作细则，争做本职、本行业的"政策法规通"。同时，也要多向领导宣传与本职业务有关的政策规定及要求，使他们明确该怎么办，不该怎么办。一旦发现他的做法有悖条规，要及时指出来，解释清楚其中的利害关系。

即使身居高位的领导，也需要做解释和说服工作。我们看历史方面的文学作品，经常发现这样的情节，当皇帝办的事不符合朝廷规矩时，大臣们就搬出条文，以"违反祖制"相劝，弄得天子无可奈何，只好收敛或放弃自己的越轨行为。其实，这就是依靠法规约束领导。

机关干部运用法规约束上级领导，最根本的是在具体运作规则上约束。只要是领导，对政策法规的普遍原则大都是很清楚的，你从原则方面去约束，很可能是班门弄斧，自讨无趣。因为领导在大的原则方面，比你把握得还全面，理解得还深刻。机关干部的优势在于对具体情况的熟悉和把握。而现实生活又时常呈现这样的特点，具体情况与普遍原则之间常常存在着很大的差距，这段差距不是依靠一系列明确的推论就可以连接起来的。原则上正确的、可行的事，具体实施起来不一定行得通、办得成，违规的事就更不用说了。所以，机关干部对具体细则和规则一定要十分熟悉，这有助于你在具体工作中约束领导的不正当行为。

依靠人格约束

人格的力量是无穷的。人格高尚，重气节，轻私利，轻富贵，轻生死，能够做到"富贵不淫，贫贱不移，威武不屈"，不论职务高低，都有极大的影响力和约束力。

《旧唐书·杨绾传》记载了这样一个故事：唐代宗时，一向以"贞廉简朴"著称的杨绾升任宰相后，发生了一连串趣闻。御史中丞崔宽，马上把当时号称"第一奢华"的自家别墅拆除了；中书令郭子仪，立即将"座内音乐减少五分之四"；京兆尹黎干，平日每次出行都有一百余辆车马前呼后拥，"亦即日减损车骑惟留十骑"而已。

以史为鉴，机关干部要下功夫优化人格。有句话说："人不可以使自己位高，但可以使自己崇高。"意思就是你能当到多大的官，担任多高的职务，你自己说了不算，自己左右不了，那是组织上考虑的事情。但是你的人格高尚低下，自己还是能左右的。通过修养锤炼，完全可以使自己成为一个品格高尚的人。

能够优化自己，是人与动物的最大不同。人的一生，从出生到死亡，做每一件事总要问，我凭什么做这件事，我为什么该做这件事，就能在这种自省中约束自己不合理的需求。如人仅仅具有动物性的话，为了满足自己的需要，他什么事都可以做，会无所畏惧。但人在本质上是有所畏惧的。人不同于动物，因为人们在从事某种行为时，总希望追求某种正当性，总希望自己乃至别人相信，自己的行为是正当的。

优化人格，重要的是驱除私欲。无欲则刚，无私才能无畏。机关干部如果办事出于公心，做事刚直不阿，一身正气，两袖清风，坚持原则不让步，重大问题不含糊，遇事有对策，处事有原则，论事有见地，办事有章法，就会在领导那里有沉甸甸的分量，你约束管理他才有资本。

优化人格，有赖于端正人生价值观。仔细想一想，人生的境遇各不相同，成就也各不相同，很难用一把尺子衡量所有人的生活。我同意这样的观点，有些价值尺度，实际上也未必经得起推敲。比如我们机关干部经常议论的进步快慢、位置高低等问题，在缺乏平等的机会、公平竞争和公开评议的条件下，进步快、职务高并不绝对地意味着成就大和价值高。有些进步很快、职级不低的人其实很没有质量，他们蝇营狗苟，降格以求，随风摇摆，低级趣味，出卖原则，出卖灵魂，得势时趾高气扬，失势后丧魂落魄，找不到自己的位置，也找不到自我。近两年，有几个我所熟悉的总部机关干部相继跳楼自杀，他们曾因靠后台进步而春风得意，但当他们的后台因贪腐倒台后，他们立即惶惶不可终日，风闻组织上找他们谈话，便心理崩溃，自寻短见。所以说，没有理想和信念，没有快乐和幸富，没有真本事真学问，没有光明也没有智慧的所谓"进步"，是不值得羡慕的。

当然，人生的价值，大体上也有它确定的一面。这就是，要有所努力，而不是无所事事，虚度光阴；要诚实做人，本分做事，而不是投机取巧，偷奸耍滑。可以坚信，"不违法，不违纪，工作起来肯卖力"，没有领导会不喜欢这样的机关干部。

第二课
掌握办事要领

毛泽东在《中国革命战争的战略问题》一文中指出:"人办一切事情都难免这种情形,有比较地会办和比较地不会办之分罢了。"任何机关都是办事机关,办事是机关的重要职能。所以,一个机关干部的素质高低、能力强弱,办事就能证明你。

从某种意义上说,"办事"比"办文"要求还高,难度也大。办文一次不成功,你还可以重写或反复修改,你自己修改不好,还有其他同事和领导帮助你修改;办事只能成功,不能失败,如同出了窑的砖,是什么样就是什么样,如果把事办"砸了锅",是没有挽回余地的。

因此,应下工夫探索办事的基本规律,力求做到:不论办任何事情,上级指示的、领导交办的、下级请示的、同事委托的,包括我们自己的私事,都是办得明明白白,不是稀里糊涂;都是办得雷厉风行,不是拖拖拉拉;都是办得严谨细致,不是粗枝大叶;都是办得有始有终,不是虎头蛇尾;都是办得严格有序,不是杂乱无章。这样才能受得起重托,担得起重任。

第7讲 按领导意图办

这里所说的领导意图,是指领导在布置工作、下达任务、作出指示时的本意或精神实质,希望达到的目标和效果。领导意图,既反映了领导对某项工作的思想和要求,又体现了其独特的领导艺术、思维方法和处事原则,往往具有切中要害、揭示规律、触及本质的特点。我们机关干部,无论是决策之前当参谋、提建议,还是决策之后传达实施、抓好落实,都必须把领导意图理解准、领会透,使之得到有效的贯彻落实。

准确领会领导意图,是按领导意图办事的基础和前提。而在实际工作中,有的机关干部在理解和把握领导意图方面还存在不少差距。常见的现象有:要么对领导的意图充耳不闻,我行我素,按照自己的意愿行事,自己想怎么干就怎么干;要么浅尝辄止,理解不准,把握不全,与领导的本意相差甚远;要么只领会表面,悟不到本质,领会不了领导的真实意图,甚至与领导的意图背道而驰。平时机关草拟的某些文件,一遍一遍被领导打回来,其中多数不是文字问题,而是与领导的意图不吻合,即使是文字问题,也说明没有正确表达领导的意图。

悟透领导的本意

机关干部必须完整准确地理解领导意图,不能断章取义,不能偏离本意。

清朝雍正年间，曾经发生了这样一件事：有位名叫童华的人，从浙江调到苏州任知府。当时，皇帝下诏书，要清查自康熙五十一年（1712年）以来江苏地区拖欠的1200余万两税款问题。江苏巡抚接到圣旨，认为应该严加追缴。于是就要求欠税的人几天内要缴清，否则，予以逮捕。结果抓了一千多人。

童华到来后请求宽限一些时日。巡抚大怒，斥责他说："你敢违抗圣旨吗？"童华说："我不是违抗圣旨，而是落实圣旨。皇上知道有多少年的欠税问题，他没有下令严追，而是下令清查，就是想弄清来历，查明原因。是在官，还是在民；是应征，还是应免。搞清楚之后，奏请圣上裁决，这是圣旨的本意。现在如果不弄清圣上的本意，要求将十五年的积欠马上解决，这是横征暴敛，不是清查。现在请您宽限三个月，将情况搞清楚，上奏圣上。"（"华非逆旨，乃遵旨也。皇上知有积欠，不命严追，而命查清，正欲晰其来历，查其委曲，或在官，或在民，或应征，或应免，了然分晓，奏请圣裁，诏书意也。今奉行者绝不顾名思义，徒以十五年积欠力求完纳，是暴征，非清查也。今请宽三月限，当部居别白，分牒以报。"）（《清史列传·童华传》）

巡抚答应了他的请求，释放了一千多人，并将江苏欠税的情况登记造册上报朝廷。当时，朝廷也听说江苏巡抚严查的事。皇上很生气，下令要严加处理。圣旨的本意果然如童华所言。

这件事可以看出，在如何落实圣旨的问题上，巡抚与知府之间之所以出现严重分歧，其原因就在于对圣旨理解的不同。巡抚认为"清查"，就是要严加追究；知府认为"清查"，是弄清来历，查明原因。按照巡抚的理解，就会造成横征暴敛、民怨沸腾、政局不稳的严重后果。幸亏童华说服了巡抚，让他纠正了落实执行中的错误行为。所以说，悟透领导的本意非常重要。

理解领导的深意

据说，当年"东北王"张作霖在一次宴会上给日本人书写条幅，有意落款为"张作霖手黑"，秘书不知其中的讲究，好意提醒应作"手墨"。张作霖听罢大加训斥：我难道不知道"墨"字下面有个"土"？事后他解释说，正是因为日本人索字，才不能带土，这叫"寸土不让"！原来张作霖选择了一种暗示性方法来表达真实意图，秘书不懂其中的奥妙，自然理解不了其中的深刻涵义。

一般来说，领导讲话都是直截了当的，意图表达得非常明确，这时正确理解贯彻比较容易。但有的时候，由于受到某种限制，只好采取点到为止、旁敲侧击的办法，领导意图表达得十分隐晦模糊，有时可能只是某种暗示。比如，领导对某个事情或问题已经有所思考，但不好明确表态，这时可能选择一种模糊的表达方式，或签上一个名，或者画上一个圈，这是什么意思，是表示同意还是不同意？这就需要机关人员慢慢去体味。还比如，领导交代任务，就是简单的几句话，一时让人摸不着头脑。如果你对领导意图似懂非懂，也不多问，便凭想当然办事，结果，事办完后很可能与领导的要求南辕北辙，给领导留下个不会办事的印象，费力不讨好。还有一些事情，看起来领导表态要办，其实内心不想办，需要机关干部在领悟之后给挡挡驾。所以，悟透领导的真实意图非常重要。国民党元老陈布雷一生跟随蒋介石，深受蒋介石的器重，他总结出了一套办事经验——先斩后奏，斩了不奏，奏了不斩，不斩不奏；现代人改为——做了不说，说了不做，不说不做，又做又说。这实际上是根据具体情况而需要采取的不同行事方式。这种做法是否妥当，可以批判和争鸣。我们主要是借事说事，启发一种思路，这就是理解领导意图时，一定要把寓意悟出来。能听得出弦外之音，看得出难言之隐，品得出个中奥妙，这样工作起来才会贴谱、上道、顺劲。

有经验的机关干部，在接受领导交代的任务后，不是匆忙动手，而是首先把领导关于此项任务的真实意图搞清楚，把任务的性质、目的、要求搞清楚，把事情的来龙去脉搞清楚。一般来说，领导交代的事项，大都由三个要素组成：一是内容——办什么事？二是时限——什么时间完成？三是要求——工作标准、注意事项等。机关干部在接受领导交办的事项时，一定要把这三个要素搞清楚。当领导交代的任务比较凌乱时，要用三个要素加以归纳整理；当领导交代的任务过于简单时，要用三个要素加以发挥完善，简要地口述自己对任务的理解，得到领导认可后再行动；当领导交代的任务超越客观实际，难以完成时，要用三个要素加以调整，并提出自己的意见供领导参考。通过把握三要素，为理解和落实领导意图奠定基础。

跟上领导的思路

对领导意图的理解把握，除了从党委决议、领导讲话、重要工作部署去领会外，还要把工夫下在日常工作中。遇到重大任务或重要情况，主动请示，问一问领导有什么考虑；领导阅读文件、报刊和资料后，看一看有什么批注，有什么新的思想；领导与你交谈中，听一听有什么新的决心意向；领导批评表扬时，理一理提倡什么，反对什么，力求做到与领导同步思考。具体来讲注意这么几点：

1. 要掌握领导的关注点。就是要跟踪领导的"视线"，搞清楚一段时间或一项工作，领导最关注的是什么，这样才能跟上领导的思路，把工作做到点子上。有时，由于不同的情况、不同的场合，领导对某个问题强调的侧重点不同。所以，在这种情况下，千万不要把领导的意思理解偏了。

2. 要掌握领导的着力点。就是准确理解领导对事物主要矛盾和矛盾主要方面的分析，搞清楚什么是必须牢牢抓住的关键之处、什么是必须克服的薄弱环节、什么是必须预见的牵连影响、什么是必须防范的重要情况，等等，这样才能搞准做好工作的着力点，把工夫下在最重要的地方。

3. 要掌握领导的警觉点。就是要搞清楚一段时间或一项工作中，领导可能担心、顾忌、反对的事，要通过实实在在的谋划和工作，把可能遇到的情况理清楚，并且有相应的设想和方案，让领导放心。

4. 从领导的言谈中捕捉。机关人员要及时记录领导在各种会议、各种场合的系统或随机讲话、谈话，善于将其联系起来，从中分析意图。

5. 从领导的行动中掌握。领导去哪里，抓什么，怎么抓，反映了他对这个单位、这方面工作的关心程度，反映了他的决心和意图。

6. 从领导的文办中摸清。机关干部平时与领导的接触，大量是通过文办联系在一起的，机关干部要善于从领导的讲稿、批示中把握其思想。一个成熟的机关干部，应该通过领导的言谈举止连贯而不是零散、系统而不是肢解、全面而不是单一、深入而不是肤浅地分析和把握领导意图。

经常与领导交换思想

经常与领导交换思想，能起到"投石问路"的作用，可以从中了解到领导的意图。比如，当你为做好某一工作有超常规的创新举动时，当你对某项工作的办理拿不准主意时，当你在工作中将提出一个新点子时，都可事先将自己的想法、打算、为什么这样做、这样做可能达到的预期结果等，采取"探路"、咨询、询问、复述等方法，事先向领导作个汇报，进行必要的事先认定，使不明确的明确，明确的更透彻，不完善的完善，完善的更完美，以便真正将你的建议和点子报告领导时，领导能审时度势，权衡利弊，迅速作出答复。

与领导交换思想，**首先要注意选择最佳时机和场合**。设法与领导坐在一个相对平等位置的平台上进行，这样可以开诚布公，沟通信息，不带框框，减少约束，互相弥补思维上的缺陷，为下一步工作顺利展开打下良好基础。

其次要重点与本部门的主要领导交换思想。一个单位有几位领导，设想如果能够逐个交换意见当然更好，但因为受时间等多种因素的限制，很难做得到，也没有必要这样做。与主要领导沟通了思想，就掌握了主要的领导意图。

再次是方法要灵活。可视交换思想的内容，用当面、电话、书面等多种方式进行，并注意在交换思想的过程中，随时体察领导说话的语气、口气和态度。如果是通过文字交换思想，要注意看领导对某些观点和文字的修订等具体细小之处，体会出领导的意图真意所在和延续、变化与更新。

第8讲　按规定程序办

程序是工作步骤和层次。按既定程序办事，是做好机关工作的重要一环。程序坚持得好，可以减少矛盾，提高办事效率，否则会贻害无穷。按程序办的基本要求有三点：

一是不能简化程序。程序规定怎么办就应该怎么办，不能图省劲，把应走的程序省掉了。比如说党委研究确定重大问题，特别是重要人事问题，按程序要求，应是逐人汇报，逐个通过。有时候由于人员太多，搞一揽子汇报，一揽子通过。这就是不按程序办事。不出事没人过问，一旦出了问题，就会追查我们办事机关的责任。有一年开党代会，常委会研究确定党代表候选人建议名单，因为三四百人，为了节省时间，没有一一汇报。事后，有人就告到上级领导机关，说是违反程序。机关被迫承担责任，作出深刻检查。还有一次，我们参加一个单位的党委民主生活会，副书记给书记提批评意见，说前几天研究干部搞临时动议。书记说，上会前我不是跟你商量了吗？你也同意了。副书记说，什么时间商量的？书记说，那天上午我们在厕所一起小便，我跟你商量下午开常委会研究干部，你都答应了的。副书记说，我那时正内急，没听见你说的是什么。再说，厕所是商量工作的场所吗？是啊，商量工作也好，汇报工作也好，研究工作也好，应当正正规规，不能稀里马虎。

二是不能增加程序。程序是科学，程序是规律的总结。程序少了不行，程序多了也不行。多一道程序，画蛇添足，也会带来不必要的麻烦。

举一个最简单的例子，比如请示工作，按规定你向直接领导请示即可，你请示了直接领导，还未得到回复，又去请示上级领导，如果两级领导的意见一致不会出问题，如果不一致呢，就会很难收场。

三是不能乱了程序。谁先谁后，谁左谁右，谁上谁下，一定不能乱，乱了就会出问题。比如，有一年，某部决定宣传一个先进典型。这个部的业务工作由一个总部领导分管，而政治工作由另一个总部领导分管。宣传典型属于政治工作范畴，应先报分管政治工作的领导同意并批转分管业务工作的领导。机关业务部门不懂办事程序，就给两个领导同时报了件，结果分管业务工作的领导先收到件，签署同意并批转了分管政治工作的领导。分管政工的领导非常恼火，大年三十晚8点让办公厅通知该部领导，第二天8点前上个正式报告，把这个问题说清楚。害得机关职能部门春节联欢晚会没有看上，本是高高兴兴的除夕之夜，写了一晚上检查，非常郁闷。

所以说，按程序办，就要做到这三点，一是不能少了程序，二是不能多了程序，三是不能乱了程序。只要严格按程序办，什么事都好办，也都能办好。即使办得不理想，只要你是严格按程序办的，就不会追究你的责任。

第9讲　按工作职责办

现在，不少机关都存在着"两个不均"的现象：一是忙闲不均，二是苦乐不均。有的人经常加班加点，超负荷运转，也有的人无所事事，混天度日。按理说，机关都是因事设位，因责设岗，也就是说，哪一级机关担负什么样的责任，设多少部门，需用多少人员，都是经过反复论证，科学编配的，只要各级都干好各级的事，人人都尽好自己的职责，就不会出现"两个不均"的问题，也不会出现工作不落实的问题。所以，必须强化按职责办事的意识。

一方面，要讲职业道德，谨防"不作为"心态。从社会来看，机关干部的"不作为"心态，主要有四种类型：一是熟视无睹型。对职责范围内的问题，甚至危及人民群众生命财产的时候，视若不见，置若罔闻，袖手旁观。二是不以为然型。对群众反映的问题，发出的请求救助信号，不以为然，认为是虚张声势，不去采取防范措施，致使不应该发生的问题发生了，造成了严重的后果。三是相互推诿型。机关干部不仅要各司其职，还应相互配合、协调和支持，但不少机关职能部门对明显属于自己的职责不履行，而是踢皮球、和稀泥、撂挑子。四是冷漠无情型。对人民群众的呼声无动于衷，冷漠无情……这些表现，丧失了起码的职业道德，给工作和事业带来极大损失，许多干群矛盾激化，群体上访事件，都是由于领导机关的"不作为"引发的。

这就警示人们，不论在哪一级机关工作，不论在哪一个岗位工作，都要对自己的职责十分清楚，凡是属于自己职责范围的事情，不擅离职守，不上推下卸，不推诿扯皮，认真去做，有所作为，这是最起码的职业道德要求。

再一方面，要按级尽责，谨防"多管闲事"。也就是说，一级管好一级的事，一级尽好一级的责，不乱插手职责以外的事。我们现在机关的忙乱现象，在很大程度上是不按职责办事，多管闲事造成的。一般来说，机关的工作是有规律的，机关职责带来的工作量也是适中的，多数超负荷运转大都是在职责范围以外自己找的。比如，有的感到本职范围内的工作不容易出彩头，不容易引起上下的重视，就变着法子额外找事干，今天组织一个活动，明天召开一个会议，后天再抓一个试点，以致"文山"越搬越高，"会海"越填越深；再比如，本来各级机关有各级机关的职能，有的处在决策层战略机关，有的处在操作层战役机关，有的处在落实层战术机关，即使解决同一个问题，工作方法也是截然不同的，以抓干部队伍建设为例，大单位以上高级机关是制定政策制度的，应该把研究和完善政策制度为己任，如果要抓具体工作，应把主要精力放在高级干部队伍建设上，这是职责范围内的事，高级机关不抓，就没人去抓。但是，如果越俎代庖，直接插手战术、技术机关应该干的诸如基层干部培训班、业务巡回演讲等，就是"种了别人的地，荒了自己的田"。高级机关也有抓基层干部队伍建设的责任，那就是下工夫完善政策制度，为基层干部队伍建设提供良好的政策制度支持，至于其他具体问题，应该指导下级机关去干。同样的道理，处在操作层和落实层的机关，就应该把主要精力放在落实上级指示要求、政策制度的细则和措施研究上，才算是抓到了点子上。

各级机关干部，都不要揽那些不该自己干、干不了，也干不好的事情，对他人放心、放手，不乱插手，一门心思把自己的事情办好，不仅能大大减轻工作量，还会大大提高工作质量。

第10讲　大事要细办

习近平总书记指出:"要牢记'天下大事必作于细''慎易以避难,敬细以远大'的道理,无论办文办会办事,都要一丝不苟、严谨细致、精益求精,于细微之处见精神,在细节之间显水平。"(习近平:《办公厅工作要做到"五个坚持"》,《秘书工作》2014年第6期。)机关干部在承办重大事情的时候,一定要心细如发,一丝不苟,确保周全。在重大问题上稀里糊涂办砸了,后果是不堪设想的。

老一辈人经常讲"蒋冯阎大战"的故事:当年,冯玉祥与阎锡山联手对付蒋介石,在中原大地摆开战场,志在必胜。可是,在这决定生死存亡的重大问题上,由于冯玉祥的参谋人员粗枝大叶,马马虎虎,电传作战命令时,把河南的"沁阳"写成了"泌阳",虽然就在"心"字上多了一撇,可这一撇却使方位错了260多公里,冯阎联军焉能不败?有史学专家对此评论说"一撇改变了历史"。

类似机关干部误写作战命令的问题,在日常工作中并不鲜见,在我军也不是没有发生过。抗日战争时期,刘伯承决心在"来远"设伏,歼击日伪军。手下的一位参谋在拟写作战命令时,将"来远"写成了"来源"。由于刘伯承是"举轻若重"式的领导,工作极其严谨,他下达的作战命令在发出前都要亲自审定把关,在审查中,及时发现并纠正了这个差错,才避免了造成恶果。

大事细办,就是要始终关注大事中的一切细节问题,防止因1%的疏忽，导致100%的失败。在军事科技的发展史中，我们经常看到这样一些案例，一些灾难性的事故往往是由于一些小得不能再小的疏忽造成的。1970年，美国进行导弹发射实验时，操作人员把一个螺母少拧了半圈，导致了发射失败；1980年，"阿里亚娜"火箭试飞时，操作人员不慎将一个商标碰落，堵塞了燃烧室喷嘴，结果导致发射失败……

大事细办，就是要对大事中的每个细节考虑周全，防患于未然。我国在"两弹一星"和航天工程中非常注重每个细节，所以确保了万无一失。据说，酒泉卫星发射中心测试站的专家和工作人员针对航天发射十多个阶段、一百多个关节点，以及关键设备、关键程序、关键动作等，严格落实规章，对测试厂房的八千多个插头、火箭系统一千一百多个接口，逐一核查核对三遍以上，以科学高效的状态进行表格化、精密化管理，做到了不下错一个口令，不做错一个动作，不减少一个项目，不漏掉一个数据，不放过一个异常现象，不把一丝一毫问题带上天。正是这种大事细办、精益求精的精神，才成就了中华民族的千年飞天梦想。

大事细办，就要确保所办之事准确无误，不能产生任何歧义和纰漏。公元924年，后唐庄宗下令处死正押解在途的后蜀主王衍，枢密使张居翰看诏书时，见有"王衍一行，并宣杀戮"八个字，认为这样用语不准确，会祸及同行的无辜。他当即将诏书按到殿柱上，将"行"字改为"家"字。结果，被杀者仅王衍一家人，后蜀小朝廷一行官员千余人均得以活命。后世史家评论说，"居翰改一字于诏书，救千人之滥死"。与这个故事相反，南宋洪舜俞在上书劝皇帝减少费钱劳民的祭祀活动文中说："其相率勇往而不顾者，唯恭请圣驾谒景灵宫而已。"祭祀庙宇，是皇帝的大事要事，而洪舜俞却说"而已"，有轻宗庙之意，结果他被贬官三级。

历史的经验教训值得我们机关干部汲取，在实际工作中要注意防止和克服这样几种现象：交给一项任务，不愿意作深入细致的思考研究，而是草草办完交差了事，总觉得上面有人把关；起草文电时，懒得追求精品佳文，粗制滥造就出手，缺乏精雕细琢的精神；到基层调查研究，浮光掠影，跟在别人后头跑跑转转，缺乏深钻细研的精神；在学习上，坐不住，学不进去，缺乏潜心学点知识、提高素质的精神。

　　大事都是关涉全局的重要事情，稍有不慎就会带来不可估量的损失。所以，机关干部在大是大非面前，头脑要非常清楚，想得要非常细致，做得要非常周全，不能有半点大意与疏忽。具体说，在办理关乎国计民生问题，领导十分关注的问题，群众十分敏感的问题，群体性社会问题，涉及军地军民关系、国际国内关系的问题等事情上，一定要有如临深渊、如履薄冰的谨慎态度，办得有根有据，有章有法，有理有节，有始有终。

第11讲　急事要慢办

急事就是紧急严重的事情。比如说突如其来的天灾人祸，料想不到的突发事件，等等。这类事情，虽然不是经常遇到，但是遇到一次，就是一次极为严峻的考验。会办事的人，可能会交一份合格的答卷，而不会办事的人，就会被烤焦了、烤煳了，甚至会把"饭碗"给砸了。

我们经常听到有人说"急事急办"，而实际上这并非是最佳办事方法。我觉得，越是紧急的事情，越要稳妥、缓慢办理。类似的观点，清人王庭奎也讲过："遇到急事，先不要急，要先慢慢想清楚。一旦考虑成熟，就一定不要拖延，而要迅速行动。不急的事应抓紧干，快则早见成效；紧急之事应慢点办，慌忙之中容易出错。"可以说，"急事慢办"是比较科学的办事方法之一。

事情再急，也不能慌了手脚。"司马光破缸救人"的故事大家都熟悉，我觉得这称得上是"急事慢办"的一个成功案例。故事发生在宋朝，相传有一天，10岁的司马光与几个年龄和自己相仿的小朋友在一起嬉戏玩耍，孩子们打打闹闹好不开心。谁料想，一个同伴不小心掉进了盛满水的大水缸里，其他小孩见状惊慌失措。有的傻了眼，吓得呆在那里直哭；有的撒腿就跑，想去远处叫大人来救人。唯独司马光没有慌乱，他定下神来想救人的办法。他首先想到，凭自己的力气，要把另一个掉进水缸里的小孩抱出水面，既不现实，也不可能。如果盲目蛮干，不仅救不了他人，还可能搭上自己的小命；等小朋友们叫大人们来救也可能不行，因为放眼望去，附近看不到大人的影子，等远处的大人们闻讯赶来，水缸里的小孩可能早淹死了。他看到水缸旁边有块石头，眉头一皱计上心来，赶忙搬起石头朝水缸狠狠砸去，水缸被砸破一个大窟窿，水缸里的水哗哗地流了出来，小孩得救了。司马光遇事不慌，破缸救人，被传为千年佳话。

　　面对突如其来的变故，能镇定自若，不因此而乱了方寸，这是把急事办好的前提。美国总统西奥多·罗斯福在1912年参加总统竞选时，一次在密尔沃基准备发表演说，有个人向他开枪射击，并击中了他的右胸。幸亏他的口袋里装着钢眼镜和演讲稿，使他免于丧命，但他受伤不轻。见此情景，随行的人员都很紧张，医生坚持要把他送到医院。罗斯福却保持高度的镇定，他斩钉截铁地说："我要去演讲，你们要保持镇定；在我作完演讲之前，我是不会到医院去的。"他说完就命令轿车直奔演讲的礼堂而去。当时，人们都已经听说了他被枪击的事情，以为他不会来了。但罗斯福在"要么发表演说，要么就死，非此即彼"的意志支撑下，一步一步地走向讲台。他面带微笑地向人们招手，礼堂中的人纷纷从座位上站起来，发出爱戴的惊呼和同情的感叹。罗斯福掏出他那带血的讲稿，开始了一个半小时的演讲，他的声音虽然近乎微弱，但在死一般寂静的大厅里听来却铿锵有力、掷地有声。人们对他的精彩演讲，同时也对他的坚强意志——极大的承受力和忍耐力，报以雷鸣般的掌声。在关键时刻，罗斯福遇变不惊，以顽强的意志完成了这次演讲，征服了千百万支持者的心，在更多的选民中树立了威信，为他竞选总统成功起到了很好的作用。

　　这些事例启示我们，无论什么事情，无论情况多么紧急、危急，只要遇事不慌，沉着应对，开动脑筋，总会想出破解的"金钥匙"。

　　事情再急，也不能乱了章法。机关工作是有规则、有程序的，不论事情多么紧急，不能乱了章法，乱了规矩。无论事情急缓，都应当按职责办，按权限办，按规章制度办，按现行法规办，不能出现越权、越位、越轨和越俎代庖等问题。否则，就很难有好的效果。

章含之在《我与乔冠华》一书中记录了乔冠华遇到的一件倒霉事，就与处置急事有关。书中记载，1976年7月28日，唐山发生大地震，波及北京。在毫无准备的情况下，开始两天，北京的居民只得露宿街头，外国驻华使馆也不例外。因为无法向他们提供足够的帐篷，他们都露宿在使馆室外空地上。

7月30日晚，乔冠华在招待外宾的宴会途中，接到工作人员送来的一张纸条，说根据震情预报，未来24小时内以通县、大厂回族自治县为震中，可能发生7级以上大地震。乔冠华测量了震中到北京的距离后，发现北京可能在第一冲击波上，如果真的发生大地震，后果比唐山更严重。

为了保护各国使（领）馆，外交部党组决定连夜通知各国使馆留下留守人员，其他人，尤其是妇女儿童，由中国民航提供专机，暂时撤往广州、上海，待震情稳定后再回北京。由于事情紧急，时间紧迫，乔冠华打电话未找到当时的主要领导，只好告诉秘书，请秘书转告。外交部党组一面通知使馆及民航，一面呈文给中央，以便赶在大地震发生前尽可能撤出大部分外国使（领）馆人员。

第二天中午时分，大部分工作已经完成，当时驻华使（领）馆人员都十分感动，乔冠华终于松了一口气。然而，通报的大地震并没有发生，而乔冠华的政治生活却发生了"地震"。31日晚，当震情通报的危险时刻过去以后，国务院主要领导打电话批评乔冠华未经中央批准，擅自撤离驻华使（领）馆人员，是"严重的无组织、无纪律"，是"在地震面前惊慌失措的表现，是有失国家尊严"。出现这些问题，在那个年代只有受批判的份了。

无独有偶。我曾经工作过的总部某机关，也有一件处置"地震预报"情况失误的教训。这是1997年1月的一天，夜里12点左右，机关总值班室的人员突然接到上级机关值班人员的一个紧急电话通知，说据国家地震局预报，凌晨6点钟左右要发生6级以上地震，请通知部队做好抗震准备。值班人员一听有震情，而且这么紧急，就越过了负责作战指挥的职能部门，直接把情况报告首长。首长从睡梦中惊醒，感到震情就是命令，指示值班人员按照上级领导机关的要求，立刻通知震区部队做好防震和抗震准备。值班人员忙了一晚上没合眼，把有关通知及时下到每一个所属单位。想不到的是，这个来自上级值班室的"地震预报"电话，竟是有人蓄意破坏，盗用上级机关的名义搞的恶作剧。地震当然没有发生，但值班人员和首长对所谓的"地震预报"情况处置不稳妥，引起最高领导层的震怒，受到严厉批评和行政处分。

事后总结教训时，我们感到，对这件"急事"的处理，无论是值班人员还是首长，都有不稳妥、不按章法办的问题。首先是值班员，如果接到所谓"地震预报"电话后，按渠道办理，报告负责作战指挥的职能部门，让职能部门去处理，职能部门处理类似的急事都有一套程序和预案，启动应急预案前，首先会对"电话通知"的情况进行再核实，只要再核实一次，冒名电话定会露出马脚，蓄意破坏的阴谋就不会得逞；再就是首长，如果接到值班员情况报告后，不急躁毛糙，按渠道办理，让值班员通知职能部门，由职能部门提出处置意见建议，再报首长最后拍板定夺，把关的环节多了，就会把问题消灭在萌芽状态，同样会避免被"冒名电话"欺骗的问题。

事情再急，也不能顾此失彼。我们说的"急事慢办"，还有一个重要方面，就是在办事的过程中，无论事情多么紧急，都要全面考虑，周详处置，不顾此失彼。解决一个问题，不能引发另一个问题，也不能埋下重大隐患、留下后遗症。这方面的经验教训很多。

看过《三国演义》的人都知道，汉灵帝在位的时候，太监把持朝政，天下被其控制，国家大权落到了乱臣贼子之手。汉灵帝死后，大将军何进密谋诛杀宦官，他的姐姐何太后因是靠宦官发迹的，不同意诛杀宦官。

何进便想让董卓进京，以此来胁迫太后。朝廷好多大臣不同意何进的做法，认为这是引狼入室，必生更大的祸患。何进不听，一意孤行。曹操断言，乱天下的人，必然是何进。果不然，董卓的兵还未到，何进的密谋便败露，他没杀了宦官，反被宦官提前诱杀。董卓到了京城后，露出豺狼本性，烧杀抢掠，废立皇帝，加速了东汉王朝的灭亡。

20世纪70年代，盛传周恩来与九龙杯的故事，这件"急事"处理得就非常稳妥。一次，上海一家著名饭店宴请外宾，一位中等身材的外宾被餐桌上摆放的九龙玉杯所吸引，赞叹不已。他趁人不注意，顺手把一只九龙杯塞进了自己的公文包里。外宾的这一举动，被饭店的服务员看在眼里，并立即向经理作了汇报，经理觉得此事比较棘手，如果直接到外宾的公文包里翻取，外宾会提出抗议，造成不良国际影响；如果想法把外宾引开，也不行，因为这时他肯定不会让公文包离开身；如果等到明天外宾离饭店时扣下来，又怕夜长梦多，夜间发生变故。

正在一筹莫展之际，经理忽然想到周恩来总理在上海，于是他们立即向周总理作了汇报，总理听后说，九龙杯是我们的国宝，一定要追回来，而且要有礼貌不伤感情地追回来。接着，周总理问晚上外宾安排什么活动，当听说宴会后安排外宾看杂技表演时，总理笑了，说："这不是很好嘛，让外宾欣赏一下中国杂技的神奇奥妙嘛。"

经过一番布置，杂技演出的最后一个节目是魔术，只见舞台中央的桌子上摆放着三只九龙杯，魔术师用一块黑方布将杯子盖起来，走开几步，掏出道具手枪，对准杯子开了一枪，然后揭开黑布一看，三只酒杯只剩下两只。魔术师走下舞台，来到宴会上拿九龙杯的那个外宾面前，先鞠了一个躬，然后请他打开公文包。在这样的场合和气氛下，外宾不得不将公文包打开，魔术师从他的公文包里取出真的九龙杯，举在手上。此时，杂技场内响起雷鸣一般的掌声。国宝九龙杯终于巧妙地取了回来（参见刘瑛：《周恩来智取九龙杯》，《神州》2007年第9期）。

第12讲　轻事要重办

概括人们的办事方法，大致可分为两种，一种人是举重若轻，一种人是举轻若重，领导干部两种人都需要，比如，周恩来评价刘伯承和邓小平就如是说，刘伯承举轻若重，邓小平举重若轻。但是，机关干部永远只需要一种工作方法——举轻若重，就是再小的事，也要慎重处置。简而言之，轻事重办。

应该说，工作不认真，不细致，办事马马虎虎，粗枝大叶，丢三落四，纰漏不断的现象，在一些机关干部身上是有表现的。细查起来，并不是这些同志工作水平不够，而是重视程度不够。我在部队机关工作时，认识一位机关干部，这位同志文采很好，也很敬业，就是有粗心的习惯。组织上调他到报社工作后，这个问题还是没有解决好。一次编发新闻稿件，他把一位分管报社的领导的名字弄错了，害得报社社长反复向这位领导作检讨，没过多久，这个同志就被报社炒了鱿鱼。

不少机关干部大概都有这样的体会，工作中常常有这样的情况，一个会议开得很顺利，就因为主席台座次没排好，有个领导的文件没送到位，惹来很大的麻烦；一个材料写得很好，就是因为出了几个错别字，好像一顿美餐吃了个苍蝇似的。可以说，一个会议的主持词，一个请示批复，一个情况报告，若出现错误，就会影响一个干部、一个部门甚至整个单位的形象。现实生活中，这样的深刻教训很多。仔细想想，因小失大，真是得不偿失。因而，在小事面前切记不能掉以轻心。

要高度重视小事。机关工作无小事，小事并不代表事小。小事办好了是小事，办不好就会影响全局，影响大事，甚至变成大事。特别像收发通知、接打电话、呈阅文件、写会议主持词、订车票、接送站等小事，要非常小心，确保万无一失。要看到，干小事是对一名机关干部的更大考验，小事干好了更能体现本色。有人说，从文字校对中能看出你的工作细致程度，从起草通知中能看出你的文字功底和对领导指示精神的把握能力，从与其他部门的协调中能看出你的沟通能力，这些话很有道理。小事里面见精神、见人品、见能力、见作风。

还有一层道理需要明白，事情大小轻重都是相对而言的。小事办好了是小事，谁也不会去注意，小事办不好就是大事，甚至会引发始料不及的严重后果。辛亥革命已经过去了一百多年，现在研讨辛亥革命的史料很多，比如，为什么革命偏偏在孙中山没有想到的地方爆发？革命为什么在华中成功？而华中在张之洞的领导下，建新军、炼钢铁，搞洋务运动，看起来是清廷最有生气和活力的地方。在诸多的史籍中，有一个说法颇有意思，辛亥革命是由一件极小的事情引起的：当时，湖北新军的精锐部队都到四川镇压"保路运动"去了，留下一些战斗力不强的部队。10月10日夜里，一个士兵半夜起来解手。没有在规定的地方解，就在院子里面解。结果被排长发现了，排长就用鞭子抽他。他就嚷起来，很多人过来看，排长更凶了："你们都过来看什么？赶快给我滚回去，都不遵守纪律！"这么一来双方就发生了口角，最后动了枪，把排长打死了。大家想，既然把排长打死了，索性就哗变算了。本来最初冲动就是想弄一下，结果一哄而起，大获成功，造成了一个王朝的垮台。历史学家们发现，很多重大的历史事件，都是由无足轻重的小事而起。这就警示人们，不能忽视小事。

许多人有这样的体会，有些很难的事能办成，有些简单的事却不容易办成。大江大河可以蹚过去，门前的小沟就是过不去，不小心还会在小沟里翻船。现实生活中,将人绊倒的不是巨石,常是一些小得看不见的石块。机关干部多数在做一些程序性、重复性、琐碎性的工作,时间长了容易使人放松警惕,降低标准,疏忽大意,这样就可能因小失大,甚至造成无法弥补的后果。所以,在小事面前切记不能掉以轻心。

要认真关注小事。在通常情况下,一项大任务在主要环节的部署安排上,领导抓得比较紧,大家都很重视,而一些细微之处都得靠机关干部去完成。许多小事情,看上去都是举手之劳,领导都比较放心,但也最容易出错。所以,越是领导关注不到的部位,越要给予更多的关注,做好拾遗补阙的工作。特别是可能影响全局的小细节、小环节、小事情、小部位,要格外重视,格外严谨,格外细致,不能侥幸地去"感觉",该亲眼看的要到现场,该直接找本人的不能通过二传手,一丝一毫不能大意。

比如,领会上级精神和领导意图,上传下达领导指示,反馈有关信息,一定要准确到位,做到一丝不苟、一字不差,决不能想当然,更不能以"差不多""大概是"模糊了事。有这样一个故事,有个单位的领导发现机关大院里养鸡比较多,影响了正常工作和生活秩序,便吩咐一位机关干部写个通告,让养鸡户把鸡杀掉。这个干部写了个通告贴于宣传栏里。没有过多久,不少人就给领导打电话责问养鸡何罪之有,领导莫名其妙,仔细询问才知是《通告》惹的祸。原来这则通告有一句话是这样写的:"凡养鸡者,一律杀掉。"不是将鸡杀掉,而是将养鸡的人统统杀掉,闹了一个大笑话。这些都是工作不认真、不细致造成的,小事情变成了大问题,教训非常深刻,值得举一反三,引以为戒。

要耐心做好小事。做好一两件小事不难,做好一两天小事也不难,难的是一以贯之,坚持不懈地把每一件小事做得精巧得体,万无一失。特别需要指出的是,小事并不等于简单,有些小事干起来非常麻烦,有时很小的一件事,需要返工好几次还办不利索。机关常有这样的情况，有时事情不来便罢，一来就挤在一起，这件事需要办，那件事等着，理不出个头绪，这个时候容易产生厌烦、浮躁情绪。所以，特别需要耐心和恒心，要不厌其小，不厌其碎，不厌其烦，认真办好每一件小事。个别小事时间跨度大，久拖不决，要特别小心，不能忘事、漏事，始终关注发展变化，什么时间办到哪一步，做到心中有数，有头有尾，确保落实。

第13讲 熟事要生办

机关工作有其规律性，不少工作是常识性的、程序性的，年复一年，周而复始。许多事实证明，越是自己很熟悉的事情，越容易产生麻痹心理。不少事情出纰漏，恰恰是因为对它太熟悉而掉以轻心所致。先看一看下面的例子。

有一次，我陪领导到某学院检查工作。单位领导要我们参观一下他们学院的电化教学成果，并介绍说，学院的局域网搞得不错，让我们一览他们的网页风采。我们到自动化室坐下后，室主任亲自为我们演示。这些网页都是主任亲自制作的，由他操作轻车熟路，肯定不会出什么问题。事实就是这样出人意料，电脑打开以后，网页怎么也调不出来，急得主任满头大汗也无济于事，"该露脸时不露脸"，弄得场面很尴尬。

还有一次，总部领导到某学院举行授旗仪式，这是学院建设史上的一个重大事件。学院领导高度重视，千叮咛万嘱咐："音响设备一定要万无一失，因为授旗仪式要放国歌和军歌，千万不能仪式正式开始了，歌曲放不出来！"负责音响的机关工作人员蛮有把握地拍胸脯："放心吧，没问题！"正式仪式开始前，搞了几次预演，每次都非常顺利。然而却在关键时刻"掉链子"，当仪式主持人以洪亮的声音宣布"授旗仪式现在开始"后，音响却突然全哑了，总部领导擎着旗等待激昂的旋律，数千名学员和教职员工整齐列队等待着旋律鸣放……几分钟的冷场像半天那么漫长，令庄重严肃的仪式大失光彩。

俗语讲，"河里淹死会水的""小水沟里翻大船"，就是警告人们对熟悉的事情千万不要大意，大意就要出问题。所谓"熟事生办"，就是把熟悉的事情当作不熟悉的事情来办。在具体工作中，要做到如下"三防"。

一防不准确。机关掌握情况，是为党委和领导决策服务的。情况准不准，直接关系到决策正确与否。从实际情况来看，领导机关特别是高级一些的机关，工作性质决定了不可能天天直接在基层接触实际，不可能亲自参与基层干部、群众的各种实践活动，平时获得的各种情况，绝大多数都是第二、第三、第四手材料，已经过了几级机关层层润色加工。

时下流行着这样两句话："层层加码，马到成功；层层加水，水到渠成。"虽然不能说各级都在造假，但虚假成分也确实不少。比较常见的有：汇报工作、反映情况华而不实，讲成绩习惯于把想做的说成已做的，小的说成大的，远的说成近的，虚的说成实的，无的说成有的；讲问题惯于避重就轻，夸大客观，掩盖主观，大事化小，小事化了。在这种情况下，如果机关干部不加以鉴别考察，挤掉水分，修正失真，很容易以讹传讹，提供失实情况，干扰领导的正确决策。

我觉得，机关干部处理任何工作，都要追求实事求是，准确无误。比如，起草文件，理论的依据和文件所引用的材料，必须认真核实，保证真实可靠，不能主观臆断，更不能随心所欲地编造；向领导反映情况，要出于公心，全面准确，一就是一，二就是二，好就是好，差就是差，不能夸大或缩小，不能道听途说、捕风捉影；给领导出主意、提建议，不能以个人的情感和想象为出发点，不能出歪点子、馊主意。

二防不精确。忽视精确，在我国有历史渊源，它像久治不愈的顽症，困扰着我们的工作和生活。早在1894年，美国一名叫明恩溥的传教士在中国生活了22年后，写了一本《中国人的素质》，其中专门有一章讲中国人"漠视精确"。这里摘录几段：

一个老人"七八十岁",但他去年刚刚70岁。事实上,一个人在中国刚过70,就算80岁了……如果想知道得确切一些,你就必须考虑这个"宽泛的平均年龄"。即使一位中国人想说确切,他讲的年龄也似乎是下一个春节之后的年龄———春节成了全体中国人的生日。用"十"来算年龄已是根深蒂固,造成了不少模糊。不少人"一二十岁""没几十岁"或者"好几十岁",你很难在中国碰到一个确切说出年龄的人。

中国人不知道自己住的村庄里有多少户人家,他也不想知道。"怎么会有人知道这个数字?"对他来说是一个难解的谜。这个数字是"几百""好几百",或者"不少",然而,一个确切的数字从来没有。

中国人在数字方面的特点是缺乏精确。这一点,也同样出现在文字的书写和印刷上。在中国,很难找到一本没有错别字的廉价书,有时,所误用的字远比本来应该用的字复杂,这表明这种错误并非由于想省点力气才造成的,而是由于人们不够重视日常的精确性。

应该说,明恩溥讲的这种现象,至今也还没有根本好转。因而,体现在工作中,差错随处可见,影响了机关的工作质量。最近,看到周恩来总理培养总部机关好作风的资料,很受教育。他特别强调总部机关办事要快速、准确、严格、细致,要求发出的任何文电,绝不准有任何错漏。"起草文件也好,抄写电报也好,内容要清楚、严密,文字、标点也要准确。"绝不准有含义不准确的用语,如"大概""差不多""也许""可能"等。有时标地图出现河流的"南岸""北岸"字样,他也批评说,河流走向弯弯曲曲,很难用南北东西表达清楚,应按流向用"左岸""右岸"表示。

抗美援朝战争期间,调工程兵部队入朝作战,部队要在沈阳地区休息一下,军委工程兵司令部要先发一个电报给东北军区,说明什么时间、有多少部队在那里休息吃饭。电报送到周总理处后，周总理让当时的工程兵副司令李迎希同志去一趟，李副司令心里忐忑不安地来了。周总理拿起工程兵送上的电报稿严肃地问：你这个李迎希，我问你，什么是"干战人员"？李副司令回答说，是干部和战士的缩写。周总理批评说，为什么要搞得这样晦涩呢？你写干部战士不就清楚了吗？总理说完，还指出了电报中用错的标点符号，而后又让李迎希把电报拿回去修改。

最后，他神色严肃地说，我这个总理，一天有那么多的事要处理，没有时间这样给你们修改文稿，你们要想一个办法，不要让我周恩来给你们当秘书。周总理说的这个问题，机关干部应该铭记不忘、认真改正（参见《司令部建设·参谋工作——忆谈录》，第199页，军事译文出版社1996年版）。

三防不认真。再熟悉的事情，也要坚持高标准，不粗枝大叶、马虎应付、自以为是、得过且过。据马克思的女婿保尔·拉法格回忆说：马克思"不仅从不引证一件他还未十分确信的事实，而且在他尚未彻底研究好一个问题时他决不会谈论这个问题。他决不出版一本没有经过他仔细加工和认真琢磨过的作品。他不能忍受把未完成的东西公之大众的这种思想。要把他没有做最后校正的手稿拿给别人看，对他是最痛苦的事。"

机关干部在办事中，就应学习马克思的认真劲、精细劲，有了这种精神，就会把简单的事情干得不简单，把平凡的工作干得不平凡。

机关常见的上通下达出差错的现象，说到底还是不认真在作怪。上通下达无非是口头、文字、图像三种形式。无论采取哪种形式，都要做到三个准确把握：一要准确把握上通下达的内容，应该向上级报告的一定要如实报告，应该向下级传达的一定要不折不扣地传达；二要准确把握上通下达的范围，该向哪一级报告就报告到哪一级，该传达到哪一级就传达到哪一级，不随意扩大缩小；三要准确把握上通下达的时机，向上报告要及时，向下传达要适时。

第14讲　难事要易办

大概不少人有这样的经验体会，做一件事情，如果一开始就认定会成功，在做的过程中就会竭尽全力，想尽千方百计，克服一切困难，坚持到底，结果多半会成功；如果一开始心里就是动摇的，认定做不成，做的过程中就会缺乏劲头，并容易泄气，多半事情做不成。所谓难事易办，就是始终保持一种藐视困难的积极乐观的心态，把难事当作容易的事情来办。

常言讲，只有想不到的事，没有办不到的事；只有不想办的事，没有办不成的事。只要能够想尽一切办法，再难办的事情也是可以办成的。认真反思一下，就不难得出这样的结论：大凡没有办成的事情，不是事情本身难办，而是下的决心不够，下的工夫不够，想的办法不够，不用说想尽千方百计，就是想尽十方十计的时候也不是很多。多数时候往往尽了一定的力，想了一定的办法，能办成也就办成了，实在办不成也就随它去了。这也是许多本该办成的事情而没能办成的一个重要原因吧。想尽一切办法，把事情办成办好，应该成为机关干部追求的思维目标。

无论办任何事情，都不可避免地遇到各种困难和挫折。做到难事易办，根本的还是正确对待面临的难题。

首先，不要夸大难题。对难题不在乎不行，太夸大了也不行。一般来说，人们对难题的第一个反应常常是不准确的，大都夸大了问题的严重性。这是因为，突如其来的难题，多半会影响你对问题作出客观冷静分析。失过恋的人都有这方面的感受，当恋人提出分手时，心灵备感痛苦，以为天下没有比这更不幸的事了，以为自己不可能振作起来了。但事过境迁之后，才发现问题远远没有当初想象的那么严重，甚至觉得当初失恋或许是一件好事情。我们碰到难题时，不妨对自己问这样的问题："这件事造成的最坏结果是什么？应该做什么样的最坏打算？"有些问题看起来很复杂，真正解决起来，你就会觉得原来并不是那么困难。

其次，不要低估难题。许多难题没有得到解决或没有得到有效处理，并不是因为它本身的难度太大，而是由于它未能得到足够的重视。许多问题，表面上看起来很简单，处理起来却有一定的难度，如果你轻视了它，不认真对待，就可能使简单问题复杂化。军事上有"骄兵必败"之说，这也是处理问题时的态度。不管大小问题，只要你低估了它，就不可能处理圆满。所以，在处理问题的时候，一定要把困难估计在前头，不可看不够。只要你把方方面面的困难都想到了、想透了，就会慎重从事，这就为解决问题奠定了良好的基础。

再次，不要回避难题。在人生的征程上，难题是客观存在，回避、拖延都不是办法。只有正视难题，迎难而上，拿出解决难题的积极行动，才是正确的方法。否则，难题将永远在那里。有时候你回避、拖延过去了，就会把难题留给别人，留给后人，大多数难题，总要有人去解决。有一篇名为《顽石的启示》的文章，阐述的就是这个道理。

我刚嫁到这个农场时，那块石头就在房子拐角。石头样子挺难看，直径约有一英尺，凸出两三个英寸。一次我全速开着割草机撞在那块石头上，碰坏了刀刃。我对丈夫说："咱们把它挖出来行不行？""不行，那块石头早就埋在那儿了。"我公公也说："听说底下埋得深着呢。自从内战后你婆婆家就住在这里，谁也没把它弄出来。"就这样，石头留了下来。我的孩子出生了，长大了，独立了。我的公公去世了。后来我丈夫也去世了。

现在，我审视这院子，发现院角那里怎么也不顺眼，就是因为那块石头，护着一堆杂草，像是绿草地上的一块疮疤。我拿出铁锹，振奋精神，打算哪怕干上一天，也要把石头挖出来。谁知我刚伸手，那块石头就起出来了，不过埋了一尺深，下面也就比上面宽上大约六寸左右。我用撬棍把它撬松，然后把它搬到手推车上。这使我惊愕不已，那石头屹立在地上的时间超过了人们的记忆，每人都坚信前辈曾试图挪动它，但都无可奈何。仅因为这块石头貌似体大基深，人们就觉得它不可动摇。

那块石头给了我启迪，我反倒不忍心把它扔掉。我将它放在院中的醒目处，并在周围种上了一圈长春花。在我这片小风景地中，它提醒人们：阻碍我们去发现、去创造的，仅仅是我们心理上的障碍和思想中的顽石。

第15讲　生事要熟办

自负是办事成功之大敌，面对没有从事过的事情，无论多么简单，你若自负自傲，必定自食苦果。我认识这样一位机关干部，写材料是把好手，处理事务不是其所长，领导适才而用，动"笔杆子"的活让他多承担一些，陪同领导下基层检查工作的事情总让其他人去干。久而久之，他心里开始不平衡，陪领导下去轻松自在又风光，在机关"爬格子"又苦又累又无名。

事有凑巧，有一次下基层，领导派他去陪同首长，并一再嘱咐："陪首长是个细活、苦活，你过去没有经验，一定要慎之又慎，考虑周全。"可他却比较自负，认为不可能出问题。他对人员的协调、工作部署、车辆派遣、文件材料以及怎样开展工作等诸多事宜，都进行了认真准备，但却疏忽了了解出行路线及路况，带车行进的过程中，因主观臆断，凭想当然选路，结果陷入了"迷魂阵"，走了半个小时，没有走上正路，首长问："你知不知道路？"这个机关干部说："我不太熟悉。"结果首长说："你下去熟悉道路吧。"他刚一下车，首长就带车走了，把他晾在了半道上……

后来，他虚心向其他机关干部请教，同事们半开玩笑半正经地说，你以为承办具体事务就那么简单？传给你几条秘诀："首长不讲我先讲，试试话筒响不响；首长不行我先行，探探道路平不平；首长不尝我先尝，品品饭菜香不香。"听罢此言，他这才真正体会到"看人挑担不费力，事不经过不知难"。

任何事情都有其内在的规律和要求，没有办过的不能自以为是，自作聪明，要以老实的态度，虚心的态度，慎重对待。只要是不明确、不熟悉的工作，一定要下工夫搞明白，力求熟悉它、精通它，这就是"生事熟办"的基本内涵。

首先，要熟悉政策。政策法规是机关开展工作的基本依据和遵循。政策法规不掌握，工作开展就没有依据，下级请示问题就不好回答，指导基层就难有章法。机关干部要当政策法规的明白人，对基本的政策法规要熟知熟记，对分管工作、分管领域涉及的政策法规要烂熟于心，对关系单位建设发展的有关政策法规要熟悉。总之，对于政策法规问题，我们要做到熟悉本职的、掌握相关的、了解其他的，不能局限于某个部门、某项工作。在参与某项工作之前，要抽出时间对相关政策、资料熟悉一下，有备无患，同时也有助于深入研究问题。

其次，要熟悉程序。机关工作不能随心所欲，办任何一件事情，都是有一定程序的。因此，在办事之前，对于相关办事程序，一定要搞清楚，不能凭感觉或想当然办事，该请示的问题绝不自作主张，该坚持的顺序绝不能随意颠倒，该落实的步骤绝不能轻易省略。程序坚持得好，可以减少失误矛盾，增加安全系数，提高办事效率，否则会贻害无穷。

一要明确"办文"的程序。机关公文处理的每一个环节，都包含有程序问题。公文起草，要有令而动，有据可依；公文审批，要层层把关，按级负责；联合行文，要自下而上，协商一致；公文办理，要逐级请示，遵示而行。如果不按程序办，不仅办不了、办不好，甚至可能办出问题，小则延缓某项工作的进程，大则影响机关部门之间的关系。这方面的教训很多，比如，应按规定程序报送领导机关的公文，不是走正常渠道通过职能部门而是绕过规定的程序，直接送首长本人或通过其他方式报送。这些公文，往往不是没有按规定征求有关方面的意见，就是没有按规定进行审核，给工作造成了很大的被动，甚至出现矛盾。正确的方法是，办理每一份公文，都必须逐级呈送、层层审签，确保公文处理规范化、程序化，尽可能避免公文漏传、误传、横传等问题的发生。

二要明确"办事"的程序。请示报告是最基本的程序，无论是上级交办的事情，还是职责应办的事情，一定要按程序办理。特别是一些重大问题、敏感问题，一定要慎重从事，该请示的要请示，该汇报的要汇报，该研究的要提交研究，不能擅作主张，随意处理，否则就很难有好的效果。领导同志有时一段时间不在位，而事情又非常着急，就应该按"非常"程序处理，可以请示再上一级的领导，不能误了事。这里需要注意的是，办事切忌多头请示，因为这样做极易出现各位领导对请示事项提出不同的处理意见，导致抓落实无所适从，而且还容易给领导之间造成隔阂，该请示谁就请示谁，不能乱请示。

再次，要熟悉规则。规则是规定出来供大家共同遵守的制度或章程。规则具有普适性，比如交通规则"靠右行驶"，比如，礼仪规则"女士优先"，等等。越是不熟悉的领域和事情，越要熟悉其规则，这样办理起来，就会少发生问题。规则，有显规则，也就是明文规定的，这个要牢记；也有不成文的，也就是约定俗成的，虽不见诸明文，但也应尽量熟悉和了解，这样办起事来就有了分寸。当然，对于那些歪风邪气、不正之风的潜规则，不仅不能效仿，还应理直气壮地反对和抵制，这是另一个范畴的问题。

第16讲 特事要特办

所谓"特事",就是特殊的事情,通俗地讲,就是那些超越常规的事情。"特事"按常规的思路和办法办不了、办不好,它需要贯彻"特殊情况特殊处理"的原则,用特别的思路、特别的措施、特别的手段、特别的方法来办理。

化复杂为简单。流传于古亚细亚的寓言中,记载着亚历山大大帝解开"高尔丁死结"的故事。这天,亚历山大率军攻占了小亚细亚的一座小镇后,有人请他观看一辆神话传说中皇帝的战车,车上有一个用套辕杆的皮带奇形怪状地纠缠起来的结子。知情者告诉亚历山大,驾驭这辆战车的皇帝曾预言,谁解开这个"高尔丁死结",谁注定会成为亚细亚之王。但是一直以来,所有试图解开这个结子的人,都无一例外地以失败而告终。亚历山大闻罢兴致顿生,决心一试。他苦思冥想,也是一筹莫展,找不出解开死结的方法。但他没有放弃,突然灵机一动,拔出腰刀,手起刀落,"咔"的一下子把结子剁为两段,并大声宣布:"这就是我的解结方法!"此后,人们在钦佩亚历山大的智慧与魄力之余,也把"高尔丁死结"一词用作一切疑难问题的代称。

还有一个发生在我国北宋时的处理"皇家家务案"的故事。宋真宗赵恒的亲戚之中,有人认为财产分配不公,轮番到皇帝面前告御状,搅得他寝食难安。丞相张齐贤见状,对皇帝说:"这些家务纠纷我能解决,请陛下允许我来全权处理。"皇帝自然高兴准奏。于是,张齐贤把告状的皇亲们都找到相府里，问道："你们不是都认为对方的财产分得多，而自己分得少吗？"皇亲们回答说："是的。"张齐贤就让人把这些皇亲们的意思记录下来，并由本人签字画押。然后找来两名官员，分别将甲家的人带到乙家，又把乙家的人带到甲家，人换地方而一切财产都不移动，只是把分财产的文书作交换。这样一来，双方都无话可说。皇亲闹财产纠纷的问题随即解决。

从以上事例我们可以看出，化复杂为简单，也就是快刀斩乱麻，用简单的方法解决复杂问题。古往今来，人们在处理政务、军务、商务等事务性工作时，经常运用这种有效方法。当然，我们所说的化复杂为简单，绝不是鲁莽行事，简单从事，遇事急躁，处事毛糙。处理错综复杂的问题，既需要以大胆果断的行动打开局面，排除来自方方面面的干扰和阻碍，义无反顾地坚决走向既定的目标；也需要沉着、冷静、细致、周密的思考，像高明的医生一样，号准脉搏，找出病源，拿出"药到病除"的良方。只有把果断的行动建立在周密的思考和准确的判断之上，才能迅速、简洁、有效地处理好各种复杂问题。

化危机为机遇。我们先看一个战场上的故事：

第二次世界大战的时候，在苏联军队与德国军队的一次战斗中，苏军的一辆坦克冲入了德军阵地，不料，却陷在了一个深水坑里。发动机熄火了，再也无法行动。当时，里面的坦克手除了手枪再也没有任何武器。

见此情景，德国兵非常高兴，一窝蜂地冲了上来，敲打着坦克的铁甲高喊着："你们跑不了了，赶快投降吧！""我们决不当法西斯的俘虏！"坦克里传出的这一坚定声音，把德国人气坏了。他们找来柴草和汽油，准备把坦克里面的苏联士兵活活烧死，并发出最后通牒："给你们一分钟，如果再不投降，就把你们全部烤熟了！"

就在这个时候，坦克里传来了"砰砰砰"几声枪响和几声惨叫。接着里面一片寂静。"他们一定是自杀了。"德国兵们边说着边爬上了坦克，想要打开坦克舱门看个究竟。可是舱门从里面反扣死了，怎么也打不开。

德国兵们想，干脆先把这战利品拖回去再说。可是苏军是一辆超重型坦克，一辆德国坦克拉不动，他们便又调来一辆坦克，两辆坦克一起终于将这辆超重坦克从泥潭里拉了出来。

可是德国人做梦也没有想到，当他们费九牛二虎之力将陷在泥坑里的苏军坦克拉出来以后，那辆坦克突然发动了起来，巨大的力量使德军坦克无法与之抗衡。结果，苏军坦克反将这两辆德军坦克拉回了自己的阵地。

还有一个篮球赛场上的故事：

有一次，男子篮球赛半决赛在保加利亚和捷克斯洛伐克两队之间进行。这场旗鼓相当的比赛进行得非常激烈，在离比赛结束时间还有8秒的时候，保加利亚先得了两分，而且还是保加利亚队开球，看来保加利亚队是稳操胜券了。可奇怪的是，保加利亚队的教练忧心忡忡，而捷克斯洛伐克队的教练却非常开心。这是为什么呢？

原来，保加利亚队在其他几场比赛中得分不如捷克队。算起来，这场比赛保加利亚队必须比捷克队多得5分才能出线，而且要在这最后8秒时间里再得到3分几乎是不可能的事。

这时候，保加利亚队教练果断地站起身来，要了一个暂停，他要借此机会对两名队员面授机宜。

当比赛继续进行以后，这两名保加利亚队员开球后，将球带到中场，这时候捷克队员全都很自然地退回到自己的半场进行防守。

突然，带球的保加利亚队员一个转身，突然回到了自己的半场，纵身一跳，竟将球投进了自己的篮筐。

这时候，裁判的终场哨音极富意味地吹响了。全场比赛时间到，双方战平。然而，根据比赛规则，双方战平以后，还必须加赛5分钟。在这极为宝贵的最后5分钟里，保加利亚队士气高昂，全力拼搏，终于以不多不少的5分优势取得了这场比赛的胜利，夺得了决赛权。

直到这时，人们才明白保加利亚队教练非凡的精明——是他故意让自己的队员将篮球投进自己的篮筐里，以求平局，也只有这样，才能赢得千金难买的5分钟加时赛。

没有人愿意遇到危机，但是危机常常不邀而至。其实"危机"一直包含着两个方面的内容："危险"和"机遇"。只是我们习惯性地只看到"危险"，而看不到"机遇"。所以，遇到危机问题，不要叹息，不要沮丧，要用心去捕捉危机中的转机，就可能创造出新的奇迹。

化被动为主动。英籍华裔作家韩素音在《周恩来与他的世纪》一书中，讲述了这样一件事情：

"文革"期间，一个红卫兵代表团访问阿尔巴尼亚归来，原安排周恩来与陈伯达一起到机场去迎接。陈伯达是"中央文革小组"的组长，是毛泽东主席以前的秘书和《红旗》杂志社的总编辑，周恩来对他一直表示尊重。这次，因为工作人员的疏忽，周恩来遇到了一个大难题。

原来，飞机因故改在另一个机场降落，负责具体安排的礼宾司官员李连庆只通知了周恩来，没有通知陈伯达。周恩来抵达机场后，没有发现陈伯达的身影，忙问："陈伯达同志在哪里？"李连庆回答说,我忘记把更换机场的事告诉陈伯达了。听了这话,周恩来脸色变得十分严峻,他摇了摇头说:"同志啊,同志,你不知道给我找了多少麻烦。"

李连庆也意识到了问题的严重性,这一疏忽,肯定会让"文革小组"的人抓住把柄大做文章,用来反对周总理。长期以来,"文革小组"的人一直都在试图找周总理的岔子,由于周总理机敏过人,处事周密,滴水不漏,他们无隙可乘。如果这次他们指控他蓄意破坏,周总理将不得不一连几小时,甚至几天作自我批评。但周恩来毕竟是周恩来,他沉思了一会说:"抓紧时间下个通知,为了把中央领导同志从繁重的迎来送往等事务性工作中解脱出来,集中精力考虑大事,今后,包括这一次到机场迎接代表团的规格要降低。"

我们不能不佩服周总理的智慧,他化被动为主动,化腐朽为神奇,把一次失误变成了巧妙的恭维。"文革小组"的人看了《通知》后感到非常舒服,自然没有借机挑事。

百事可乐公司处理"针头事件",使用的也是化被动为主动的方法。百事可乐是饮料市场上的大腕,与可口可乐几度争抢霸主地位。但在激烈的竞争过程中,一次突发的"针头事件",险些使百事可乐陷入被挤出市场的危机。

事情是这样的:威廉斯太太久闻百事可乐清新爽口,一次特地从超市买了两罐。回家后,喝完一罐,觉得味道不错,无意中将罐筒倒扣于桌上,竟然有枚针头被倒了出来。威廉斯太太大惊失色,立即向新闻界捅出此事。可口可乐公司也趁机大事宣传自己的产品,百事可乐变得无人问津。

面对这一突如其来的事件,百事可乐公司没有惊慌失措,也没有怨天尤人,而是一得到"针头事件"的消息,就立即采取了有力措施:一方面通过新闻界向威廉斯太太道歉，并请她讲述事情的经过，感谢她对百事可乐公司的信任，感谢她给百事可乐公司把了质量关，给予威廉斯太太一笔可观的奖金以示安慰。还通过媒体向广大消费者宣布，谁若在百事可乐中再发现类似问题，必有重奖。另一方面，在百事可乐生产线上更加严格地进行质量检验，并请威廉斯太太参观，使威廉斯太太确信百事可乐质量可靠。百事可乐公司处置"针头事件"的一系列措施，缓解了矛盾，打消了消费者的顾虑，刺激了消费者的好奇心，不仅没有使销量下降，反而使购买百事可乐的消费者倍增。

有句话说得好："只要思想不滑坡，办法总比困难多。"改变被动局面，不是靠被动应付，而是靠迎难而上，主动作为。我把这种精神概括为"五千五万"：想尽千方万计，说尽千言万语，跋涉千山万水，排除千难万险，吃尽千辛万苦。我觉得，有了这"五千五万"精神，什么样的被动局面都会扭转。

化庄严为诙谐。就是用幽默诙谐的方法解决那些不好解决的严肃事情。例如英国前首相威尔逊为推销其政策，有一天在一个广场上进行公开演说，当时广场上聚集了数千人，突然，从听众中扔来一个鸡蛋，正好打中他的脸。安全人员马上下去搜寻闹事者，结果发现扔鸡蛋的是一个小孩。威尔逊指示下属放走小孩，后来又马上叫住了小孩，并叫助手记下小孩的名字、家里的电话和地址。台下听众猜想威尔逊是不是要处罚小孩子，开始骚乱起来。威尔逊要求会场安静，并对大家说："我的人生哲学是要在对方的错误中，发现我的责任。方才那位小朋友用鸡蛋打我，这种行为很不礼貌。虽然他的行为不对，但是身为大英帝国的首相，我有责任为国家储备人才。那位小朋友从台下那么远的地方，能够将鸡蛋扔得那么准，证明他是一个很好的人才，所以我将他的名字记下来，以便让体育大臣注意栽培他，使其能成为我国的棒球选手，为国效力。"威尔逊的一席话，把听众都说乐了，演说的场面也更加融洽。

幽默诙谐是一种智慧的表现。懂得幽默的人，到处受欢迎。西方人特别是美国人，可以不在意别人骂他"无赖""顽固""奸诈"，但绝对无法忍受"没有幽默感"的批评。在他们眼中，"没有幽默感"简直代表着"做人失败""不受欢迎"以及"令人讨厌"。

中国传统的礼教文化，强调的则是"君子不重则不威"，完全排除了幽默诙谐作为一种生活情趣、一种调节人际关系的绝妙手段的生活意义，尤其是在旧官场上，除了道貌岸然、拱手寒暄之外，官员之间相处很少有通过诙谐的语言和表情显示出友善。这是中国传统文化的糟粕，必须彻底摒弃。

幽默诙谐的好处很多，它可以创造亲切、轻松、愉快、和谐的氛围；可以调节人际关系，增加欢愉情趣；可以化解尴尬场面，活跃现场气氛；可以淡化矛盾，消除误会，等等。总之，轻松的问题可以用幽默诙谐的方法来解决，沉重的问题也可以用幽默诙谐的方式解决。

这里着重强调的是，特事特办对办事人员的素质要求很高。因为"特事"都是非常规的，"参照系"不足，全凭办事者"摸着石头过河"，风险性极大。这类事情，你如果办好了，是应该的，这是你的职责所在。如果办不好，就要承担责任。所以，办"特事"时，一定要出以公心，公正处事，慎重从事，不能打着"特办"的旗号，办那些不应该办的事。说得直接一些，就是不能办损公肥私、假公济私、损人利己、只对个人和小团体利益有好处的事。

第17讲　有事要快办

习近平同志在1991年提出"马上就办",1992年又提出"马上就办"加上"真抓实干"。结合实际学习总书记的指示要求,就是办事要讲效率,有事快办,不能拖拖拉拉。

我国自古就有"今日事今日毕"的格言。刘伯承元帅曾提出,机关人员要"案无积卷""事不过夜",他还把快速办事的要求具体化:第一,了解情况要快。以最快的速度了解情况,以最简洁的方法提出报告。报告要尽量使用图表,做到一目了然。第二,研究情况要快。参谋人员研究情况,不能慢条斯理,而应是生活在情况变化之中,随时随地进行研究,重要情况要及时上报。第三,计划、部署要快。要熟练而迅速地进行战役、战术计算,拟制出简明的战斗文书。第四,传达命令要快。要善于使用快速通信手段和尽可能现代化的指挥器材。第五,总结经验、捕捉战机要快。必须及时总结每一次战斗经验,研究敌情变化及其行动规律。

刘帅虽然是针对军事机关讲的,但对其他机关,同样有着很强的指导意义。机关工作多数是程序性的工作,有些事情只有大致阶段划分,没有严格的时间要求,早一天完成晚一天完成关系不大。有的人就因此放慢了节奏,领导不过问不去干,不到最后期限不去干。有的因为事情不急,一拖再拖,最后竟然给拖忘了,时间过去半年甚至一年还没有办。我遇到一个负责干部工作的机关干部,平日工作还不错,就是办事有些拖拉。有一次，上报审批的干部命令来了一年多了，他压在抽屉里还没有给转发，事情反映出来后，群众议论纷纷，领导只好把他从重要工作岗位调离。

时间资源是一个人最珍贵、最稀缺的资源。所以自古以来就有"一寸光阴一寸金，寸金难买寸光阴"的赞叹。文人墨客对时间的描述很多。

有一首《昨日歌》，作者不详：

昨日今昨日，昨日何其好！昨日过去了，今日徒烦恼。世人但知悔昨日，不觉今日又过了。水去日日流，花落知多少。万事立业在今日，莫待明日悔今朝。

还有一首《今日歌》，是明代画家文嘉写的：

今日复今日，今日何其少！今日又不为，此事何时了？人生百年几今日，今日不为真可惜！莫言姑待明朝至，明朝又有明朝事。为君聊赋今日诗，努力请从今日起。

清朝学者钱鹤滩，又写了一首《明日歌》：

明日复明日，明日何其多。我生待明日，万事成蹉跎。世人若被明日累，春去秋来老将至。朝看水东流，暮看日夕坠。百年明日能几何？请君听我明日歌！

这些诗歌，更激发我们珍惜和节约时光的紧迫感。

提倡有事快办，是节约时间或争取时间的有效方法。对于机关干部来说，存在着两类时间，一类是属于自己能够控制的时间，称作"自主时间",另一类是属于对他人或事的反应时间,不能自由支配,称作"应对时间"。两类时间作为客观存在,都是必要的。没有"自主时间",完全处于被动应付状态,成天忙忙碌碌,就会疲惫不堪,对工作和身心都没有好处。实际上,机关干部作为公务人员,其自主时间大都是从"有事快办"中挤出来的。

此外,"有事快办"也是培养一种好的习惯。许多人在大事上紧张不起来,在关键时刻利索不上去,大多是因为在小事上拖拉习惯了。突然需要进入紧张状态,自是"心有余而力不足"。

大凡会办事的人,都能做到,越是不急的事情,越是抓紧时间办。一方面,早办完早见成效;另一方面,早晚都脱不了办,早办完早解脱出来,把精力转到其他工作或学习上。这就要求我们,一事当前,立刻去做,毫不犹豫。对今天要办好的事情,要抓紧落实,决不拖到明天;对有时限要求的工作,正常时间完不成的,要加班加点,坚决按时完成任务;对那些时限要求宽松一点的工作,也要快节奏进行,以争取主动。要努力做到:信息不在我手里梗塞,文件不在我手里积压,事情不在我手里延误,工作不在我手里中断。

第三课
贵在能参善谋

机关干部在某种意义上说是参谋人员。习近平同志在《秘书工作的风范——与地县办公室干部谈心》一文中指出:"参谋工作水平高,能推进党的方针、政策的顺利贯彻实施;水平低,就会影响全局工作,甚至造成严重后果。"总书记还要求机关人员"身在兵位,胸为帅谋",多出大主意、好主意。

有人根据出谋划策能力的高低,把机关干部划分为四种类型:第一种,能先领导一步思维,并能提出高于领导一筹的见解,还能在领导决策的过程中,提出新的有价值的修正意见;第二种,能与领导同步思维,多数意见能被领导采纳,并能及时反馈决策执行情况,提出新的意见;第三种,落后于领导思维,意见和建议也很少被领导采纳,但对领导的决策还能正确理解执行;第四种,既落后于领导思维,又提不出有价值的见解,对领导的决策理解执行也不得力。

第18讲　胸怀全局想问题

毛泽东在《中国革命战争的战略问题》一文中曾指出:"没有全局在胸,是不会真的投下一着好棋子的。"清人陈澹然也说过:"不谋万世者,不足谋一时;不谋全局者,不足谋一域。"大凡能参善谋的机关干部,总是宏观在握,全局在胸。他们看问题时,不局限于本单位、本部门,而是站在全局的高度俯瞰一切;他们处理问题时,总是善于系统地分析和全盘运筹,能够清醒地估计到本单位、本部门在国家、军队、地区等建设大系统中的恰当位置,从而能够自觉地按照全局工作的要求,积极主动地为领导出好主意,出大主意,拿大方略。具体说来,应注意以下"四个点"。

提高站立点

为什么有的机关干部认识问题肤浅,浮在事物表面,抓不住问题的本质和关键?为什么有的机关干部总是在局部、个别问题上打转转?为什么有的机关干部看问题片面,从一个极端跳到另一个极端?我觉得,根本原因就是思考问题没有站在全局上,站立点不高。

站立点不高,常常有如下表现:一是想问题、看问题视野比较窄,往往走不出个人和业务部门的圈子,缺乏通观全局的意识;二是处理工作站不到应有的高度，从专业的角度考虑多，从某一方面考虑多，从眼前需要考虑多，而从工作的全局背景、整体要求、长远发展和事物之间的相互联系上着眼不够；三是对想全局、谋大计缺乏兴趣，而对掌握一些微观管理权、控制权很感兴趣，关注的焦点往往集中在一些具体事务上；四是谋划工作喜欢就事论事，不善于从根本上、全局上进行分析和阐述，因而提出的意见、建议层次很低，被领导采纳的概率很小。

提高站立点，就是要通观全局，俯瞰复杂纷繁的形势，把握事物的特点和规律，对重大问题提出自己的真知灼见。了解中国革命史的人都知道，井冈山斗争时期，有人对革命前途产生悲观情绪，怀疑红旗能打多久，毛泽东却作出了"星星之火，可以燎原"的结论。为什么他独具慧眼？其根本原因是他站在全局的制高点上看问题。有的人光看到井冈山一隅之地，红军几万人，反动派几百万，井冈山方圆几百里，白区是九百多万平方公里，怎么能行？毛泽东不仅看到了井冈山，还看到了全国的军阀，看到了世界的列强，认为尽管军阀的反动本性是一致的，但在行动上统一不起来，这是因为中国的军阀是受世界列强制约的，而列强在华利益不一致，他们之间的矛盾可以被共产党所利用。不仅如此，毛泽东还看到了我们党、军队的性质和作用，看到了井冈山的群众基础。正因为毛泽东通观全局，才制定了井冈山斗争的正确策略。

不同层次的机关，有不同层次的观察问题、思考问题的视角和层次，提高站立点，归根结底要求机关干部跳出就事论事的小圈子，着眼全局出谋划策。在为领导当参谋、提建议的时候，不要只把眼光盯在自己的业务上、局限在本单位的领地内，要从全局上观察；不仅要想到本部门、本单位的实际情况，还要想到上级作指示、提要求的意图，把自己的想法放到上一级甚至更高一级去比较定位；尽量掌握全局上的情况，既掌握分管的业务工作，还要掌握"圈"外的情况，思考"圈"外的问题；把具体情况拿到全局上来分析，看它在全局上处于一个什么地位，占多重的分量，确保提出的意见建议与这项工作在全局上所处的地位相称。另外，还要想到与单位领导把握问题的方向、起点、原则是否吻合，放到领导的角度会不会偏、会不会小，与领导的关注重点、思考的着力点是否一致。

放远观察点

放远观察点就是要求人们在观察、思考问题时要有长远眼光，要有远见卓识。能够根据事物发展的规律和关联，预先看到前途、趋势和去向，作出科学判断。第一次世界大战结束后，在法国军事学院学习的戴高乐还是一名上尉，而他却预见到了"下一次战争将是坦克战"。他在1934年出版的《职业军队》和《未来的陆军》两本书中明确提出：精良的装甲部队将是未来战场上决定胜负的主要突击力量。当时，德军将领们对此很重视，德国装甲兵总监兼陆军参谋长古德里安根据《职业军队》一书中提出的见解，创建了3个坦克师。而法国统帅部对这位年轻人的创见不屑一顾，他们还是抱住以往的经验不放，提议构筑南起瑞士边界、北至比利时边界长达350公里的马奇诺防线。经国会批准，该防线从1930年开工，到1937年竣工时，耗资2000亿法郎，相当于法国1919年到1939年全部国防费的二分之一。法军以为有了马奇诺防线，就可以高枕无忧了。没想到在二战开始不久的1940年5月，德军运用集群坦克闪击法国。法国只坚持了一个半月，就俯首称臣。为此，法国人痛心地说："德国人赢得胜利，只花了15法郎（指戴高乐那本书的售价）。"可见，放远观察点有多么重要。

放远观察点有两个方面的含义，一是从空间上讲，要看到事物方方面面的内在联系，不能只看到局部看不到全局，只看到要素看不到整体。

二是从时间上讲，要看到事物现在和将来发展的内在联系，不能只看到现在看不到未来，只看到当前看不到长远。这就要求我们在谋划工作时，既要看到起因，又要想到结果；既要看到现状，又要想到趋势；既要看到当前，又要想到长远。一句话，在为领导出主意、提建议的过程中，不仅要考虑事物的方方面面，而且要考虑事物的来龙去脉。有没有着眼于发展的科学预见，有没有富于远见的战略思考，是能否正确、科学地实施筹谋划策的重要前提。

深化思考点

这里讲的是思维的深刻性。它要求人们在观察和思考问题时一定要抓住事物的本质。善于透过纷繁复杂的现象抓住事物的本质，善于进行理性思考和理性思维，这是参谋人员的思维特征标志之一。

我们回顾一个历史故事。元朝末年，声势浩大的农民起义爆发，群雄并起，反元斗争取得节节胜利。怎样在群雄逐鹿中争得天下，一直是农民领袖朱元璋考虑的问题。1358年，谋臣朱升建议朱元璋采取"高筑墙，广积粮，缓称王"的战略。

在解释这"九字方针"时朱升说："'高筑墙'就是要有一个牢固的根本，应天（今南京，元代时称集庆，1356年被朱元璋攻占，改名应天府）为虎踞龙盘之地，是帝王之都，不能随意丢弃，而应该命令主将四处攻城夺地，保住应天这个地方，使自己有一个牢固的根据地。'广积粮'则是要开荒屯田，广开筹粮渠道，单纯依靠打富家、夺官仓作粮源，并非长久之计。昔汉代秦，曹操平定中原，屯田积粮是重要的原因。'缓称王'就是不要树大招风，成为众矢之的，将军是宋政权的江南行省的平章，正好用此作为号召，切忌过早称王，以免引来妒忌。"

朱元璋听后大为赞赏，并采取了具体措施，利用应天龙盘虎踞的形势，向四周进攻，巩固了这个根据地。注重农业生产，禁止士兵在行军中破坏农田；为减轻农民负担，实行屯田制，兴修水利，保证了粮草的供应。朱元璋利用宋政权的大旗保护自己，说明自己与其他势力的目标是一致的，避免了他们的攻击，终于在群雄争斗的局势中崛起，最终消灭了各地割据势力，于1368年推翻了元朝统治，奠定了明朝二百多年的基业。

对朱升这一深谋远虑的"九字方针"，毛泽东高度赞赏，20世纪70年代，他还借鉴这一策略，提出了"深挖洞，广积粮，不称霸"的战略方针。

事实证明，在日常工作中，许多深层次的、带规律性的东西，往往被大量纷繁复杂的现象所掩盖，仅靠直观、靠经验是感觉不出来、认识不清楚的，只有靠敏锐的理性眼光和深刻的理性思维才能把它揭示出来。因此，深化思考点的关键是能不能、善不善于透过现象抓住本质。

怎样透过现象抓住本质呢？一是要有敏锐的洞察力。善于捕捉和发现事物本质相关的各种现象。二是要有深刻的分析力。善于分析在事物的发展过程中，哪些是主要矛盾，哪些是次要矛盾，哪些是起临时作用的因素，哪些是起长期作用的因素。三是要有高度的概括力。通过对事物进行"去粗取精，去伪存真，由此及彼，由表及里"的分析，抓住事物的本质。总体来说，我们做任何一件事情都要深思熟虑，想深想透，把思维的关注点放在那些牵一发动全身的关键问题上，通过深刻的理性思考，提出独到见解，拿出有价值、有分量的建议和策略。

健全谋划点

我们在实际工作中，常常会有这样的体会：一些看上去很好的政策和措施，在局部可行，在全局上却行不通；或者暂时可以，一段时间后却弊端百出。其中一个很重要的原因，是我们对事物整体系统中的相关要素考虑得不够全面。

要想谋划全局，首先看问题要全面，要有较宽的视野。不能只看到要素，而看不到整体；不能只看到要素的独立存在，而看不到要素之间的内在联系。一个合格的机关干部，他的谋略思维应该是全方位、全过程、全要素、全系统的，否则就会顾此失彼，漏洞百出。

这里，我们剖析一下"阿波罗登月"的建议方案，以加深对"健全谋划点"的理解。

当年，美国的阿波罗登月计划实施前，有关机构提出了三种方案：

第一种方案是"直接登月方案"。即用新的三级火箭直接将大约七万公斤的太空船送上太空，飞向月球。这种方案的难点在于：它要求制造一枚大型火箭，其推力比现有最大的火箭还要大二倍。还必须对月球外壳进行详细探察，以确定其能否承受七万公斤的冲击力，同时还要保证降落月球时不倾覆，否则飞船的自重就会把飞船自己砸得稀烂。

第二种方案是"地球轨道会合方案"。用"土星"运载火箭，将登月船的航天飞行器和液氧贮箱等组成部分，分别送进环绕地球的轨道，再在轨道上将部分连接起来组合好。这一方案对火箭推力要求稍低，但组装后的登月舱仍然是一个庞然大物，并且分五次发射，对发射时间的要求非常严格。

第三种方案是"月球轨道会合方案"。从地球上发射的"土星五号"火箭，将装载三个宇宙飞行员的阿波罗飞船推向月球，使阿波罗飞船绕着月球轨道运行；再从阿波罗飞船里放一艘小登月舱，带着两个宇航员，用反推火箭降落在月球表面；另一宇航员留在阿波罗飞船上环绕月球轨道飞行，等到月球表面勘察工作完成时，两名宇航员发动登月舱，离开月球重新和阿波罗飞船会合，再返回地球。这种方法，可以大量节省把阿波罗飞船主体直接送上月球又飞离月球所耗费的火箭燃料。

对上述三种方案,还从技术因素、工作进度、成本费用和研制难易程度进行了系统的可行性分析比较。

从技术因素看,第一方案的性能最好,在制导精度、通讯与跟踪方面也最佳;第二方案的飞行成功率最差,仅及第一、第三方案三分之二,性能也难以提高;第三方案的性能与飞行成功率和第一方案相等,其他方面均不及第一方案,但优于第二方案。

从难易程度上看,第一方案要求研制大型新运载火箭,第二方案要求研制贮箱系统、液氧传输系统和大型月球着陆舱,还要解决载人飞行器对接问题。这两个方案都要研制大型登月火箭。第三方案要求研制月球轨道交接技术和载人飞行器。三者相比,第三方案比较容易。

从费用和进度上看,根据保守估算,第三方案可能比前两个方案提前几个月完成,研制费用比前两个方案可低10%。

经全面分析和综合比较,他们最后下的结论是:第三方案是能确保在短期内、最经济地完成阿波罗登月计划的方案。决策者最后决定实施第三方案,终于在1969年7月实现了把人安全送上月球又返回地球,并对月球进行初步直接考察的目标。这一成功,标志着人类在征服太空的进军中,又跨进了一大步。

这一典型事例可对机关工作以深刻启示,一个好的建议方案,各个要素都应该是全的:

首先,不仅有方案,而且要有充分论证。论证既要有优点,又要有缺点,特别是要把困难因素、风险因素讲清楚,不能只报喜不报忧,只讲有利因素,隐瞒不利因素,尤其是不能把方案说得尽善尽美、白璧无瑕,因为任何事物都是一分为二的。

其次,要有比较。各种方案之间,既要横向比较,又要纵向比较,对技术因素、工作进度、成本费用和难易程度、主客观条件等环节进行全面的、系统的分析比较，这样有利于决策层从中选择最佳方案。

第三，方案建议要具体。 不能太原则、太笼统，不能只有为什么、是什么，没有怎么办，缺乏操作性，使人摸不着头脑，无从下手。任何建议方案，都应该做到：不仅提出问题，分析问题，而且要拿出解决问题的有效办法和具体措施。

第19讲　抓住重点出主意

没有重点就没有政策。突出重点才能抓住关键。那么，我们在出主意、提建议时，怎样才算抓住了重点呢？我觉得，起码要做到以下"三看"。

一看领导是不是很关注

一般来说，领导关注的都是重大问题、根本问题。机关干部必须围绕领导的关注点来思考问题，提出意见建议，这样才能"参"到点子上，"谋"到关键处。

1950年朝鲜战争爆发后，毛主席、党中央非常关注朝鲜战局。开战仅两个月的时间，朝鲜人民军就把李伪军赶到朝鲜半岛东南角一带。这时，苏联领导人和朝鲜领导人对形势估计很乐观，预料全面胜利在即。时任周恩来总理军事秘书、总参作战室主任的雷英夫同志，在组织参谋人员分析朝鲜战争状态时认为，美军不会甘心失败，很可能组织驻日本的两个师（战略预备队）在朝鲜中部的仁川登陆，截断朝鲜人民军的后路，企图改变朝鲜战局。

雷英夫把这个想法告诉了周总理。周总理感到这个意见很重要，马上带着他一块儿去见毛主席。雷英夫很有把握地说："主席，美国人要登陆，有三个涨潮时间可以利用。一是9月15日，二是10月11日，三是11月3日。相比较，9月15日可能性最大，一方面这天有两次涨潮时间，再就是他们等得时间不可能太久，再拖下去不好办了。"

毛主席听后感到"有道理"，马上指示，立即通知情报部门，密切关注美、英、日军的动向；立即把这些情况和看法通报斯大林和金日成；立即通知十三兵团加紧准备，八九月份一旦有事，马上行动。后来的情况证明了雷英夫的分析判断。毛主席高兴地说，不要认为美国如何如何，我们的小参谋就能预测出麦克阿瑟的仁川登陆行动，而且那么准确，这可以说在军事历史上都是不多见的（参见赵英秀：《周恩来的军事秘书雷英夫》，《文史天地》2009年第11期）。

张良为刘邦出主意的故事，也是说明围绕领导关注点想问题才能想到点子上。汉朝建立之初，刘邦还没来得及封赏那些在战争年代立下赫赫战功的功臣，大家也摸不准刘邦是什么态度，所以人心惶惶。有一天，刘邦看见许多将领东一堆西一堆聚集在那里窃窃私语，不知道在说什么，便问身边的张良："他们在那里干什么呢？"张良说："他们不知道陛下是否会封赏他们，所以在那里商量对策啊！"

刘邦听了，大吃一惊，因为如果这个问题弄不好，就会使将领们情绪不稳定，怀有异心，甚至谋反。其时，天下才刚刚平定，如果朝廷之内人心不稳的话，那就麻烦了。刘邦急忙问张良："那应该怎么办呢？"张良说："其实这很好办，陛下一时没有想好应该怎样封赏这些功劳很大的将领，您可以先封一个或几个功劳不大的将领，他们就会安心了。"

刘邦听了张良的这番话，觉得十分有道理，就先封了一个叫雍齿的无名之将，这个将领不仅毫无出众之处，甚至还与刘邦有怨。那些功臣见刘邦有这样的胸怀，知道不会亏待自己，不仅那些与刘邦关系密切的将领放下怀疑，就是那些素来与刘邦不睦的将领也放心了。因此，他们都十分高兴地说："连雍齿这样的将领都受封了，我们还担心什么呢？"

于是人心大定。

二看当前是不是很急需

1941年11月,陕甘宁边区参议会二届一次会议在延安大礼堂隆重召开。会议期间,党外人士李鼎铭先生提出了"精兵简政"的提案。提案的内容是,为了完成抗日救国大业,兵要精,政要简,行政机构要以质胜量,提高工作效率。并指出,军事政治必须以经济力量为基础。尽管当时有许多人反对李先生的提案,但是毛泽东对此提案十分重视,一字一句抄在自己的笔记本上,并认为这个办法"恰恰是改变我们的机关主义、官僚主义、形式主义的对症药"(参见《胡乔木回忆毛泽东》,第145页,人民出版社1994年版)。

李鼎铭"精兵简政"的建议很快被采纳,不仅在陕甘宁边区实行了这一政策,而且党所领导的各个抗日根据地也都实行了精兵简政的政策。这是为什么呢?这是因为,当时正值抗日战争最困难的时期,也是我抗日根据地最困难的时期。如何克服由于日、伪军和国民党的进攻、封锁而造成的严重经济和财政困难,是我们党急需研究解决的一个重要问题。李鼎铭先生恰是在这个节骨眼上,提出了"精兵简政"的意见,可谓"天旱送来及时雨"。从这件事我们可以看到,凡是当前急需解决的问题,你研究好了,提出了建议,拿出了对策,不仅容易被采纳,还会受到肯定和赞扬。

一般来说,各单位急需解决的问题不外乎两个方面,一个是主要矛盾,一个是棘手问题。所以,机关干部在工作实践中,首先要围绕主要矛盾出谋划策。矛盾是普遍存在的,每个单位每个时期都有自己的主要矛盾。领导机关的工作就是为了解决矛盾的,解决一个矛盾,工作就会前进一步，解决了主要矛盾，单位全面建设就会上一个新的台阶。

机关干部不能遇到矛盾绕道走，要能拿出解决主要矛盾的办法和章程。只要准确地捕捉主要矛盾，并对矛盾深入研究，及时提出解决的看法和办法，就是最急需的好点子。比如，三国时有名的官渡之战，曹操以三万之众与十倍于己的袁绍对垒，双方想了很多办法，都没有取胜。谋士许攸深入研究发现，粮食问题成了左右战局的一个关键因素和主要矛盾。哪一方解决得好，哪一方就会取得胜利。因此，他首先向袁绍建议，坚守不出，以耗尽曹操的粮食。但是刚愎自用的袁绍不听他的，许攸感到英雄无用武之地，就又跑到曹操那里献计，建议曹操烧掉袁绍的囤粮基地乌巢。许攸的计谋深得曹操的赞赏并得以实行，结果使袁绍的30万军队没有粮食吃，曹军取得了以少胜多的胜利。

再一方面要围绕棘手问题出谋划策。所谓棘手问题，就是情况复杂、困难较多、阻力较大、头绪较乱、左右为难、难以驾驭的问题。机关干部如果能在解决棘手问题上开出药到病除的良方，那将为领导起到排忧解难的作用。我在团政治机关工作时，发现本团一位老营长德才兼备，事业心责任感很强，工作水平不错，几次平职调整使用，都毫无怨言，愉快服从，而且在每个岗位都干得非常出色，群众威信很高。赶巧，团里腾出个副团长的位置，团党委就向集团军政治部反映，提升这位老营长为副团长。不巧的是，集团军政治部主任打算从某单位调另一位干部来任这个副团长。据知情人士透露，那位干部调团里工作已成定局，团党委的意见建议恐怕难以实现。

干部交流是正常的事情，但是各单位都想着自己单位多出干部。所以团领导感到，如果这位老营长不能提拔使用，实在是有些不公道。我了解团领导的为难之处，便向他们出了个主意，把这个老营长作为一个重大先进典型推出来，运用舆论的力量，扭转上级的用人方向。团领导感到这是个好办法，让我负责实施。在半个多月的时间，我们充分挖掘了这个营长的先进事迹，在《解放军报》等报刊的显著位置进行了宣扬报道，在团里组织了他的事迹报告会。经过这样大张旗鼓地宣扬，这位老营长的事迹很快引起了高层领导的重视，集团军政委知情后，亲自到团里考察，认为这个同志是担任副团长的合适人选。

　　就是这样，我们也没有掉以轻心，俗话说"县官不如现管"，毕竟干部使用方案先由政治机关提出，政治部主任不同意，使用方案提不到集团军党委常委会上。为此，我又为上级机关职能部门的同志出主意，干部使用建议方案先按政治部主任的意见拿，即把那位拟调来的干部作为副团长人选，把我们团的老营长作为团参谋长人选，待常委集体研究时，依靠民主集中、会议决定的程序变过来。如果政治部主任在会上硬要坚持自己的意见，我们还拟定了一个变通方案，老营长升任副团长，那位外调来的干部为副团长兼参谋长。内行人都知道，名义上是副团长兼参谋长，实际上是干参谋长的活，说得通俗一点，名义上是团领导，实际上是部门领导。

　　果然不出所料，集团军党委常委会上，军政委推翻了职能部门的意见，提议让老营长任副团长，那位外调干部任参谋长。但是，政治部主任坚持他的意见不动摇，认为那位外调干部任副团职务已经三四年了，平职调来再当部门领导不合适。两位常委意见相持不下，会议出现了半个多小时的冷场。这时，职能部门的同志便适时抛出了我们设计好的变通方案，提议让那位外调干部任副团长兼参谋长。其他常委一听，这个方案既体现了主官的意图，又照顾了主管的情绪，一致赞同这个方案，那位政治部主任也觉得这是个两全其美的用人方案。

　　后来，这位集团军政治部主任了解到是我为团领导出的点子，就专门召见我谈了一次话。他在谈话中并没有批评我的点子坏了他的事，而是充分肯定了我的做法是对的，还夸赞我们的办法不少。他说，你在团里工作，当然要替团领导出点子，这是机关干部的本分。如果调到我手下工作，肯定也会为我出点子。我以为首长可能就是那么顺口一说，我毕竟在工作上无意得罪过他，他哪能还真的要调我到上级机关？但想不到的是，过了不长时间，一纸命令下来，我由团政治处调到集团军政治部工作，真成了这位政治部主任的部下。

三看其中是不是有创新

能参善谋在某种意义上说是与创新相伴的。一个人提不出新的理念、新的看法、新的办法，很难称得上是能参善谋。所以，每当你想出一个主意来的时候，就要看看有没有创新因素。我国大科学家严济慈曾指出，创新有三要素，即选题必须是某个领域独树一帜的；解决这个问题的方法没有现成的，必须是自己独出心裁想出来的；体现这个方法、用来解决这个问题的工具，必须是自己设计创造的，而不是用钱能从什么地方买来的。这是对科学研究上的创新而言，但其中的道理是相通的。

这样一来，有的机关干部就感到太为难了。实际上，仔细想想，创新也不是什么高不可攀的事情，对新形势下出现的新问题，找到了解决的办法，是一种创新；对存在的老问题，找到了解决的办法，同样也是创新。总体来说，别人没有想到，你想到了，而且能解决问题，就是创新。比如说历史上的苏秦，他的创意点子就是"合纵抗秦"，实际上就是让六个国家联合起来对付一个秦国，这个方法确实很简单；比如诸葛亮的《隆中对》，历史评价非常高，说来也很简单，就是跟吴国联合起来一块打曹操，实现三足鼎立，三分天下；再比如当年我国解决农业难题，使土地一下子多长出许多粮食的点子——"包产到户"，就是几个农民想出来的，现在想想也是很简单。

还有一个为美国NBA赛事出点子的故事。1954年春，当时仅有9支球队的NBA召开了一次有9个老板参加的紧急会议——比赛粗糙、节奏缓慢、进球数少，失却精彩，观众严重流失，如果拿不出有效措施，NBA将被迫解体。会议上，一个名叫比亚索尼的人提出一项建议，把球队每次进攻的时间限制在24秒之内。这意味着在一场2880秒的比赛里（48分钟），如果每次进攻都以投篮结束，将会有120次投篮，如果这样，比分将会直线上升，比赛会更激烈。与会者都认同这个建议。之后，NBA赛场里都挂上了一只走24秒的计时钟。在计时钟的催促下，球队进攻的欲望加强了，比赛好看了，观众回来了。

　　由此可见，不管是治国兴邦的大主意，还是解决日常生活难题的小创意，许多都不复杂，都不深奥。有人把社会上的人和事归结为两类，一类是简单的深刻，一类是复杂的肤浅。创新往往就是简单的深刻。当然，简单深刻也是创新的本质要求。

第20讲　着眼实效搞谋划

机关干部出谋划策是为了解决问题。如果谋划了半天，出了一大堆点子，运用到实际工作中没有效果或收效甚微，那就失去了意义。所以，我们出主意、提建议，还必须讲究实际效果。

要能行得通

有一个寓言，说的是有一只猫抓老鼠的本领很大，老鼠们召开会议，研究对付这只猫的对策。大家思来想去苦无良策，最后有只足智多谋的老鼠出了个主意，说是在猫脖子上挂一个铃铛，只要猫一动，声音传出，老鼠们就能赶快躲避逃命。大家都感到这是个有创意的高招，一致表示赞同。可是，真正实行起来，又遇到了难题，谁去给猫的脖子上挂铃铛呢？大家推来推去，谁也没有能耐把铃铛挂在猫的脖子上。

现实工作中这样的现象并不鲜见，有的机关干部提出的建议，理论上可行，实际上行不通；局部可行，全局上行不通；暂时可行，一段时间后就行不通。这就提示我们，在考虑问题、提出建议的时候，不能一厢情愿，不要出那些一听似乎不错，实际根本行不通的主意。

真正行得通的好点子，通常具有以下特点：首先具有很强的针对性，切中要害，或者完全符合实际；其次具有很强的操作性，易于落实，能够办得到；再就是具有很强的可控性，便于检查，便于工作成效不断巩固和发展。概括起来说，必须是符合单位实际的点子，不是照抄照搬别人的东西，而是融会贯通上级指示，结合本单位实际，具有单位特色，能走出一条新路，能取得崭新的业绩；必须是既治标又治本的点子，深谋远虑，寻求从根本上解决问题的办法，能取得全局的、系统的、长远的效益；必须是快刀斩乱麻的点子，能抓住关键，牵一发而动全身，使久拖不决、久治不愈的问题较快得以解决，收到立竿见影的效果。

防止后遗症

有的点子确实能够解决问题，但把老问题解决了，又引发出新的问题，甚至留下久治不愈的"后遗症"。历史上留下"后遗症"最大的点子，当数用人实行"论资排辈"制度。

从史书考察看，"论资排辈"起源于北魏一名叫崔亮的大臣。据《魏书》卷六十六对崔亮的记载，崔亮当吏部尚书的时候，正赶上武官得势，太后下令要选拔武官在中央和地方政府中做官。但是官位少，应选的人太多，前任吏部尚书李韶按老办法提拔人，众人都心怀怨恨。于是崔亮上奏，建议采用新办法，不问贤愚，完全根据年头任用官员。年头不够，即使这个职位需要这个人，也不能任命他。庸才下品，年头够长就先提拔任用。于是，久滞官场的人都称赞崔亮能干。

当时，崔亮的外甥司空咨议刘景安对舅舅的做法很不满，写信规劝崔亮说，古往今来，选用官员一直由各级政府推荐，虽然不能尽善尽美，十分人才也收了六七分。而现在朝廷选拔官员的方式有很多问题，选拔标准片面，途径狭窄，淘汰不精，舅舅现在负责此事，应该改弦更张，怎么反而搞起论资排辈来了呢？这样一来，天下之士谁还去修厉名行呢！

崔亮写信解释了实行论资排辈不得已的缘由：过去众多的贤人共同选拔人才，你还说十收六七。今日选拔人才的任务专归吏部尚书，以一人的镜子照察天下，了解天下人物，这与以管窥天有什么区别呢？如今在战争中立下功勋的人甚多，又有羽林军人选，武夫得势，却不识字，更不会算账，只懂得举着弓弩冲锋，追随踪迹抓人。这样的人怎么能治理好天下？再说武人太多，而官员的名额太少，即使让十人共一官，官职也不够用，更何况每个人都希望得一个官职，这怎么能不引起怨恨呢！我与上面当面争执，说不宜使武人入选，请求赐给他们爵位，多发他们俸禄，但是上边不接受。所以用了这个权宜之计，用年头限制一下，这就是我的本意，但愿将来的君子能明白我的心。

从崔亮的解释来看，他采用论资排辈是不得已的权宜之计，也可能比较好地解决了当时的难题。但是，谁也没有想到，这一制度的"后遗症"至今还没有完全消除。顾炎武评论说，北魏失去人才就是从崔亮开始的。因此，不论是从当时看，还是从长远看，论资排辈都不是一个好计策。类似的点子，机关干部尽量不要向领导进言。

利要大于弊

任何决策建议，都可能有利有弊，有风险性。在国内外，由于利弊得失分析不透，导致决策失误的例子，不胜枚举。

20世纪70年代，埃及兴建阿斯旺水坝。水坝的建设竣工，给埃及人民带来了廉价的电力，控制了水旱灾害，灌溉了农田，给埃及的工农业生产、经济建设带来了许多好处。但是由于缺乏系统的利弊得失论证，导致尼罗河流域生态平衡的严重破坏，遭到一系列始料不及的自然报复。

由于尼罗河的泥沙和有机质沉积到水库底部，尼罗河两岸的绿洲丧失了肥源，土壤日趋盐渍化、贫瘠化；由于尼罗河口供沙不足，河口三角洲平原向海中伸展变为朝陆地退缩，工厂、港口、国防工业等有陷入地中海的危险；由于缺乏来自陆上的盐分和有机物，盛产沙丁鱼的渔场毁于一旦；由于大坝阻隔，尼罗河上游奔流不息的活水变成了相对静止的"湖泊"，为血吸虫和疟蚊的繁殖提供了生存条件，致使水库一带居民血吸虫发病率达到80%，甚至100%。由此可见，利弊得失权衡不好，是要付出沉重代价的。

　　与这个故事相反，波兰人温斯敏就给新加坡出了一个好点子。新加坡独立后，首先探索的是如何引进外国智力，第一位被请进新加坡的是波兰著名经济学家温斯敏。温斯敏不负厚望。他作了大量考察，根据岛国的自然条件和人文特点，提出了振兴新加坡经济的七大措施，贯彻其中的便是加大科技投入。新加坡淡水不能自给，不得不从仅一水之隔的马来西亚买水。不过，连接新马两国的淡水输水管是双向的：一条由马来西亚流向新加坡，而另一条则由新加坡流向马来西亚。这正是温斯敏关于加大科技投入精神的具体体现。原来，新加坡买水时，还花钱引进世界最先进的淡水净化技术，建了一座规模很大的自来水厂。从马来西亚流过来的水经过处理后，除自用外，其余的再流回马来西亚。不过回去的水并不是白给，身价是原水的两倍。这样，科技不仅解决了新加坡淡水不足的问题，还实现了"来料加工"，大大赚了一笔。大概马来西亚人不会想到，如今花费大量林吉特（马来西亚货币）买回的却是自己的水，而那卖水的竟是数十年前被自己逐出家门的小兄弟。

　　经验教训告诫我们，机关干部在为领导参谋的过程中，应认真权衡利弊得失，看看到底有多少成功的把握，有多大失败的风险。有的决策建议，要进行精确计算，其中重大的决策建议，还要交专门的研究机构进行系统论证，以对其效益和风险作出定性和定量的评估。有的决策建议，要按规定程序履行论证手续，如进行立项论证、各类战术技术指标论证、总体技术方案论证等，从中选定出最佳方案。总的要求是，要纵横比较，反复衡量，系统论证，力求找出利大于弊的最佳途径，以及探索趋利避害的方法和措施，按照"两利相权取其重，利弊相权取其利，两弊相权取其轻"的原则，形成基本意见或处置建议，供领导抉择。

不出馊主意

孔子讲："吾日三省吾身：为人谋而不忠乎？与朋友交而不信乎？传不习乎？"也就是说，一个人每天要多检查反省自己：为别人出主意做事情，是否忠实呢？和朋友交往，是否真诚讲信用呢？对老师所传授的知识，是否复习了呢？我觉得，机关干部在工作中应具备"吾日三省吾身"的精神。出谋划策的时候，反复思量：看出的点子是否符合党纪国法、政策规定，有违规嫌疑的点子坚决不出；看出的点子是否符合我党优良传统，影响领导机关形象的点子坚决不出；看出的点子是否符合实际，不受群众欢迎的点子坚决不出；看出的点子是否经济实用，华而不实、劳民伤财的点子坚决不出。

总而言之，要把动机与效果有机统一起来，好心要办好事，不能好心办坏事。再好的点子，如果与党纪、军纪、国法和政策、制度、规定相偏离，甚至相抵触，只能称之为"歪点子""馊主意"。对自己的政治生命和党的事业高度负责的机关干部，一定不要出有违规嫌疑的点子。具体讲，不搞"上有政策，下有对策"的投机行为，防止亵渎政策这条"生命线"；不搞"知法违法，钻法律空子"的冒险行为，防止触摸法律这条"高压线"；不搞"无视规矩，擅闯红灯"的散漫行为，防止越过纪律这条"警戒线"。

第四课
练就生花妙笔

笔杆子、枪杆子，胜败就要靠这两杆子。为什么笔杆子靠前？1936年12月，毛泽东给丁玲的《临江仙》词中有这样两句："纤笔一枝谁与似？三千毛瑟精兵。"意为一支笔可抵挡三千毛瑟兵。拿破仑也有句名言："新闻记者的一支笔，顶得上十万支毛瑟枪。"可见笔杆子之重要。

我通过调查发现三个现象：一是从基层调到军委、总部包括国家机关的工作人员中，重要条件都是具有较强的文字表达能力；二是转岗到地方工作的转业复员军人中，最受欢迎的是那些会写东西的"笔杆子"；三是那些有发展潜力、进步快的机关干部，绝大多数是单位的"笔杆子"。

文字表达能力是机关干部全面素质的综合反映，没有观察问题、分析问题、综合问题、表达问题的水平，是写不出好文章的。文字表达能力，是机关干部的看家本领、核心能力，没有这个本领和能力，在机关工作是没有发展空间的，起码不是个合格的机关干部。

第21讲　笔杆子创奇迹

1936年12月，毛主席给丁玲的《临江仙》词中有这样两句："纤笔一枝谁与似？三千毛瑟精兵。"意为一支笔可抵挡三千毛瑟兵。拿破仑也有句名言："新闻记者的一支笔，顶得上十万支毛瑟枪。"可见笔杆子之重要。好的文笔，不仅可以让人赏心悦目，还能助人安身立命，走向成功，在关键时刻，还可以帮人逢凶化吉，扭转乾坤，创造出惊人奇迹。

手中有妙笔，腐朽化神奇

先讲一个曾国藩巧改报告的故事。清末重臣曾国藩，奉命率湘军与太平天国军队作战。开战之初，他被太平军打得一败涂地，有几次差一点丢了脑袋。因此，机关人员（师爷）给清朝中央政府写战况报告，如实描绘战争之惨状，声称湘军时常处在"屡败屡战，屡战屡败"的境地。曾国藩审查报告稿，不禁惊出一身冷汗：这还了得！如果朝廷看到这个报告，定会认为自己指挥无方，湘军打仗无能，降职撤职事小，弄不好还会掉脑袋的。曾国藩毕竟是文坛高手，他略一沉思，用笔轻轻一勾，把两个词的顺序颠倒了一下，变成了"屡战屡败，屡败屡战"。这就是笔下生花的妙处，原本被太平军打得狼狈不堪的湘军，跃然纸上的却是不怕牺牲，前仆后继，英勇作战的气概和形象。果不然，朝廷看过战况报告后，并没因为他们打了几个败仗而怪罪，反而对他们"屡败屡战"的顽强精神大加赞赏，重重给予褒奖。

再一个是卢汉妙笔救民主人士的故事。解放战争前夕，国民党云南省政府要员卢汉手下关押着一批著名民主人士。特务头子沈醉奉命带了一批人去云南，准备杀掉这些民主人士。当时，卢汉正在与共产党秘密联系，进行谈判，不愿杀害这批民主人士，就拍电报请示蒋介石。蒋介石当时口述了八个字："情有可原，罪无可逭。"卢汉见了电报非常为难，云南讲武堂的老师李根源给他出主意，将电文改一下，他一听感到是个好办法，随即大笔一挥，将电文改成："罪无可逭，情有可原。"沈醉来到一看，蒋介石这分明是不杀之意嘛！就这样，这批民主人士逃过了一劫。后来，沈醉回去跟蒋介石汇报，蒋介石一听当下大骂"娘希匹"，但电令已出，覆水难收，只能怀疑自己当时脑袋发晕或是秘书记错了。

还有一个外国人的类似故事。有一次，英国著名诗人拜伦在街上散步，看见一位盲人身前挂着一块牌子，上面赫然写着："自幼失明，沿街乞讨。"可过路的人如同没看见般脚步匆匆，盲人处在冷落无助的尴尬境地，好长时间过去了，手里那乞讨用的破盆子里依然空空如也。诗人看在眼里，急在心里，灵机一动，走上前去在盲人牌子上加了一句诗歌："春天来了，我却看不见她。"这激起了人们的同情心，于是纷纷伸出温暖的手相助，改变了盲人被冷落的惨景。

从上述事例我们可以看到，文字表达能力是多么重要，说"妙笔生花，一字千金"一点都不为过。

手中有妙笔，方能显才智

大凡在机关工作的人都知道，在权力运作过程中，领导干部是决策层、指示层，机关干部是建议层、操作层，没有擅自决定事宜的权力。机关干部才智的发挥，主要体现在"个人意志"向"整体意志"转换方面。也就是说，只有把个人的真知灼见，转化为集体决议，转化为政策制度，转化为领导指示，才能发挥效能，彰显英雄本色。那么，实现这一系列"转化"靠什么？主要还是靠你手中那支笔。

秦朝李斯，可谓是仰仗手中妙笔，巧妙化解危机，并将个人意志转化为朝廷意志的第一人。公元前237年，宗室大臣们向秦王嬴政进谗言，"从各国来报效秦国的人，都是替他们自己的国家到秦国来游说当间谍的，请把他们一律赶出国境"，嬴政听信谗言，随即下了一道逐客令。

李斯本是上蔡人，他在吕不韦当权时就已来到秦国，因为替秦国出谋划策谋求霸业而得到信任，被任命为客卿。这一次，李斯也属于被驱逐之列。他对"逐客"这一行为极为不满，却无可奈何，但还想劝说嬴政收回这一错误的决定。

在离开秦国以前，他写出了传诵千古的名篇——《谏逐客书》。文中一开始就回顾秦国的先辈穆公、孝公、惠王、昭王重用大批外来人士的事例，摆出这些客卿在秦国历史上发挥的重大作用。接着他的笔锋一转诘问道：为什么"不问可否，不论曲直，非秦者出，为客者逐？"他继续写道，"今乃弃黔首以资敌国，却宾客以业诸侯，使天下之士退而不敢西向，裹足不入秦，此所谓'藉寇兵而赍盗粮'者也。"意思是，现今你抛弃人民去资助敌国，拒宾客是让他们去替诸侯建功立业；使天下人士退缩不敢西来秦国，这可真是"借兵给敌寇，送粮给盗贼了"。

嬴政读了这篇《谏逐客书》，立即醒悟过来，发现自己错了，急忙派人去追赶李斯，追到骊邑（今陕西临潼骊山之北），才将李斯追上请回朝廷，恢复了他的官职，并当众宣布废除"逐客"的命令。嬴政采纳李斯的建议，历时二十余年，终于统一了中国。

美国企业巨子艾柯卡说服国会支持政府为他担保贷款，靠的也是手中那支生花妙笔。艾柯卡一生最大的成就是使濒临破产的克莱斯勒公司起死回生。当时，克莱斯勒连年亏损，债台高筑，大小银行无一家肯给他们贷款。艾柯卡接手克莱斯勒公司后，决定向政府求救，由政府出面担保他们获得10亿美元贷款。

这一请求立时引起了美国社会的轩然大波，社会舆论几乎是众口一词：让克莱斯勒赶快倒闭吧！因为在美国，按照企业自由竞争原则，政府绝不应该给予某个公司经济援助。

为说服议员们，在国会举行的听证会上，艾柯卡力陈政府出面担保贷款的充足理由。他指出，如果克莱斯勒倒闭了，它的60万职员就得成为日本的佣工。如果克莱斯勒倒闭的话，国家在第一年里就得为所有失业人口花费27亿美元的保险金和福利金。他向国会议员们提交的报告掷地有声："各位，眼前有个选择，你们愿意现在就支付27亿美元呢，还是将它的一半作为保证贷款，日后可全数收回？"

听了这个报告，持反对意见的议员无言以对，贷款提案终于获得通过，并且比原来艾柯卡想要的10亿美元还多了5亿美元！贷款使克莱斯勒获得新生，一举开发出几种新车，创造了公司有史以来的最高销售纪录。

手中有妙笔，领导尊重你

在单位最受尊重的人，往往是那些最有才华的人。而最有才华的人，往往又是与"笔杆子"的赞誉联系在一起的。

大家都知道，在毛泽东的秘书中，田家英是一个既有突出才华又有深邃见解的人。他13岁便向报社投稿并连连被采用。14岁时他在报上与一个姓刘的教授论战并大获全胜。15岁奔赴延安后，给《解放日报》写了许多杂文，其中《从侯方域说起》一文，毛泽东读后非常欣赏。

1946年，毛岸英从苏联回国时，因中文基础较差，毛泽东便想到了与自己长子同岁的田家英，便让他在工作之余来当儿子的文史教员。1948年，老秘书胡乔木推荐田家英做新秘书。毛泽东便把这位26岁的"家教"召来，口授一段意思让他写篇电文。田家英一挥而就，毛泽东很满意地结束了考试。从此，田家英深得毛泽东的信任和器重，在同代人中提升很快。他除担任主席的秘书外，还兼任中央办公厅秘书室主任、中央政治研究室副主任、中央办公厅副主任。

1956年，中共"八大"召开，许多人听了毛泽东致的开幕词，赞不绝口。毛泽东听后说："开幕词是谁写的？是个年轻的秀才写的，此人是田家英。"有这么一个得心应手的秘书，毛泽东是很满意的。1958年，中共中央号召干部下放，有几位省、市委书记向毛泽东要田家英，立即遭到他的拒绝："田家英我不能放，在这个问题上我是理论与实际不一致的。"（参见叶永烈：《毛泽东和他的秘书们》，四川人民出版社2016年版。）

人生如同一部小说，不在篇幅长短，而在有精彩之处。田家英能够受到这样的尊重和肯定，成功是不言而喻的。

手中有妙笔，要靠多磨砺

特别需要申明的是，会写并不是天生的。要想成为"笔杆子"，必须锲而不舍多磨砺。我在各级机关工作近四十年，基本上都是与文字材料打交道，由此深深体会到，"再会写材料的人，也没有好写的材料"。写材料的确是个苦差事，累差事。但机关工作又有一个怪现象，越不会写材料的人越没有材料写，越会写材料的人越有写不完的材料。每逢这时，我总是宽慰自己："不要把这看成是吃亏的事情，其实是沾大光了。一个人要长本事，平时就要多抢挑重担。"

从科学的角度讲,"抢挑重担"是挖掘自身潜能,提高自身本事的最有效途径。在体育运动上,普遍运用的一个理论叫"最大负荷理论",即逐渐加大负荷、增大难度,接近或达到一个人的能力的极限,甚至不断挑战这个极限。采用逐步增加负荷的方法,可以不断深挖运动员的潜能,使他们在赛场上一次又一次地刷新纪录,创造出一个又一个的奇迹。这一理论用来开发智能、开发本领,同样能创造奇迹。

一般人做工作拈轻怕重,自以为占了便宜,其实这只是小便宜,学到本领才是大便宜。很多人做工作总是特别计较报酬,计较报酬没有错,但一定不要忘了比眼前报酬更宝贵的是提高本领。本领是自己的,是终身受益的,本领越大,前途越好。现在有一种新理论叫"代价理论",也就是干什么事情都要付出一定的代价,代价越大,回报就越大。抢挑重担,实际上是为了提高自身能力素质付出的代价,不存在吃亏不吃亏的问题,是应当进行的必要"投资"。

第22讲 把公文写成美文

大凡能调到机关工作的，都有一定的写作基础，会写公文应该没有什么问题。然而，会写公文是一回事，把公文写好又是另一回事。所以，这里提出一个观点：把公文写成美文。

为什么要提这个观点？因为把公文写成美文，在我国是有传统的。在我国古代，文与言是相分的。也就是说，平时说话可以随便一点，但要落成文字，就要追求尽善尽美。历史上那些流传千古的华章，实际上不少都是公文，如诸葛亮的《出师表》，李密的《陈情表》，都是向最高领导写的请示报告。这些公文，原本无意抒情或唯美，却因为情真意切，感人肺腑，竟把奏议或请辞的公文写成了流传千古的美文，"读《出师表》不流泪谓之不忠，读《陈情表》不流泪谓之不孝"，这就是美文的魅力。

古代有人把文件写成美文，令人赏心悦目；而今不少人却把文件写成"丑文"，令人望而生厌。早在1942年，毛泽东就在《反对党八股》一文中指出："我们有些同志喜欢写长文章，但是没有什么内容，真是'懒婆娘的裹脚，又长又臭'。为什么一定写得那么长，又那么空空洞洞的呢？只有一种解释，就是下决心不要群众看。因为长而且空，群众见了就摇头，哪里还肯看下去呢？"（《毛泽东选集》第三卷，第834页，人民出版社1991年版。）毛泽东批评的文风不正的问题，至今仍然没有得到彻底的根治。

综合机关的公文，比较常见的话语病有四点：

一是正确的废话。就是那些你挑不出毛病也抓不住把柄而又毫无意义的话。

二是漂亮的空话。也就是没有营养的话。说多说少一个样,说与不说一个样。反映在机关的行文或讲话中,就是那些原则来原则去不着实调的话,那些云里来雾里去不得要领的话,也包括那些看似抢眼,实则空泛的话。

三是严谨的套话。就是那些长此以往形成固定套路的语言模式。这种语言模式通常包括两类,一类是因循惯例的套话,一类是配套成龙的套话。

四是违心的假话。指的是在机关内部,有些话,明明是假却要默认为真,腹诽、装傻可以,但绝对不能点破。

要改变这种现状,负责公文起草的机关干部责任重大,如果我们都把公文写成了美文,看这种文件将会是一个极大的享受。

什么是美文?《辞源》的解释是:美好的文辞。我觉得,美文是个与时俱进的概念。通俗地讲,不论是文学作品,还是实用文章,凡是写得好的文章,就是美文。

那么,文章怎么叫好,怎么叫不好,怎么才能写好?这里面的道理很多,可以说,智者见智,仁者见仁。毛泽东在《工作方法六十条(草案)》中曾经提出一个要求:"文章和文件都应当具有这样三种性质:准确性、鲜明性、生动性。"(《毛泽东文集》第七卷,第359页,人民出版社1999年版。)我认为,具有这"三性"的公文,就称得上是美文。具体来说,把公文写成美文,起码要具备"通俗、深刻、简明、生动"等方面的特征。

通俗——深入浅出，言近旨远

文章的表现形式大致可分为四种：深入深出，深入浅出，浅入浅出，浅入深出。这四种以深入浅出为最好，以深入深出为最差。

其中的道理不言而喻。我们写文章、写文件的目的是给人家看的，不是给自己看的，所以只有你自己能看懂不行，最主要的是让人家看懂才好。人家看不懂或不完全懂，就看不下去，即使硬着头皮看下去了，似是而非，也难以收到好的成效。

通过研究发现，不独我们把深入浅出、通俗易懂看作是文章、文件的最高境界，外国思想文化界也是这么认为的。美国文化界对于什么是名著，提出六条标准：一是通俗的，二是读者最多，三是言近旨远，四是持久不过时，五是教育性、启发性，六是涉及人类生活。前三条标准，都是讲得深入浅出、通俗易懂。

什么样的文章算深入浅出、通俗易懂？一言蔽之："外行人能看懂，内行看着不外行。"尤其是那些专业性、技术性强的公文，需要在起草过程中，进行通俗化、浅显化、大众化处理。最常见的方法是借喻明理，也就是我们平常所说的比喻或打比方，它一般借助具体的、浅显的、熟知的事物去说明或描述抽象的、深奥的、生疏的道理。我们来举例说明，就会更容易理解一些。

我国加入WTO之时，许多国人对于加入WTO的深刻含义还不是很清楚。龙永图在作报告时解释说：由于我国目前经济比较弱，美国等西方国家比较强，面对面解决贸易摩擦和纠纷我们处于不利地位。作为发展中国家，中国是愿意使用WTO多边争端解决机制的，这是加入WTO的一个好处。这个道理很简单，一个大个子和一个小个子发生矛盾时，大个子最喜欢两个人面对面解决，把小个子拉到阴暗的角落里单挑，狠揍一顿。小个子则希望把冲突拿到人多势众的地方去，希望有人来主持公道，讲点道理。所以，我们是愿意使用WTO多边争端解决机制的。

龙永图这样一讲，听众便轻而易举地明白了加入WTO的好处。我们写文章就是如此，一定要通俗。

深刻——触及问题，观点鲜明

认真分析一下文字材料的历史，会发现这样一种现象：无论是实用文章，还是文学作品，有的写出来后影响非常之大，甚至流传千古，成为千古绝唱。从典型材料来看，如写祖逖的"闻鸡起舞"，写孟子母亲的"孟母择邻"，写匡衡的"凿壁偷光"，等等，这些故事虽已流传了几千年，家喻户晓，但还是会不断地流传下去。就从"建议"类的公文说，如李斯的《谏逐客书》、魏征的《谏太宗十思疏》，等等，都是历史上的名篇，一两千年流传不息，代代相传，其中蕴含的思想到现在人们还在引用。

当然，也有一些文章，写出后没有引起人们的任何重视，甚至一出手就无声无息了。很多人都去过故宫，故宫墙上写了许多万寿无疆赋，那是给慈禧太后祝寿时写的，仔细看一看那些赋，文字写得非常华丽，对句非常工仗，写得也非常好。又写在墙上，那么多人到故宫去，应该说广告面是很广了，可是到现在为止，却从没有听到哪个人说，故宫里的万寿无疆赋有哪一篇写得好。

产生这种现象的原因究竟在哪里呢？我们认真研究就会发现，文章反响大小、影响远近的根源，关键看是不是触及了问题，是不是针对一定的问题去写。凡是触及问题的，影响就大，流传就远，反之则无病呻吟，有的只是华丽的词藻，有的只是庞杂的材料。不针对什么问题、解决什么问题，人们读过之后，根本不知道作者在赞成什么或反对什么，没有思想，没有观点，没有灵魂，就不会产生什么影响。所以，我们要把公文写成美文，就要敢于触及问题。

首先，触及的问题越尖锐、越突出，引起的影响就越大。我们在日常生活中都有这样的体验，有时一项工作或一个社会问题，在现实生活中表现得很突出，矛盾很尖锐，大家觉得迫切需要改变，需要解决。在这样的情况下，有人针对这一问题拿出好的经验，提出好的办法，马上会使人豁然开朗。而且触及的问题越尖锐，针对的问题越突出，引起的影响就越大。比如，一段时间以来，广大人民群众对领导作风，对领导机关的工作作风，对文风、会风、话风等方面存在的严重问题，意见很大，甚至深恶痛绝。十八届中央政治局研究制定出关于改进工作作风、密切联系群众的八项规定，把改进调查研究、精简会议活动、精简文件简报、规范出访活动、改进警卫工作、改进新闻报道、严格文稿发表、厉行勤俭节约等原则要求具体细化，使上下有章可循、有据可依，并率先垂范，付诸行动。在国内国际引起强烈反响，获得高度赞扬。

其次，触及的问题涉及范围越广泛，引起的反响就越强烈。实践证明，一篇文章触及的问题如果是针对某个人的，只能引起当事人的反应；如果是针对某个单位的，就会在这个单位引起反应；如果是针对一个行业的，就会在这个行业引起反应；如果是针对整个社会的，就会在整个社会引起反应；如果是针对人类普遍存在的，就会对整个人类产生影响。例如抗日战争时期，国内出现了两种思想倾向，一种认为我们能够迅速地消灭敌人，取得抗日战争的胜利，对抗日战争的进程抱着盲目乐观的态度，这一种倾向被称为"速胜论"；另一种认为敌我力量悬殊，武器装备、资源对比太明显，我们不可能战胜敌人，硬拼是会亡国的，对前途充满了悲观，这一种倾向被称为"亡国论"。面对这两种主张，毛泽东根据当时的实际情况，对各方面的力量进行了对比和客观分析，明确指出：抗日战争是一场艰苦的持久的人民战争，但最后的胜利是属于我们的！这就是著名的光辉篇章《论持久战》。

据程思远回忆，毛泽东的《论持久战》刚发表，周恩来就把它的基本精神向白崇禧作了介绍。白崇禧深为赞赏，认为是克敌制胜的最高战略方针，并把它向蒋介石转述，蒋介石也十分赞成。在蒋介石的支持下，白崇禧把《论持久战》的精神归纳成两句话，"积小胜为大胜，以空间换时间"，由军事委员会通令全国，作为抗日战争中的战略指导思想（参见程思远：《我的回忆》，华艺出版社1994年版）。《论持久战》这篇光辉文章，使全国人民认清了形势，明确了我们的优势，更加清楚了敌人存在的劣势，懂得了如何利用我们的优势打击敌人的劣势，扭转战争的形势，化不利为有利，为最后打败日本侵略者做好了充分的思想准备，鼓舞了人们的士气。举国结成广泛的统一战线，坚持抗战八年，终于取得胜利，使日本侵略者无条件投降。

再次，触及的问题越难解决，在历史上反复的次数越多，影响越长远。有一首耳熟能详的古诗："锄禾日当午，汗滴禾下土。谁知盘中餐，粒粒皆辛苦。"这首诗流传已经一千多年了，到现在还在传诵，为什么它有那么强的生命力？因为这首诗针对的有些人不珍惜劳动人民汗水的现象还广泛存在着。正因为"舌尖上的浪费"现象触目惊心，令人心痛，所以人们还经常举出这首诗来教育大家。

再如，20世纪60年代我们宣传了焦裕禄这个典型，在当时引起的反响很大，很强烈。半个多世纪过去了，现在把焦裕禄搬上电影、电视，反响还是很大，不少人感动得流泪。为什么？焦裕禄的故事是针对有些干部的事业心不强，作风不廉洁的问题写的，这个问题在当时干部队伍中很突出，在现在的干部队伍中也很突出，所以能够在群众中引起强烈的思想共鸣。

古今这两个典型事例充分说明，无论是采取哪种方式写文字材料，只要针对的问题越难解决，在人类历史上反复的时间越长，影响就越深远。反之，生命力就越短。

问题是文字材料的灵魂，要想写出好的公文，必须要了解问题，很好地研究问题，针对问题去写。只要善于研究问题，不会写材料的人可以很快会写材料，写材料一般化的人，能较快地提高写作的质量。相反，如果不重视这个问题，尽管付出了很多代价，想了很多点子，材料还是写不好，更谈不上写出有影响的东西。

所以我们写东西，都应该建立这样一种思想，就是我写这个东西，究竟是针对什么问题，解决这个问题对人类社会，对我们的国家，对我们的民族，对我们的军队，对我们某个行业，究竟有什么用处？有用处我就写，没有用处就不要去做"无用功"。只要树立起了这样的观点，并朝这方面去努力，我们的公文写作质量就会不断提高，就能逐步写出有分量的东西。

简明——简洁明快，言约义丰

简明就是行文简明扼要，没有多余的话。我觉得，简明不仅是文字作品的一种形式，更是文章的一种美的素质。

这里趣解一下"简明"二字。这个"简"字的下部，"门"里是个"日"字，意即从门缝里透进一丝日光。"明"，清楚明白之意，像一碗清水一样一看到底。字少意深、清澈透明的公文，当然会受到人们的欢迎。

如何写出简明的公文？我非常赞同我的老战友王德波先生的观点。他认为，从思想方法上讲，需要弄明白这样几个辩证关系：

一是"惜时如金"与"惜字如金"。人们都知道,遵义会议是党的历史上具有转折意义的重要会议。而从记载的情况看,这次大会作出的决定仅有100多个字:"(一)毛泽东同志选为常委。(二)指定洛甫同志起草决议,委托常委审查后,发到支部讨论。(三)常委中再进行适当的分工。(四)取消三人团,仍由最高军事首长朱、周为军事指挥员,而恩来同志是党内委托的对于指挥军事上下最后决心的负责者。"(《遵义会议文献》,第42页,人民出版社1985年版。)如此重要的会议,作出的决定却如此简明,真可谓惜字如金。有的人感慨地说:"如果那时候也像现在这样穿靴戴帽,敌人早就冲上来了。"看来,"惜字如金"与"惜时如金"是分不开的。战争年代是这样,和平年代也应该如此。

当今时代,地球变小了,时空拉近了,社会发展一日千里,人们的生活节奏感明显加快。时间就是金钱,时间就是财富,时间就是效率。时间对每个人来说都非常宝贵。如果讲长话、写长文,作者耗力,受众耗神,大家耗时,对很多人来说都是耽误不起的。用鲁迅的话说,这"无异于谋财害命"。讲话为文,应强化时间和效率观念,真正把惜字如金、惜时如金,落实到每一篇文章、每一篇讲话中去。

二是"接受心理"与"传播规律"。美国作家马克·吐温有一则流传很广的轶闻。有一次,有人向他请教:"演讲辞是长篇大论好还是短小精湛好?"马克·吐温没有正面回答,只是讲了一个故事:

> 有个礼拜天,我到礼拜堂去,适逢一个传教士在那里用哀怜的语言讲述传教士的苦难生活。当他说了5分钟后,我马上决定捐助50美元。当他接着讲了10分钟,我就决定把捐款降低到25美元。当他继续滔滔不绝地讲了半个小时后,我把捐款的数目减到5美元。当他又讲了一个小时,拿起钵子向听众哀求捐助,从我面前走过的时候,我却反而从钵子里偷了2美元。

文字越短，看的人越多；文字越长，看的人越少。过去文人说："文章草草皆千古，仕宦匆匆只十年。"其实，文章并非"皆千古"，"草草"更是早早亡。且不说历史上那些累车数亿的文字，留下了多少；但说当今，每天有多少书籍、报刊、网络文章出版发表，又有几篇能传在众人的口中、留在众人的记忆中呢？相反，有些历史上的知名短文却得到广泛传颂。恰恰是因为精短，更容易让人接受和传播；因为文小而容量大，才让人受益匪浅。真所谓黄金一点，胜于柴草一堆。三言两语，而掷地有声；三五百字，而流芳百世，这就是无情的传播现实。

三是"烦琐哲学"与"群众观念"。人们都知道，进化论的创立者是达尔文，其代表作是《物种起源》。而近年来又有人说，英国有位地理学家詹姆斯·赫顿先于达尔文65年，写下了2000多页的《知识法则》一书，其中用很大篇幅论述了物竞天择、自然选择的进化观念。此看法是否真实且不论，但有个事实不能不正视：达尔文的进化论思想早已被译成百余种语言文字流传于世，而赫顿和他的《知识法则》至今鲜为人知。两个人命运的差距为什么这么大呢？恐怕就在于达尔文对进化论阐述得非常简明、精辟，而赫顿则是长篇浮词累句，不知所云，估计直到现在也没有几个人将这篇巨著读完。

我们讲话、写文章，都是给人听、给人看的，都要让人看明白、长见识、从中受益，这个道理"地球人都知道"。如果不看对象，又空又长，眉毛胡子一把抓，企图在一个文件、一篇讲话或一篇文章里，什么都讲都写，什么都解决，搞烦琐哲学，这就成了"只有一种解释，就是下决心不要群众看。因为长而且空，群众见了就摇头，哪里还肯看下去呢？"因此，能否把会议开得短而又解决问题，把话讲得简洁有力，把文章写得短小精悍，不单纯是个文风问题，也是个群众观点的问题。烦琐哲学要不得，群众观点不能丢。

四是"少而精"与"博而深"。人们赞赏大道至简，同时仰望博大精深。大道至简意味着"少而精"，博大精深意味着"博而深"。二者看似矛盾，实则相通。"简"不是没话可说，没事可写，而是要通过"量"的减少，实现"质"的提升，做到简而精、简而实、简而新。"简"还要以"博"为基础，做到博采众长，融会贯通。

"少而精"又不排斥"博而深"，文章长短应视具体情况而定，当长则长，当短则短。《庄子》上有这样几句话："凫胫虽短，续之则悲；鹤胫虽长，断之则哀。"意思是说，野鸭子的腿虽然很短，但给它接上一截，它就要发愁；仙鹤的腿虽然很长，给它截去一截，它就要悲伤。

这个道理同样用于写文章，只是今天把"野鸭子的腿加长"的文章太多了。一些人总是担心文字短了讲不全面，其实讲话和写文章有没有片面性，不在于篇幅长短，而在于有没有辩证思维。现象罗列得再多再全，如果抓不住内在联系，也难免有失偏颇。正像老子所说的："少则得，多则惑。"

从工作方法上讲，王德波先生提出，需要掌握如下写作技巧：

一是缜密思考，想明白再写。"如果你不能简单说清楚，就是你没有完全明白。"爱因斯坦的一句话，点到了一些人讲长话写长文的要害。许多人表述问题翻来覆去，总怕人听不明白，其实是自己没有想透彻、搞明白；而那些精炼深透的表达，则常常表明人们认识问题的到位程度。

毛泽东在与黄炎培的"窑洞对"中说："我们已经找到了新路，我们能跳出这周期率。这条路，就是民主。只有让人民来监督政府，政府才不敢松懈。只有人人起来负责，才不会人亡政息。"（肖伟俐：《大家风范》，新华出版社2011年版。）几句平常话，概括了毛泽东对这一问题的深入思考，甚至被后人引用为政权建设的经典之谈。

一些常写材料的人大都有这样的体会，刚刚拿到一个题目后，往往会感到头大发蒙,不知道从哪儿入手。这时候应该怎么办?语言大师告诫说:千万不要勉强写东西,也不要无病呻吟。这时候最需要的是来一番学习思考,在头脑中过过筛子,形成一些基本概念和想法,否则写出来的东西必然味同嚼蜡。

书越读越薄才叫读书,思考问题越来越凝练才叫深悟。应强化缜密思维,克服思维片面、平庸、浅陋和僵化,抓住思考问题的中心,理清思想脉络,删除冗余信息,加以高度浓缩,从而把复杂的问题凝聚到一个点上,并用简单明了的语言讲清楚。

二是开门见山,单刀直入。恩格斯《在马克思墓前的讲话》是这样开头的:"3月14日下午两点三刻,当代最伟大的思想家停止了思想。把他独立留在房间里还不到两分钟,当我们再进去的时候,发现他在安乐椅上安静地睡着了——永远地睡着了。"这个开头是一种大气而又含蓄的"开门见山"。

毛泽东在《反对本本主义》一文中,开宗明义说了一段话:

你对于某个问题没有调查,就停止你对于某个问题的发言权。这不太野蛮了吗?一点也不野蛮,你对那个问题的现实情况和历史情况既然没有调查,不知底里,对于那个问题的发言便一定是瞎说一顿。瞎说一顿之不能解决问题是大家明了的,那末,停止你的发言权有什么不公道呢?许多的同志都成天地闭着眼睛在那里瞎说,这是共产党员的耻辱,岂有共产党员而可以闭着眼睛瞎说一顿的吗?

要不得!

要不得!

注重调查!

反对瞎说!

邓小平在《坚持党的路线，改进工作方法》一文的开篇就说："我今天讲三点：一、讲这次会议；二、讲党的政治路线、思想路线和组织路线；三、讲工作方法。"他的不少讲话都是这样直接从"我讲几个问题"开始，接下去讲的每一条都条理分明，眉目清楚，让人明明白白，堪称是质朴简洁的"开门见山"。

别林斯基说："假如第一行落笔太远，那么这篇论文一定是虚话连篇，离题万里；假如第一行就接触事件，那么这篇文章就是好文章。"

开门见山，直奔主题，一针见血，一语道破，应该是现代公文的一个追求。就像军人打靶一样，瞄准靶心，讲"十环语言"，切中要害，干脆利落。

三是把握轻重，抓住要害。一份公文，一篇文章，往往会涉及方方面面、多个层面。既有轻重之分，也有缓急之分。要以最少的文字表达更多的信息和内容，就应抓住重点、抓住要害，做到以重带轻、以急带缓，切勿贪大求全、平分秋色、面面俱到。

著名文学评论家朱光潜在《谈文学》中讲过一段深刻体会：写文章和打仗的诀窍完全相同，用兵制胜的要诀在占领要塞，击破主力。要塞既下，主力既破，其余一切就望风披靡，不攻自破。古人所以有"射人先射马，擒贼先擒王"的说法。

世间没有说得完的话，一篇文章不可能把所有的话都说完。那种面面俱到的文章，要么是"流水账"，要么是"这个基础，那个关键""这个当务之急，那个重中之重"，结果是什么都强调了，等于什么都没强调。

起草公文，应注意搞清阅读对象，"看人下菜碟"。行文的对象若是上级机关，公文就要少引用上级精神，少讲道理，少发议论；若是下属单位，就要分分层次，在叙述的详略和侧重点上有所区别。聪明的讲话人和作者应该明确对象，有的放矢，抓住主要问题，就像浮雕突出于石面一样，给人留下深刻印象。

四是高度概括，萃取精华。文章要写得短而精，有分量，就需要在提炼概括上下功夫。为什么有些领导几乎天天讲话，人们却几乎记不住他讲的什么话；有的领导讲话不多，提出的一些只言片语却能够不胫而走，久传不衰？原因就在于是否善于概括提炼。可以说，许多精炼深刻的话语，都是在"富矿"里提炼出来的"金子"，堪称"警世恒言"。

简练离不开概括，概括就要广采博收。老舍先生说："简练须要概括，须要多知多懂。知道一百个人，而写一个人；知道一百件事，而写一件事，才能写得简练。心有余力，有所选择，才能简练。"（老舍：《出口成章》，复旦大学出版社2004年版。）这的确是真知灼见！欲写得少，先求其多。抓住最典型、最精当的事例和语言，文章才能精炼下来，收到简洁明快、言约义丰之效。

五是控制展开，干脆利落。有个作家说，文学是剪裁的艺术。我们还可以说，公文写作是选择的艺术。要想短而精，就应选择那些非写不可的东西，选择那些以一当十的东西，选择最能精确表达思想的布局和层次的东西。兵不在多而在精，素材不在多而在管用。对每个思想元素、每个字句，都应来一番"检阅"和把关。精而管用的，用在关键处，没有多少实际意义的，一律进行压减和"淘汰"，力求使文章"大略如行云流水，初无定质，但常行于所当行，常止于所不可不止"（苏轼：《答谢民师书》）。

选择的过程是"展开写作"的过程，同时也是"控制展开"的过程。控制的基本原则是"能少则少、能短则短、能精则精、能简则简"。基本方法是"有一写一，有二写二，不凑篇幅，不凑结尾，不凑'三大段''四大块'"。不担心有些话说少了会让人看不懂、听不懂。许多场合下，把事实说清楚就行了。没有必要像老奶奶教孙子辨物那样，左手拿酱油瓶，右手拿醋瓶，叨叨不休地讲下去。"文以尚用"，但是这个"用"是有限度的，其作用范围常常受到时间、空间和对象制约，时过境迁也就成了一堆档案文稿。

要相信受众是高明的，都有自己解读公文的习惯和能力，这就像看股票行情，有的人看宏观大势，有的人看指数涨跌，有的人看热门板块，有的人看股评家信口开河，还有人根本什么都看不见而只是在人群里望风观色。我们控制展开，把文章写短写精，就可以给受众留下更多自己思考的空间。

六是精心修改，反复锤炼。好材料是写出来的，也是改出来的。鲁迅先生说："写完后至少看两遍，竭力将可有可无的字、句、段删去毫不可惜。宁可将可作小说的材料缩成速写，决不将速写材料拉成小说。"托尔斯泰则把删减作为一种写作方法和窍门来看待，并且一生都奉行这一准则，他还告诉别人："要永远抛弃写作可以不加修改的思想，修改三四次还太少。"文学大师们之所以一再强调修改问题，原因就在于任何认识成果都不是一蹴而就的，都是在反复、比较、推敲、锤炼中逐步完善而成的。

总而言之，我觉得要把公文写简练，把比较复杂的意思用最短的篇幅写出来，就如同矿石提纯、元素浓缩一样，是要经过千锤百炼的。所以文章写好后，字斟句酌，反复推敲是十分必要的。

生动——能说服人，能打动人

胡乔木在《怎样写文件》中曾提出公文生动的三条标准：一要引人看，要有好的介绍方法，要有吸引人的力量；二要看得懂；三要能说服人，打动人。他还指出，我们写文章的时候，总以为自己的道理是对的，要人家相信，要说服党和人民群众。写文件就是要用道理说服人，不但说服人，还要能打动人，说服人着重在理智方面，打动人除了理智方面还带有一点感情，使看的人真正被你动员起来。

要注意以情动人。我们起草公文，目的是给人看的，尽管是讨论工作，但是应该有感情。提倡什么、促进什么要有感情，反对什么也要有感情。可以说，感情在文字材料中的作用是非常大的。读有感情的材料，令人如沐春风，使人爱不释手，其中所讲的东西也容易接受。无感情的材料，冷若冰霜，令人生厌，唯恐避之而不及，很难谈得上发挥其作用。

首先，位置要摆正，不居高临下。毛泽东1957年3月12日《在中国共产党全国宣传工作会议上的讲话》中指出："当着自己写文章的时候，不要老是想着'我多么高明'，而要采取和读者处于完全平等地位的态度。""你的架子摆得越大，人家越是不理你那一套，你的文章人家就越不爱看。我们应该老老实实地办事，对事物有分析，写文章有说服力。不要靠装腔作势来吓人。"（《毛泽东文集》第七卷，第277页，人民出版社1999年版。）对这些教诲要谨记在心。机关干部行文，多是代表一级机关，或是代替一级领导立言。不论代机关还是代领导，都要以真诚平等的态度对待他人，始终以普通人的态度出现，不摆架子，不神气十足，这样笔下出来的东西就自然会动之以情，晓之以理；就会多用常见句，少用晦涩句；多用短句，少用长句；多用启发句，少用命令句。"面目可憎"也就变为"面目可亲"。

其次，思维要辩证，不走向极端。对工作的看法，对人的看法，肯定一切或否定一切，都是片面的。在起草文字材料中，有的人容易走极端，说好一切都好，说不好一切都不好，这样的文风也是令人生厌的。正确的方法是辩证地看，全面地看，联系地看，发展地看，不以偏概全，一丑遮百俊，也不一俊遮百丑，实事求是，全面客观，这样的材料符合事物本来面貌，令人感觉可信可亲。

再次，语言要活泼，不要板着面孔。要使公文有感情，还要注意学习和使用群众语言。这是毛泽东的号召。有人说，机关公文用群众语言多了，会给人一种不严肃、不实在的感觉。这是一种偏见。严不严肃，实不实在，不在于群众语言多少，而在于群众是不是讲了这种语言，以及用这些语言能不能正确说明观点。如果确实有又能说明问题，选用到公文中，是可以增强感染力和真实性的。阅读毛泽东和邓小平的文章，随处都能够看到鲜活的民间俗语和群众语言。像毛泽东常用的"高手""行家""书生气""出洋相""吃老本""门外汉""土洋结合""草木皆兵""天王老子""人不犯我我不犯人""不打不相识""打开天窗说亮话""英雄难过美人关""不是冤家不聚头""一个篱笆三个桩，一个好汉三个帮""老虎屁股摸不得""八仙过海，各显神通""金玉其外，败絮其中""东方不亮西方亮""星星之火，可以燎原""天要下雨，娘要嫁人"，等等；邓小平常用的"换脑筋""靠得住""不够格""老祖宗""旧瓶装新酒""摸着石头过河""天不会塌下来"，等等，都是从民间语言这个"大海"中提取的精华，句句亲切自然，句句生动朴实。

要遵循公文的语言特色。机关公文的语言，有自己的审美范畴。它要求朴实无华，规范准确，含义深刻，简洁明快，朗朗上口，有很强的吸引力和感召力。古人讲："言之无文，行而不远。"提高公文质量，很重要的是按照公文语言特色，认真进行润色。

一是表述要准确。机关公文，特别是工作指导性文件，像决议、决定、意见等，都是十分严肃的文件，本身具有一定的法规性质，体现着发文机关的权威性，必须做到准确无误。即使是领导讲话、调查报告、总结报告、经验材料等，表述也应该十分准确。否则，就可能起到误导的作用，给工作和建设带来损失。在润色时，把握好三个要点：

首先，含义要准确。每一句话都只能有一种意义、一种理解，不能有多种理解，不能引起疑义或歧义，不能含糊其辞，模棱两可。

其次，遣词要恰当。特别是注意把握好范围和程度的限定，不能把特定、特指的东西泛化、绝对化。涉及对某个事件、某项工作、某个人物、某个问题的评价、定性时，一定要尊重历史，尊重事实，把握好分寸，作出符合实际的准确表述。

再次，提法要有根据。无论是沿用过去的提法，还是创造新的提法，都要有理有据，认真考证论证，不能凭空想象。

二是内涵要丰富。机关公文不能太浅薄，如同流水账般，要有丰富的内涵。既要有深刻的思想性，又要有很强的针对性，还要有很强的导向性，使人有回味、思考、体验的空间。所以，在起草公文时，要十分注重语句的高度概括和凝练，最大限度地拓展其内在的张力和思想容量，不能说"一句顶一万句"，至少要一句是一句。托尔斯泰在创作他的名著《安娜·卡列尼娜》时，开始时他的导语部分写了两张纸，最后凝练成两句话："幸福的家庭都是相似的，不幸的家庭各有各的不幸。"其内涵比原来两页纸还要丰富得多。在起草文件时，要有这种精神。

三是语言要规范。规范并不是呆板和陈旧，也不是千篇一律，而是能够准确、鲜明、生动地表达文章的内容。郭沫若在《关于文风问题》中提出："就语言方面讲，字眼总要用得恰如其分。这样，表现的概念才会准确，也才能使人感到鲜明。"他还强调，在选择词句、字眼上，要多用一些心，不要选用深奥的外国式的词句。句法构成要老实一点，要合乎中国话的一般规律。用字有两个秘诀，就是选用现成的概念明确的字，不要用太偏僻的字。偏僻的字不明确，人家也不容易懂。含糊的字——这样可以解释，那样也可以解释的字，最好避而不用。用明确的而不是模棱两可的字来表达，就可以收到鲜明的效果。我理解，郭老讲的应该是语言规范的要旨。

我们汉语的词汇是很有讲究的，只有认真琢磨其中的微妙之处，才能用得恰到好处。有些词古今意义不同，比如"交通"，现在是指运输事业，过去则讲的是勾结，"内通外交"也就是内外勾结；再比如"检讨"，现代讲为检查错误，过去则是"总结"的意思，包括总结成绩也包括指出缺点。还有一些词褒贬不同，比如"固执"和"坚持"，实际是一样的意思，但正确的"固执"是"坚持"，错误的"坚持"是"固执"。还有表示相关者身份的，比如"寡妇"和"遗孀"，都是指死了丈夫的女士，用途却不一样，一般的"遗孀"叫"寡妇"，有身份的"寡妇"叫"遗孀"。还有表示感觉的，比如"凉快"和"冷"，比较舒服的"冷"叫"凉快"，感觉不好的"凉快"叫"冷"。所以，我们在起草公文时，要选择最恰当的词，才能把意思表达准确。特别要注意的是，机关公文中，不要用网络语言中的那种调侃式的表达，比如把"同学"写成"童鞋"，把"悲剧"写成"杯具"，把"妈妈"写成"麻麻"，把"什么"写成"神马"，那就失去了公文的严肃性。

要注意以事感人。一般来说，事实最有说服力，也最能感动人。但只有事实还不够。在写作时，你还要考虑，怎样才能把这一事实交代清楚，写得完美，使人读起来有兴味。

一是尽量少用形容词。郭沫若在答《新观察》记者问时，有这样一段话："要使文章生动，我想，少用形容词是一个秘诀。现在有些文章有个毛病，就是爱堆砌形容词，而且总是爱用最高级的形容词，如形容一个人的美，就说'非常非常的美'或'极端极端的美'。又如'六万万人正以排山倒海、乘风破浪之势……'这样的句子，就有点不恰当。"郭老讲的这个问题，到现在仍有针对性和普遍性。当然，少用形容词并不是不用，而是注意准确使用形容词。福楼拜说过："你要形容一个东西，就要找到那个唯一的形容词。"形容者，外表也，形体、容貌、态势也。本来最简单的动宾结构就能说明的事物，如果再加上形容就显得更魅力无穷，内涵更丰富，更好看，更生动。好比素描稿上了色彩。如"他走在路上"，就不如"他愉快地走在路上"更生动；"她笑了"，就不如"她笑得像花儿一样"更生动。所以说，形容词一定要用准确，否则就不要乱用。

二是要扭转一个误区。有人认为机关公文不能太具体、太实际，不然就会缺乏普遍指导意义。由于这个指导思想作祟，有人在起草公文的过程中，就总是追求原则化、理性化的东西。表面上看，这样的材料立意很高，气势很大，实际上却是很"虚弱"，里面多是缺乏实际内容的大话、空话、套话。这样的文字材料写得再多，也只是应景文章、表面文章，对工作起不到什么作用。所以，应走出坐而论道、从虚到虚、原则来原则去的误区，不断提高用事实说话的能力。

首先，善于运用自己调查的资料。这就要求动笔前，要深入基层，深入实际，调查研究，掌握大量的第一手资料。我过去搞新闻时，听到一个"七分采访，三分写作"的说法，感到很有道理。机关干部起草公文也可以借鉴这个"三七律"，有了丰富的第一手资料，就不用闭门造车、绞尽脑汁地编造了。

其次，善于运用数字资料。数字本身枯燥无味，但如果运用得当，就会极大增强文章的感染力、说服力。比如，周恩来总理是举世公认的鞠躬尽瘁、死而后已的楷模，用什么样的赞美语言歌颂都嫌不到位。有一份材料用了这样一串数字："周恩来是1974年6月1日住进医院的，据资料统计，1至5月共139天，他每天工作12~14小时有9天；14~18小时有74天；19~23小时有38天；连续24小时有5天。只有13天工作在12小时之内。而从3月中旬至5月底，2个半月，日常工作之外，他又参加中央会议21次，外事活动54次，其他会议和谈话57次……"这一连串数字，真可谓感天动地！

第三，要善于运用科研成果资料。科研成果中，有自然科学的，有社会科学的，根据文字材料需要，都可以适当运用。比如，我们经常论述坚韧不拔的精神，有的文章就列举几位名人的韧性：达尔文写《物种起源》用了27年，歌德写《浮士德》写了60年，司马迁写《史记》用了18年，司马光编《资治通鉴》达19年，李时珍写《本草纲目》花了30年，宋应星的《天工开物》写了18年……通过这一座座丰碑，我们仿佛看见了这些名人为实现他们的目标而刻苦坚韧、百折不挠的高大身影，增加了文章的感染力、说服力。

第四，善于运用典故资料。在人类历史的长河中，古今中外留下了许多脍炙人口的典故，其中有的事例不一定真实，所阐述的思想内容却是真实的，运用得当，可使文章增辉。我看到李瑞环同志在会见香港各界知名人士时的讲话稿，其中就运用了一个典故：古书中记载了这样一个故事，汉朝时，京城田氏三兄弟田真、田庆和田广，一直和睦相处，庭院中有棵紫荆树，长得花繁叶茂，但后来他们闹别扭，要分家，紫荆一夜之间就枯萎了，兄弟三人大为震惊，大受感动，于是兄弟不再分家，和好如初，紫荆花又盛开如故。晋代陆机作诗说："三荆欢同株，四鸟悲异林。"唐代李白感慨道："田氏仓猝骨肉分，青天白日摧紫荆。"上面讲的故事，是体现"天人感应"思想的一个传说，未必真有其事，但这个故事所表达的道理，的确发人深思。

当然，写文章、写材料用事实说话，不能是事实材料的简单罗列，而应该把叙事与明理结合起来，夹叙夹议，事理结合。比如，李瑞环同志引用这个典故后接着说："我们这个五千年文明古国，之所以历经磨难而绵延不衰，屡处逆境而昂扬奋起，就是因为有许多这样博大深邃的思想，有一种内在的强大凝聚力。当今中国要发展，要振兴，必须继续弘扬中华民族的优良传统，特别要倡导'和合'，强调团结。"(《李瑞环：提倡和合加强团结》，人民网2000年11月7日。)

要注意把细节写好。我觉得，一篇好的文字材料，必定要有血有肉，详略适当，该简的地方一笔带过，该繁的地方不能省略，否则就剩下干巴巴的几条筋，像骷髅般丑陋难看。

一是要在抽象的论述中加些不抽象的东西。胡乔木曾指出：写文件要生动，不生动人家不愿意看，但不能像普通文学作品那样办。要生动就得在抽象的论述中加些不抽象的东西,这样可以增加生动性。纯粹抽象的,像算术题似的,一道道列下去,怎样也不会生动,因为全部是抽象的。我们讨论工作本来是比较抽象的东西,讲的道理、列的数字是抽象的,可以穿插一些具体人、具体单位、具体事实,这样文章就可以不那么沉闷。他还列举了一个例子,当年湖北省委转发关于红安县委搞试验田的经验报告,加了一些具体情节:乡里人到县里要见干部,干部开始说是"没有时间",等到"有时间",又说"下班了"。以后城里干部下乡,乡里人也说"没时间",等了一会儿,他也说"我下班了!"引了这么件事就大为生动。还提到干部穿着鞋袜,在田岸上"检查生产",社员骂了他一顿,说:"摇摇摆摆像个相公,莫把田埂子踩塌了!"单这句话还不够,又问:"你骂谁?"社员说:"我骂你!"然后再加上县委书记说:"骂得对!"有这样的对话,印象就很深刻。从胡乔木举的这个例子不难看出,公文起草运用细节,确能增加生动性。

二是要把工作中的原则要求讲细致。"细节"也不一定都是人物对话、人物动作,把工作中的原则要求讲细致,就得有细节。比如,我们经常强调,改进领导作风,关心群众利益,要"想群众所想,急群众所急,帮群众所需",这话没错,写起来顺手,读起来顺口,听起来顺耳。但仔细一琢磨,到底怎样做才算"想、急、帮",很难有个准确的答案。所以,千真万确的大话、套话,不一定是有用的话,在材料起草中一定要少用或不用。毛泽东同志在《关心群众生活,注意工作方法》中就把"细节"交代得很清楚:"我们应该深刻地注意群众生活的问题,从土地、劳动问题,到柴米油盐问题。妇女群众要学习犁耙,找什么人去教她们呢?小孩子要求读书,小学办起了没有呢?对面的木桥太小会跌倒行人,要不要修理一下呢……应该讨论,应该决定,应该实行,应该检查。"(《毛泽东选集》第一卷,138页,人民出版社1991年版。)看了这些要求,任何人都知道如何去做,用不着费劲去揣摩领导心思。1966年河北省邢台地区发生地震，周总理来到隆尧县的白家寨村，当他得知群众炊具被砸坏，每天只吃干粮时，没有提一些"要高度重视、全力解决"之类的大口号，而是指示救灾指挥部负责人："要保证群众每家有一盏煤油灯，一个和面盆，一口锅，一把饭勺，每人一双筷子，一个碗。"有了这样的"细节"，文章怎能不实在、不生动呢？

三是用形象化语言表述理性内容。有人讲，机关公文理性占很大比例，不好出细节。实际上，理性文章用形象化的语言表述出来，也能出"细节"。比如毛泽东在《论联合政府》中讲到大革命失败后说："中国共产党和中国人民并没有被吓倒，被征服，被杀绝。他们从地下爬起来，揩干净身上的血迹，掩埋好同伴的尸首，他们又继续战斗了。"我们看，写得多么简明和生动。马克思的《资本论》是大部头的理论著作，马克思在描写劳动力的买卖时这样写道："原来的货币所有者成了资本家，昂首前行。劳动所有者成了他的工人，尾随于后。一个笑容满面，雄心勃勃；一个战战兢兢，畏缩不前，像在市场上出卖了自己的皮一样，只有一个前途———让人家来鞣。"我想，"爬起""揩干""掩埋""昂首前进""尾随于后""笑容满面""畏缩不前"等也属"有细节"之类。所以，只要我们重视细节的描写和运用，文字材料就会变得栩栩如生，引人入胜。

第23讲　做到精心起草

何为精心起草？有人把它概括成写前"四问"，写中"四求"，写后"四看"。

关于写前"四问"

一要问写的是什么。文体不同，写法也各有不同。讲话、指示、谈话、报告各有自己特定的写作要求，如果不加区分，写出来的东西就可能不对路。比如领导讲话中的论述性内容与理论文章的论述性内容，请示中的部署性内容与指示中的部署性内容，计划方案中的政策性内容与指示中的要求性内容，是不一样的，如果混淆了，写出来的东西很可能就不伦不类。

二要问给谁写的。就是说，写东西首先要搞清楚稿子的主体身份是谁。中央领导、省（自治区、市）领导、中层领导、基层领导、部门领导，正职还是副职，等等，不同的身份，在思维层次、问题角度、内容重心、详略取舍、说话口气等方面，都应当有所不同。高级领导向机关讲的东西就不能太琐碎，一般干部讲的东西就不能口气太大。对上汇报的材料不能像老师教学生一样讲一通"道理"，部门领导的讲话不能尽是"原则要求"。

三要问写给谁看的。要搞清楚，我们写的材料，是向上级领导汇报，还是对部属讲话；是给机关干部讲课，还是给基层群众搞教育。不同的对象有不同的要求，不同的场合有不同的口气。比如，对上级汇报要简洁干练，对群众讲话要亲切通俗，对部队战前动员要斩钉截铁……公文只有增强针对性，才能受到读者的欢迎。

四要问起什么作用、达到什么目的。要搞清楚，你写这个材料的目的，是对重要工作进行动员、部署、总结、指导，还是对重大问题进行报告、说明、解答；是对重要理论决策进行宣传、阐述、辅导、讲解，还是一般场合的称赞、祝贺、希望；是新话题还是老话题；是例行的讲话还是敏感的话题；是一般的表态性内容还是重大实质性问题。目的不同，需求也不同，这是机关写作最重要的关节。

关于写中"四求"

一是求"高"——要做到思维层次上得去，把得准。要站在领导机关的高度上去思考问题、谋篇布局，写出恢宏大气，写出理论高度、指导力度和思想深度。

二是求"新"——要做到视角新、思路新、概括新、语言新、事例新。大家都知道的、都懂的东西要少写或不写，大家不知道的、不懂的要多写。就是司空见惯、非写不可的东西，要尽量选择新的角度和表述方式。

三是求"实"——机关公文面对的是做实际工作的人，其基本功能是回答、解决实际工作中的种种问题和矛盾，必须紧贴实际，实实在在，不写或少写那些正确的废话、漂亮的空话、严谨的套话、违心的假话。要做到情况分析归纳实在，紧密联系实际，指导性意见切实可行。

四是求"顺"——要做到基本思路顺、框架结构顺、逻辑关系顺,没有"硬伤"。机关公文必须通顺、准确、全面、妥帖,不能硬掰、硬扯、硬挂、硬拔,一定要防止片面性、模糊性。公文是用来指导工作的,如果写得不顺,就会产生歧义,甚至导致偏差,造成不良影响甚者严重后果。

关于写后"四看"

材料写完之后,不要头脑发热,忙着出手,要"跳"出来,凉下来,回头看,自己当听众和读者再验收一遍。

一看到位不到位——层次、态度、思想、语言是否符合要求。

二看得体不得体——是否做到了符合发文机关的层次,维护发文机关的形象,顾及各方面的影响,把握好火候分寸,照应到相应关系。

三看严谨不严谨——是否经得起检验、推敲,有没有立不住的说法和提法,有没有引用不实不当的数据、事例和情况。

四看细致不细致——关键处有无文字错漏,有没有明显的病句,格式、排版、打印、装订、页码等是否恰当。重要环节必须准确无误。

第五课

提高讲理水平

　　机关干部在某种意义上说是参谋人员。习近平同志在《秘书工作的风范——与地县办公室干部谈心》一文中指出："参谋工作水平高，能推进党的方针、政策的顺利贯彻实施；水平低，就会影响全局工作，甚至造成严重后果。"总书记还要求机关人员"身在兵位，胸为帅谋"，多出大主意、好主意。

　　有人根据出谋划策能力的高低，把机关干部划分为四种类型：第一种，能先领导一步思维，并能提出高于领导一筹的见解，还能在领导决策的过程中，提出新的有价值的修正意见；第二种，能与领导同步思维，多数意见能被领导采纳，并能及时反馈决策执行情况，提出新的意见；第三种，落后于领导思维，意见和建议也很少被领导采纳，但对领导的决策还能正确理解执行；第四种，既落后于领导思维，又提不出有价值的见解，对领导的决策理解执行也不得力。

第24讲　把大道理讲小

所谓把大道理讲小，就是善于把"大道理"与"小切口"结合起来，把那些事关政治立场、理想信念、人生追求、职业操守、社会公德、人伦道德等方面的原则问题讲具体。

我参观古田会议遗址，看到毛泽东当年讲土地革命时，红军战士作的记录。记录上写的是毛委员讲土地革命，我想这还不得讲出许多道理来吗？那战士的字写得歪歪斜斜的，好几个错别字。加起来就两句话，毛委员说："为什么要土地革命呢？一是农民多土地少，二是地主少土地多，因此要革命。"

这大道理讲得太服人了，要不然讲土地革命，洋洋洒洒你可以讲几个小时，好几万字。可是，毛泽东一下子抓住最根本的东西，把青年农民一下子给"煽动"起来了。

有人曾经对中国和美国的小学生守则作过有趣的比较，让人感慨颇多。我们不妨摘录如下：

中国《小学生守则》：1.热爱祖国，热爱人民；2.遵守法律法规，增强法律意识；遵守校规校纪，遵守社会公德。3.热爱科学，努力学习，勤学好问，乐于探究，积极参加社会实践和有益的活动。4.热爱生命，注意安全，锻炼身体，讲究卫生。5.自尊自爱，自信自强，生活习惯文明健康。6.积极参加劳动，勤俭朴素，自己能做的事情自己做。7.孝敬父母，尊敬师长，礼貌待人。8.热爱集体，团结同学，互帮互助，关心他人。9.诚实守信，言行一致，知错就改，有责任心。10.热爱大自然，爱护生活环境。

美国《小学生守则》：1.总是称呼老师或尊姓。2.按时或稍提前到课堂。3.提问时举手。4.可以在你的座位上与你的老师讲话。5.缺席时必须补上所缺作业。向老师或同学请教。6.如果因紧急事情离开学校，事先告诉你的老师并索取耽误的功课。7.所有作业必须是你自己完成的。8.考试不许作弊。9.如果你听课有困难，可以约见老师寻求帮助，老师会高兴地帮助你。10.任何缺勤或迟到，要出示家长写的请假条。11.唯一可以允许的缺勤理由是个人生病、家人亡故或宗教节日。其他原因待在家里不上学都违规。12.当老师提问且没有指定某一学生回答时，知道答案的应高举手。（楼兰：《中美小学生守则对比》，《政工研究文摘》2006年第5期。）

小学生守则也可以看作是"人之初"的大道理。应当说，中国《小学生守则》所讲的道理、所提的要求都是非常正确的，但由于太原则、太宏观，实在让孩子们抓不着、摸不着，让孩子们不得要领。而美国《小学生守则》具体明确，每一条款孩子们都可以遵照执行，把这些琐碎的"小道理"都落实了，孩子们就会不知不觉地学会了遵守纪律。

有人可能觉得，讲道理讲宏观愿景、提原则要求，显得有高度、有深度、有力度，讲得太具体、太琐碎了显得层次低，缺乏感召力、号召力、推动力，实则恰恰相反。大而空的东西是无力的，小而实的东西是给力的。比如"坚持群众路线"的道理怎么讲？现在经常见到的"急群众所急、想群众所想、帮群众所需""视群众利益高于一切"等宏观口号、原则要求，讲得确实没有错，也很动听悦耳，但就像中国《小学生守则》的做派一样，只能是永远飘在空中，落不到行动中。八十多年前，毛泽东在中央苏区发表《关心群众生活，注意工作方法》的讲话，我们摘录几段，欣赏一下伟人是怎样讲"坚持群众路线"这一大道理的：

……我们应该深刻地注意群众的生活问题，从土地问题、劳动问题，到柴米油盐问题。妇女群众要学习犁耙，找什么人去教她们呢？小孩子要求读书，小学办起了没有呢？对面的木桥太小会跌倒行人，要不要修理一下呢？许多人生疮害病，想个什么办法呢？一切这些群众生活上的问题，都应该把它提到自己的议事日程上。应该讨论，应该决定，应该实行，应该检查。要使广大群众认识我们是代表他们的利益的，是和他们呼吸相通的。

……

要得到群众的拥护吗？要群众拿出他们的全力放到战线上去吗？那末，就得和群众在一起，就得去发动群众的积极性，就得关心群众的痛痒，就得真心实意地为群众谋利益，解决群众的生产和生活的问题，盐的问题，米的问题，房子的问题，衣的问题，生小孩子的问题，解决群众的一切问题。我们是这样做了么，广大群众就必定拥护我们，把革命当作他们的生命，把革命当作他们无上光荣的旗帜。(《毛泽东选集》第一卷，第138—139页，人民出版社1991年版。)

这个讲话是在"围剿"与"反围剿"硝烟弥漫的时刻发表的，至今读来，仍然深切感受到毛泽东那种对群众的炙热感情、亲民爱民的拳拳之心和慈悲为怀的领导形象，从内心里产生一种冲动。无怪当年苏区的群众说："共产党真好，什么事情都替我们想到了。"

把大道理讲小，把原则问题讲具体，也是时代发展的客观需要。大道理大都属于政治舆论范畴，过去政治舆论的话语权控制在政治家手里，致使政治远离群众，被披上一种"神秘化""神圣化"的面纱，讲得大一些，讲得空一些，调子唱得高一些，人们如坠云里雾里，或许没有多少反感情绪；而在今天，政治原则越来越向人性化原则回归，"大政治"与"小亲情"已形成"血脉关系"，无法割舍，政治话语之类的大道理要深入人心，落地生根，就要贴近群众、贴近民心，向人性回归。如果忽视了这一点，尽在那里讲宏观原则，提空洞口号，你所讲的道理再正确，也只能是"飘"在空中，无法"落地"，即使落了地也入不了"户"，进不了民心。

第25讲　把深道理讲浅

列宁说,"最高限度的马克思主义=最高限度的通俗论"(《列宁全集》第三十六卷,人民出版社1959年版)。提高说服能力,必须把道理讲得深入浅出,通俗易懂,让人一听就明白你的意思,只有听明白了,才能收到预期成效。

毛泽东于1963年5月在《学习马克思主义的认识论和辩证法》一文中说:"各级党委应当大大提倡学习马克思主义的认识论,使之群众化,为广大干部和人民群众所掌握,让哲学从哲学家的课堂上和书本里解放出来,变成群众手里的尖锐武器。"哲学这么深奥的道理,是怎样为大众所理解、所掌握的?首功当属著名哲学家艾思奇,他编著的《大众哲学》,采用漫谈的形式,运用通俗的笔法,阐述哲学的基本问题,道理深刻又简洁明快,影响了几代中国人。连蒋介石也多次哀叹说:"我们不仅是败给了共产党,也是败给了艾思奇先生的《大众哲学》。"甚至说:"一本《大众哲学》冲垮了三民主义的防线。"(《云南日报》2010年4月7日)

把深道理讲浅,最常见的方法就是借喻明理,也就是我们平常所说的比喻或打比方,它一般借助具体的、浅显的、熟知的事物去说明或描述抽象的、深奥的、生疏的道理,使抽象的东西形象化。

借喻明理,它能把精辟的论述与摹形、拟像、描绘糅为一体,不仅给人哲理上的启迪,而且使你的话形象生动。相传,爱因斯坦的相对论发表以后，有人问他什么是相对论，爱因斯坦解释说："你同你最亲爱的人坐在火炉边，一个小时过去了，你觉得好像只过了5分钟。反过来，你一个人孤孤单单地坐在热气逼人的火炉边，只过了5分钟，但你却像坐了一个小时。这就是相对论。"爱因斯坦用人们日常生活中所感受到的真切体验作比喻，通俗而形象地解释高深玄妙的相对论原理，使复杂抽象的道理变得浅显易懂，这对我们很有启发。

毛泽东堪称是借喻明理的大师。打仗这个严肃沉重的话题，让他说出来，是那么轻松自在："打仗没有什么巧妙，简单说就是两句话，打得赢就打，打不赢就走。打得赢就是集中优势兵力消灭敌人，集中五个指头割他一个指头。割掉一个，他就少一个，事物是可以分割的，以后有机会又可以割一个，又少一个，只剩八个了，然后有机会再割一个，总之要割掉。所谓割掉指头，就是把敌人搞过来，除打死打伤之外，把官兵、枪支、弹药都夺取过来，这就叫打得赢就打。那么打不赢呢？就走，走得远一点，使敌人不知你到哪里去了。"（《毛泽东军事文集》第六卷，军事科学出版社、中央文献出版社1993年版。）

1945年8月13日，延安党政高级领导干部在军委小礼堂集合，毛泽东发表了慷慨激昂的讲话："抗战胜利的果实应该属谁？这是很明白的。比如一棵桃树，树上结了桃子，这桃子就是胜利果实。桃子该由谁摘？这要问桃树是由谁栽的，谁挑水浇的。蒋介石蹲在山上一担水也不挑，现在他却把手伸得老长老长地要摘桃子。他说，此桃子的所有权属于我蒋介石，我是地主，你们是农奴，我不准你们摘。我们在报上驳了他。"（毛泽东：《抗日战争胜利后的时局和我们的方针》，《毛泽东选集》第四卷，第1128—1129页，人民出版社1991年版。）毛泽东还用柳树和松树打比方，说做人要学习柳树的灵活性和松树的原则性，像柳树那样可亲，像松树那样可靠。

有许多事情如果用机关的口吻去讲，用专业术语、政治术语去讲，往往是"字正腔圆""高大威严",费了很多口舌,受众还是一头雾水。比如说,什么是"多元化"?很多人就说不清楚,讲不明白。李瑞环用"一块木头"就形象生动地"搞定"。他说:"一块木头是什么?就是一块木头,这个答案没有错,但它还是什么?这就要看具体情况,拿它来做家具就是原料,拿它来烧火就是燃料,拿它来挑水就是工具,拿它来和坏人斗争就是武器,拿它来行凶打劫就是凶器,拿到法庭就是证据,但还是那块木头。这就是性质的多样性。"(李瑞环:《学哲学用哲学》,第276页,中国人民大学出版社2005年版。)

1920年,苏联早期领导人加里宁在一次会议上作报告。当时,有些农民对于工农联盟的重要性不甚理解,向加里宁提了这样一个问题:"什么对于苏维埃政权来说更珍贵,是工人还是农民?"对此,加里宁提高嗓音反问道:"对于一个人来说什么更珍贵,是左腿还是右腿?"农民们听了以后欢呼起来,掌声经久不息。

无数事实证明,一个精彩的比喻,往往比长篇大论阐述一个深奥的道理更让人理解,更让人信服。所以,提高说服能力就要掌握这个方法。

第26讲　把老道理讲新

所谓老道理，就是那些亘古不变的真理。真理是稳定的，真理不怕重复，不能老是花样翻新，但是如果只会用旧语言来阐释老道理，就很难引起他人的兴趣。"话说三遍淡如水""话说三遍没人听""话说三遍招人烦"，就是这个道理。把老道理讲新，就是要学会讲新话，用新的话语体系来阐释老的道理，使老道理常讲常新，始终保持吸引力。

所谓"新话"，就是思想深刻、富有创见、富有个性、富有新意的话。何为新意？习近平同志对此作了全面解读："这里所说的新意，既包括在探索规律、认识真理上有新发现、前人没有讲过的话，又包括把中央精神和上级要求与本地区本部门本单位实际结合起来，在解决问题上有新理念、新思路、新举措的话；既包括角度新、材料新、语言表达新的话，又包括富有个性、特色鲜明、生动活泼的话。"（习近平：《努力克服不良文风　积极倡导优良文风——在中央党校2010年春季学期第二批入学学员开学典礼上的讲话》，2010年5月12日。）

用新角度讲道理。"横看成岭侧成峰，远近高低各不同"，苏轼这两句诗的意思是，同一座山峰，站在不同的角度观察，就会呈现出迥然不同的景观。我觉得，同样的一个道理，从不同的角度来阐释，就会讲出人无我有的新境界。儒家经典《论语》问世两千多年了，道理不可谓不老。一代一代传至现代，老生常谈，似乎没有什么新话可讲。但是北京师范大学的于丹教授在央视《百家讲坛》开讲《论语》，她选择了用时尚的话语和聊家常的口语的角度，引用了数十个异彩纷呈的寓言典故和趣闻轶事，从而使《论语》走向大众生活。

我看到一位县委书记的讲话稿，题目是《巴掌的哲学》，实际是他在县政协十三届二次会议上的例行性讲话，角度就很新颖，对我们如何讲道理就很有启发。他讲道："大家的掌声让我很温暖。在感受掌声温暖的同时，我想到了产生掌声的巴掌，巴掌可以用来抽打和批评，也可以用来喝彩和祝福。巴掌不大，可以容天容地容人，是批评和鼓励的统一。"接下来，这位县委书记讲了这样三段哲理：善于批评，懂得鼓励，就要认同客观差异性；善于批评，懂得鼓励，就要认识和把握复杂性；善于批评，懂得鼓励，就要全面认识统一性。然后提出三点希望：广大干部彼此之间要学会喝彩，学会祝福；各级干部对群众要学会喝彩，学会祝福；群众对干部也要学会喝彩，学会祝福，学会监督。讲话最后说："让我们举起巴掌，该批评时狠狠地抽打，该祝福时热情地鼓励，让成功人不骄傲，让失败人不气馁。"这个县委书记从惯性的讲话跳出来，以浪漫主义的情调、现实主义的态度，讲"掌声"和"巴掌"，讲"抽打"和"鼓掌"，讲批评和鼓励。可谓讲出了新视角，讲出了新境界。

"民以食为天"，这也是一个老道理。针对一些领导对民生问题不够重视的现象，李瑞环同志讲道："许多事情我们有一千个理由、一万个理由，但老百姓吃不上饭，就没有理由。'民以食为天'，饭字半边是'食'字，半边是'反'字，没有食就会反。"针对一些人遇到事情先问"姓资姓社"的思维习惯，他说："有些人形成了习惯，对任何事物都要先定性，先问是社会主义还是资本主义。我讲过，先生孩子后起名。孩子生下来，先起个小名，这个小名不讲究，叫阿毛、阿狗、铁蛋都可以，关键的问题是孩子要养得好，要结实，要聪明，要有本事。"针对一些人思想作风上存在的问题，他说："许多比赛之所以不能取胜，不是输给对手，而是输给自己，因为自己身上的包袱太重。骄傲是包袱，急躁是包袱，气馁是包袱，想得太多、患得患失、不动脑筋、马虎大意也是包袱。"针对一些领导干部眉毛胡子一把抓、核桃栗子一起数的工作方法，他说："这就好比螃蟹吃豆腐，——吃得不多，抓得挺乱。"（李瑞环：《学哲学用哲学》，中国人民大学出版社2005年版。）

用形象语言讲道理。语言是说服的重要工具，如果你在说理时尽讲那些抽象的、不可感知的语言，很难让人感兴趣，听明白。那些善于说服的大师们总是注意运用一些有声响、有光泽、有立体感的想象化语言去表达问题，从而使受众如闻其声、如见其人、如临其境。

这样的例子在毛泽东的讲话说理中俯拾皆是。比如，用"星星之火可以燎原"，来说明革命力量由小到大的必然发展趋势；把美帝国主义比作"纸老虎"，说他们的样子看起来很可怕，其实并没有什么了不起的；用"早晨八九点钟的太阳"，来赞美朝气蓬勃的青年；用"妇女能顶半边天"，来说明女子在社会发展中的作用；把党委会的工作方法比喻为"弹钢琴"，要求十个指头都动起来。他还比喻说："艰苦的工作就像担子，摆在我们的面前，看我们敢不敢承担。担子有轻有重。有的人拈轻怕重，把重担子推给人家，自己拣轻的挑。这就不是好的态度。""房子是应该经常打扫的，不打扫就会积满了灰尘；脸是应该经常洗的，不洗也就会灰尘满面。我们同志的思想，我们党的工作，也会沾染灰尘的，也应该打扫和洗涤"，等等。在这些表述中，毛泽东巧妙地运用比喻的手法和形象的概括，把要说的道理绘声绘色地表述出来，使人一听就信，一听就能记得住。

这些年，人们常把解放思想叫作"换脑筋"；把党的纪律比作是碰不得的"高压线"；把公开透明称为"阳光下作业"；把理想信念称为思想和行动的"总闸门"；把粮食蔬菜生产的供应称作"米袋子""菜篮子""钱袋子"；把国有大中型企业形象地比作"共和国的长子"；把街道办事处领导称作"小巷总理"；把国民教育称为"希望工程"，等等。

用时尚语言讲道理。语言是时代的音符,与时代共舞,必须学会使用时尚语言讲道理。华中科技大学校长李培根院士在2010届本科毕业生毕业典礼上名为《记忆》的演说,其实只是一次例行的讲话,却使他成为媒体热捧的红人。在2000余字的演讲中,他把四年来国家大事、学校大事、身边人物糅在一起,"蜗居""蚁族""俯卧撑""躲猫猫""打酱油""被就业""被坚强""妈妈喊你回家吃饭"等时尚网络热词,如数家珍地穿起来,16分钟的演讲,被掌声打断30次;67个"记忆",几乎囊括了学生关注的所有热点;全场7700人泪洒现场。这正应了普希金在《先知》一诗中的那句话:"用语言去把人们的心灵点亮。"

要用时尚语言,必须学习时尚语言。改革开放40年来,特别是网络世界的蓬勃发展,使得语言词汇的更新速度日新月异。伴随着外来商品、事物、科学、技术、文化、观念的涌入,外来词几近洪流涌来。据资料显示,每年约有1000个外来词语进入我们的汉语系统,对于这些应时而生的语言和词汇,我们不仅要虚心学习,还要灵活运用。

第27讲　把空道理讲实

道理在某种意义上说是理性、空洞的东西，而人们最不爱听的是言之无物，空洞说教。所以，把空道理讲实，也是提高说服能力的一个重要方面。

实例举证——把事实讲清楚。说理最重要的一点就是像邓小平同志讲的那样，拿出事实来，用事实说话。因为事实胜于雄辩。再高明的道理，如果没有事实做支撑，必然显得苍白无力。能言善辩的人，都注重讲事实，摆道理。许多问题在理论上争来争去，怎么也纠缠不清，一旦拿出事实来，就会不言自明。

1917年，胡适回国后任北京大学教授，他提倡用白话文代替文言文，却遭到一些人的反对。1934年秋，胡适讲课时又对白话文大加赞赏，有些醉心于文言文的同学听得不入耳，产生了抵触情绪。一位姓魏的同学站起来抗议道："胡先生，难道白话文就没有缺点吗？"

胡适微笑着说："没有的。"

魏同学反驳道："肯定有的！比如白话文语言不够精练，打电报用字多，花钱多。"

胡适温和地解释说："不一定吧？前几天行政院有位朋友给我打来电报，邀请我去做行政院的秘书，我不愿从政，为这事我复电拒绝。复电是用白话文写的，也很省字。请同学根据我这一意愿，用文言文编写一则复电，看看究竟是用白话文省字，还是用文言文省字？"

大家一听，都很高兴地提笔写起来。15分钟后，胡适让同学们自动举手，报告用字数目，然后从中挑选一份用字最少的文言电报稿，内容为："才学疏浅，恐难胜任，不堪从命。"

胡适说，这份电报写得确实简练，仅用了12个字。但我的白话电报却只用了5个字："干不了，谢谢。"

胡适又解释说："'干不了'就含有才学疏浅、恐难胜任之意，'谢谢'既对友人费心介绍表示感谢，又暗示拒绝之意。由此看来，语言的精练与否，不在白话文与文言文的差别。"经胡先生这一精辟的讲解，那些对白话文不感兴趣的同学都受到了教育和启迪。

我们机关干部经常给领导提意见和建议，被采纳后实行起来，如果不出现问题，效果很好，一般没有人记起你，都认为领导决策英明。而一旦在决策执行过程中出了纰漏，达不到预期结果，就会有人弹劾你。这时你空口争辩无济于事，要证明你的建议正确，只有拿出事实，靠事实说话。二战时，美国要把战争物资源源不断地送往远隔重洋的欧洲，敌人常在公海上把美国运输舰炸沉，使美国损失很大。有人提出了一个对策，在运输舰上安装高射炮和高射机枪，以免舰船被炸沉，这个建议被采纳了。经过一段时间的实践，有人统计发现，击落敌机率并不高，于是提出责难，认为这个决策是白浪费钱。决策者依靠事实给予回击，他问道，当初安装高射炮的目的是什么？如果以击落敌机为目的，可以统计敌机被击落率；如果以保卫自己为目的，应统计我舰被炸沉率。责难派只好再次统计，结果发现，安装高射炮后，运输舰被炸沉率大幅度降低。实践证明，设想的目标已经达到，建议和决策都是成功的。这样一讲，责难者便偃旗息鼓。

从这件事我们还可以联想到，一个建议提出来，遇到各种议论是正常的，但只要是科学的、正确的，就不能怀疑、动摇，要坚持下去，靠事实证明一切。记住列宁的告诫："不要讲空话，不要空喊，而要善于运用掌握的事实和数字。"(《列宁选集》第11卷,第274—275页,人民出版社中文第1版。)

实话实说——把真相讲清楚。女作家乔叶的《母亲的纯净水》被收入北师大版第十一册《语文》课本,讲的是一个母亲教育女儿如何面对贫困生活的故事:有个女中学生,每逢周二、周五上体育课前的中午,母亲就给她一瓶"乐百事"牌纯净水。她家经济条件不太好,母亲早就下岗,父亲工资也不高。她对自己每周能享受两瓶纯净水感到非常满足,因为在这件事上,母亲给了她面子,这是她在班里能跟得上时髦的唯一之处。

有一次体育课后,同桌没带纯净水,她很自然地把自己的水递了过去。"喂,你这水怎么不像纯净水啊!"同桌喝了一口后说。"怎么会?"她心跳加快:"是我妈今天买的。"几个同学围拢来:"不会是假冒的吧?""瞧,生产日期都看不见了。"一个同学拿起来尝了一口:"咦,像是凉白开呀!"大家静了一下,都笑了。是的,是像凉白开。瞬间,她突然清晰地意识到,自己喝了这么长时间的纯净水,确实可能是凉白开。要不然,一向节俭的母亲怎么会单单在这件事上大方起来呢?她当即扔掉了那瓶水。

一进家门,她就问母亲:"你给我的纯净水,是不是凉白开?""是。"母亲说,"外面的纯净水假的太多,我怕你喝坏了肚子,就给你灌了凉白开。"她看了一眼女儿,问道:"有人说你什么了吗?"

女儿不作声。她想,母亲真虚伪,明明是为了省钱,还说是为我好。

"当然,这么做也能省钱。"母亲仿佛看透了女儿的心思,又说,"你知道吗?家里一个月用七吨水,一吨水八毛五,一月共六块来钱。要是给你买纯净水,一星期就得六块钱,够我们一个月的水费了。这么省下去,一年能省一百多块钱,能买好多只鸡呢。"

母亲是对的。女儿知道,作为家里唯一的纯消费者,她没有能力为家里挣钱,但有义务为家里省钱。况且,喝凉白开和喝纯净水对她来说真的没有什么区别,可她还是感到有一种莫名的委屈和酸楚。

"同学们笑话你了吗?"母亲又问。她点点头。"那你听听我的想法。"母亲说,"我们是穷,这是真的。不过,你要明白这样几个道理:第一,富当然好,但穷也不是错。穷富都要过日子。第二,穷人不可怜。那些笑话穷人的人才真可怜。凭他们怎么有钱,从根儿上查去,哪一家没有几代穷人?第三,再穷,人也要看得起自己,要是看不起自己,心就穷了,那就真穷了。"

听了母亲的话,女儿点点头。那天晚上,她想了很多。

天亮时,她真的想明白了母亲的话:穷真的没什么。它不是一种光荣,也不是一种屈辱;它只是一种相比较而言的生活状态,是她需要认识和改变的一种状态。如果把它看作是一件丑陋的衣衫,那么就真的遮住了她心灵的光芒。如果把它看作是一块宽大的布料,那么她就可以把它做成一件温暖的新衣——甚至,她还可以把它做成魔术师手中的那种幕布,用它变幻出绚丽多姿的未来和梦想。

就是这样,后来,她去上体育课,依然拿着母亲给她灌的凉白开。也有同学故意问她:"里面是凉白开吗?"她沉静地看着问话的人坦然地说:"是。"

再后来,她考上了大学。毕业后,找到了一个不错的工作,拿着不菲的薪水,可以随意买各种饮料喝,更不用说纯净水了。可是,只要在家里,她还是喜欢喝凉白开。她说,她从来没有喝过比凉白开的味道更好的纯净水。

道理不在理论之中,而在现实之中。不明真相容易被蒙蔽,容易被忽悠;掩盖真相容易让人猜疑、起疑心。有时候把事实的真相揭示出来,反而是最好的说服方法。

实实在在——把利害讲清楚。讲道理,在很大程度上是要阐述利害关系。下面的故事，就很能够说明问题：

北宋时，有个叫富弼的人，他当宰相的时候，正赶上契丹强盛。庆历二年（1042年），契丹国大兵压境，扬言要以武力扫平中原，要求大宋割地赔款。富弼奉命出使契丹，与敌国谈判。

富弼深知此行与大宋的生死存亡有关，所以全力以赴。这时，朝中有人嘲讽他："你觉得你像不像是羊入虎口？"富弼大笑说："敢入虎口的羊还是羊吗？"

见到契丹王，富弼大义凛然地问："为何出兵攻我宋国？"

契丹王说："是你们违约在先，堵塞了关隘，所以我们要进攻。如果你们割地求和，我们可以撤兵。"

富弼正色道："我知道你自己并不想出兵，而是你的臣子嚷嚷着要打仗。你可知道他们都是为自己牟利？"

契丹王惊讶地问道："此话怎讲？"

富弼说："我大宋封疆万里，精兵百万，上下一心，若你们要用兵，能保证必胜吗？即使你们侥幸获胜，也要损伤过半，这些损失你那些好战的大臣能够弥补吗？如果我们还像以往那样互通友好，大宋每年给你的钱帛，还不是由你契丹王一个人任意支配吗？"

契丹王想了想，点头称是。第二天就邀请富弼一同打猎，他提出一个条件："如果能割地给契丹，则两国可长久修好。"

富弼问："为什么？"

契丹王说："我们都以每年领受你们的钱帛为耻。"

富弼马上反问："钱帛耻大，还是割地耻大？"

契丹王大笑后打了富弼一拳："我服你了！"

面对既善辩又强硬的富弼，契丹王感到无可奈何，最终不再要求割地。就这样，富弼不避生死，不辱使命，只一番陈述利害关系的话，启发了契丹王，打消了他进犯的图谋。两国化干戈为玉帛，此后几十年一直和平相处。

人既有趋利之心，又有避害之心。讲道理，不仅可以打"利好"这张牌，还可以打"利空"这张牌。有一次，时任中共中央纪律检查委员会副书记的刘丽英到某县查处一起案件，驱车返回时，突然被三百多名闹事群众拦住了汽车。在一些人的煽动下，不明真相的群众要求公布调查结果，有的甚至谩骂动手。

刘丽英知道，在这种群情激奋的情况下，靠一般的讲理是无济于事的。于是，她用威严的口气，高声对着乱哄哄的人群喊道："乡亲们，我是奉命来执行任务的，不是来发动群众的。村有村规，国有国法。法律不允许把调查的情况公开，你们的要求是无理的。你们谩骂国家的办案人员，拦截车辆，妨碍公务，也是法律所不允许的。"

接着，刘丽英又简明扼要地介绍了《民法》《刑法》中妨碍公务罪的有关内容，并指出因此而带来的严重后果。激愤的群众被震慑住了，他们渐渐安静下来，又慢慢散了（参见刘玉瑛：《领导干部如何处理突发公共事件》，《中国党政干部论坛》2017年第12期）。

讲道理为什么要讲清利害？因为人们的一切奋斗无不与他的利益有关，个人与个人如此，单位与单位如此，大家与小家如此，国家与国家也是如此，所以在国际外交上就有"只有永恒的利益，没有永恒的朋友"之说。利益往往需要据理力争，而讲清利害关系，明确利弊得失，是讲道理的不二法门。

第28讲　把冷道理讲热

法国作家拉·封丹有则寓言：北风和南风比试本领，看谁能把行人身上的大衣脱掉。北风首先发威，狂风大作，但是行人为了抵御风寒，都把大衣越裹越严，怎么吹也吹不掉；而南风则不同，它轻轻吹拂，和风扑面，令行人备感温暖，于是纷纷解开衣扣，脱掉大衣。

这个故事寓意十分明确，生硬、强制的方法往往徒劳无功；而亲切、温和的方式则会像春风化雨，这就是亲和力的作用。

在领导机关工作，时常会推行一些刚性的政策规定和决策指示，有一些确实与一般的人性相悖，有时满足不了大家的欲望和期望值，从而产生严重对立情绪。你去做说服沟通工作，如果居高临下，盛气凌人，讲出来的都是"冷道理"，他人就不买你的账，但是如果你善于放下架子，和风细雨，循循善诱，把话说得热乎乎的，就容易被他人接受。

有人说，我们党和军队是靠武装斗争起家的，许多话语是在革命斗争实践中产生的，加上长期以来"左"的影响，难免保留一些"革命性色彩""政治性色彩""强制性色彩"。这个看法不失客观。不妨看一看，不少人在讲道理的时候，"人情味""平和味""亲切味"确实淡了一些，有的甚至动不动就冒出一些生硬的、冷冰的、拒人千里的话，流露出一种"官气逼人""霸气逼人"的"冷道理"。比如在一些地方，我们还时常会看到一些缺乏人情味的口号：有的农村土墙上公然写着"谁穷谁丢人"；有的城市公然宣扬"大拆促大建，大建大发展"，这些口号让人不寒而栗，从内心深处产生一种厌恶感，被人接受就更难了。

一位县领导说，他在民政局工作时，经常接待一些村民前来讨说法。一次，一个村民坐了近两个小时的车前来上访，要求参加农村居民最低生活保障。这位领导认真地向他讲解了全县农村居民参加农村低保的条件，即家庭收入低于全县人均收入水平，并经本人申请，群众评议，由乡镇研究后报民政局批准。之后，这位领导又帮助上访者一笔一笔地算了他的家庭收入账，发现他的收入水平的确比全县人均收入高出一些，不能参加低保。尽管如此，这位村民仍然很感激地说："要是乡里、村里的干部也像你一样，把事给我掰清楚，好好地给我说话，我就不会跑到县城来上访。"

把冷道理讲热的重要方法是寻求心理共鸣。所谓心理共鸣，是指对方被你的言辞所打动，被你的情绪所感染，因而产生相同或相似的情绪、情感，并对你所谈的道理深深认同。

前面我们讲到华中科技大学校长李培根在2010届本科毕业生毕业典礼上的《记忆》演说，采用的就是寻求心理共鸣的方法。我们摘录几段以作欣赏：

"根叔"说："我记得沉迷于网络游戏甚至濒临退学的学生与我聊天时目光中透出的茫然与无助，他们还是华中大的孩子，他们更成为我抹不去的记忆。""我记得你们的自行车和热水瓶常常被偷，记得你们为抢占座位而付出的艰辛；记得你们在寒冷的冬天手脚冰凉，记得你们在炎热的夏季彻夜难眠；记得食堂常常让你们生气……只要我们共同记忆那些丑陋，总有一天，我们能将丑陋转化成美丽。"这番回忆穿透了学子的心，充满了人文关怀，怎能不让人刻骨铭心，为之动容？

"根叔"还说："请记住，未来你们大概不再有批评上级的随意，同事之间大概也不会有如同学之间简单的关系。""面对岁月的侵蚀，你们的烦恼可能会越来越多，考虑的问题也可能会越来越现实，角色的转换可能会让你们感觉到有些措手不及。""没关系,成功更容易光顾磨难和艰辛,正如只有经过泥泞的道路才会留下脚印。""根叔"的教诲没有太多的大道理和漂亮话,但确实很真实、很贴切。他用大实话赢得了莘莘学子的亲切美誉和尊敬。

  无数事实证明,理性的力量十分强大,但在某种意义上说,情感的力量更为强大。人不仅是理性动物,更是感情动物。以情动人,是说服的天条。要实现心理共鸣,首先要注重以情感人。白居易说:"感人心者,莫先乎情。"与说服对象产生"亲密无间"的"情感效应",在说服的时候就容易产生心灵的相通和谐振。其次是要注重心理接触和心理相容。心理接触就是抓住对方的"心结",弄清他在想什么,以便有针对性地说服;心理相容就是要尽量寻找"共同语言",寻找与对方的"共鸣点",从而做到说话对方愿意听,愿意接受。只有这样说服才会收到良好的效果。

第29讲　把硬道理讲软

所谓把硬道理讲软，就是硬话软说，讲究说话技巧，力求最佳效果。

相传古时候，有一个国王梦见自己的头发和牙齿都掉光了。一觉醒来，觉得是不祥之梦，恐惧迷茫中，他下令找来一位智者为他解梦。这位智者耿直地说："大王，此梦为大恶主丧之梦，头发秃顶，意味着父母双亲将去，掉一颗牙齿，就意味着您将要失去一位亲人，直至最后全部死光。"国王一听勃然大怒："你这个大胆狂妄之徒，竟敢诅咒朕死光全家。来人，给我拉出去斩首示众！"

国王不甘心，下令找来另一位释梦者，并向他讲述了自己的梦。这位智者认真听完之后，对国王说："尊敬的天子陛下，您真有福气啊，这是吉祥的梦。意味着您将要比您的亲人们都长寿。"国王听后大喜过望，令人奖赏这位智者黄金千两。

智者走出宫殿时，一位大臣很不解地问道："您对梦的解释，其实同第一位智者是一样的，为什么他被杀头，而您却得到如此丰厚的奖赏呢？"

智者没有直接回答，而是先讲了一个寓言故事：

有一位年轻美貌的姑娘，有一天一丝不挂、满身油垢地去见国王。国王一看就将她赶了出去，还差一点把她关进监狱。后来，这位姑娘把自己洗得干干净净，穿上了漂亮的时装后又去见国王。国王非常高兴地接见了她,并将其留在身边,对其言听计从,十分宠爱与信赖。这位姑娘的名字叫"真理"。讲完故事,智者说道:"道理很简单,表达方式不同,会产生天差地别的结果。"

讲真理、讲真话不能简单化,需要针对对象的不同心理特点,采用不同的方式方法。真理就像一块珍贵的宝石,如果拿起来砸向别人的头部,就会造成严重伤害,甚至会把人砸死。但是,如果加上精美的雕琢、精心的包装,诚心诚意地奉上,就会变成价值连城的宝贝,使人欣然接受。

把硬道理讲软,说得通俗一点,就是对所要阐释的道理进行一番"软包装"。长征途中,周恩来劝博古交出领导权,堪称是"把硬道理讲软"的经典之作。博古担任中共中央临时总负责人期间,在指挥红军反"围剿"和长征过程中有许多失误,在遵义会议上挨了批评,难免有些思想疙瘩。遵义会议开过20天后的1935年2月5日,在云南威信地区一个叫"鸡鸣三省"的地方,中央常委讨论分工问题,正式决定由张闻天代替博古担任党中央总书记,在党内负总责,为顺利落实党中央最高权力的更替,周恩来当天晚上找到博古,进行了一次彻夜长谈。

在谈话中,周恩来没有一句批评博古的话,而是用现身说法告诉博古:"你我都是吃过洋面包的,你是留俄的,我是留日留法的。吃过洋面包的人都有一个大缺点,就是对中国的国情不那么了解。"

周恩来说:"自我领导的南昌起义失败后,我就知道中国革命靠我们这些吃过洋面包的人领导不行,我们要找一个真正懂中国的人,这个人才有资格领导中国革命,而且他才能够把革命搞成功。老毛就是这样的人,他懂中国。你我都当不成领袖,老毛行,我们共同辅佐他,大家齐心协力把这个事情搞成。"

经过周恩来推心置腹的谈话,第二天,博古就把中央的印章和中央文件全部交了出来。党中央在极其困难的条件下,顺利实现了最高领导权的更替。不仅如此，后来，博古在与张国焘的分裂作斗争中，在党内一些重大问题的斗争中，都始终站在党中央一边（参见金一南：《浴血荣光》，第120—122页，北京联合出版有限责任公司2017年版）。

为什么"要求博古交出党内最高领导权"这样一个无比重大而又极其困难的问题，周恩来只进行一次促膝谈心便水到渠成？从方法上解密，就是周恩来善于"把硬道理讲软"。中央已经决定犯过许多错误的博古交出最高领导权，周恩来却没有采取直言批评博古错误、直接宣布中央决定的方法，尽管批评的话句句是真理，直接宣布中央的决定没错，但是效果会是怎样？毫无疑问，不会有现在这么成功。稍有不慎，还会激起反弹，引发难以预料的后果。周恩来的高明之处就是"硬理软讲"，寻找与对方的共同点——都吃过洋面包，都缺乏对中国的深刻了解，都在指挥革命中有过失败的经历，然后以共同点为起点，进行现身说法和推心置腹的交流，达成了对最高领导权更替必要性的共识，最终保证了最高领导权更替的顺利进行。

把硬道理讲软，最常用的方法就是避开"分歧点"，选择"共同点"。假如你所讲的道理肯定与对方会产生尖锐的对立和分歧，这就需要放眼更广阔的领域，看看你与对方之间在信仰上、价值观上、利益上、经历上、性格上或者习惯爱好上等，有没有可作交流的共同点。如果能够找到，这些共同点很容易变成共鸣点，在讲理过程中会产生难以估量的正能量。周恩来与博古谈话之所以进行得如此顺利，除了周恩来坚持从经历的共同点上入手，找到一个讲道理的最佳突破口外，还有一个根本的原因，就是他俩都具有高尚的革命品格和共同的革命信仰。

第30讲　把歪道理驳倒

歪道理就是歪歪理，它以偏概全，以假乱真，以谬误当真理，甚至颠倒是非，混淆黑白，无理取闹，强词夺理。把歪道理驳倒，是说服力强的重要标志之一。我们先欣赏几则古今中外的成功典例。

例一：瑞典是一个禁酒的国家。有个人喝了许多酒后耍酒疯，被送到法庭。那人预感到法官要惩罚他酗酒，就开口说，我想向法官提几个问题好吗？

法官说，你问吧。

那人说，我如果吃了枣，这没有什么不好吧？

法官说，那没什么不好。

那人又说，如果我再喝些水，这有罪吗？

法官说，没有罪。

那人说，然后我再躺在阳光下晒一会儿，这是不是犯法？

法官回答，当然不是。

那人说，我喝的酒正是枣加上水放在阳光下酿成的，您为什么就认为有罪呢？

见此情景，法官向那人说，我也向你提几个问题。如果我向你泼一点水，这会使你得病吗？

那人回答，不会！

法官说，如果我再向你头上倒点土，你会残废吗？

那人回答，当然不会。

法官又问，那么我把土掺水做成砖头，再放在太阳下晒晒，然后用这种砖头猛击你的头部，这有什么后果？

那人回答说，砖头会砸破我的头，甚至我可能死去。

法官说，回答得很好。如果用水和土做出的砖头会砸破头，那么用水和枣酿成的酒，喝了就会酗酒闹事，破坏法律。

那人听了无言以对。

例二：宋仁宗时，有一位名叫赵旭的秀才，天资聪敏，文笔极佳，在京城会考中名列第一。眼看就要成为状元郎了，赵旭万分高兴，亲朋好友也纷纷前来祝贺。谁料，宋仁宗却突然下了一道圣旨，取消了他当状元的资格。

原来，宋仁宗在审阅他的试卷时，发现他在文章中把"员"字上面的"口"字写成了"厶"。这使得仁宗大为不满，便把他给刷了下来。

赵旭得知详情，很是不服气。他为自己辩解说："这两个字是可以通用的。"

仁宗驳斥道："若'口'和'厶'相通，在上面时，'兄'与'允'相通不？在下面时，'吉'与'去'相通不？在右边时，'和'与'私'相通不？在左边时，'句'与'勾'相通不？"

一席话说得赵旭哑口无言。

例三：一个人的母亲死了，服丧时偶尔吃了一次红米饭，被一个迂腐的书生看到了，这个书生大为不满，指责这个人是不肖子孙。别人问他何故指责，他说红色是喜庆的颜色，服丧期间见红色则大为不孝。那人反驳他说，既然如此，大家天天吃白米饭，岂不是天天服丧吗？一句话，让书生哑口无言。

驳斥歪道理的方法很多，下面列举几种：

幽默机智对歪理。幽默，作为一种精神现象，是人类智慧和文明的产物。运用幽默的语言行为来对付歪理，是非常机智的方法。

美国总统林肯有一次在演讲时，有人送给他一张字条，上面只写了两个字："笨蛋。"他举着这张字条镇静地说："本总统收到过许多匿名信，全都是只有正文，不见署名，而刚才那位先生正好相反，他只署上了自己的名字，而忘了写内容。"

约翰·亚当斯竞选美国总统时，共和党人指控他曾经派他的竞选伙伴平克尼将军到英国去挑选4个美女做情妇，两个给平克尼，两个留给亚当斯。亚当斯听了哈哈大笑，幽默地说："如果这是真的，那平克尼将军肯定是瞒过了我，全都独吞了。"亚当斯的幽默笑声，使共和党人无言以对，也帮助自己当选为美国历史上的第二位总统。

在纽约国际笔会第48届年会上，我国著名作家陆文夫演讲后，有记者问道："陆先生，请问你对性文学怎么看？中国人怎么看西方人的性解放？"陆文夫轻松自如地说："西方朋友接受一盒礼品时，往往当着别人的面就打开来看。而中国人则恰恰相反，一般要等到客人离开后才打开盒子。这就是东西方文化的差异。"陆文夫的妙答，赢得了听众的热烈掌声。西方的性文学和性解放，瑕瑜并存，十分复杂，不是三言两语就可以说出个所以然来的，褒贬不当还可能引起不必要的麻烦。陆文夫没有正面表示自己的看法，而是借助一个生动幽默的类比，来反映东西方文化的不同。既然彼此的生活方式不一样，对性文学、性解放的认识自然也不一样了。这样的回答，含蓄简练，庄重大方，机智与诙谐展现得淋漓尽致。

著名作家刘绍棠到外国访问，一位外国记者不怀好意地问："刘先生，听说贵国进行改革开放，学习资本主义先进的科学技术和管理方法，这样一来，你们的国家不就变成资本主义了吗？"刘绍棠反戈一击："照此说来，你们喝了牛奶，就会变成奶牛了？"说得对方无言以对。学习资本主义先进的科学技术和管理方法，就会变成资本主义，这显然是一个谬论，刘绍棠根据这一谬论设置了一个与之相关的谬论——喝牛奶就会变成奶牛，构成了一种与对方谬论相同而又荒唐的关系，产生了强大的反驳力，一举驳倒了对方。

一次沙叶新应邀出访美国，有人向沙叶新突发奇问："你认为是美国好还是中国好？"他从容地答道："美国虽然科技发达但有自身的弊端，中国虽然科技落后于美国但有自身的好处；美国、中国都有自身的缺陷，这叫美中不足……"一段话下来，紧张的气氛顿时变得和谐。这也是一个"两难"的问题。沙叶新接过的话茬就是不偏不倚各打五十大板，对中美两国均一分为二，既肯定"好"的一面，也指出不足的一面，可谓合情合理，客观公正。"美中不足"这一成语引用得实在精妙：既是语义还原——美国中国都好，但各有不足；又是语意双关——世界上没有绝对完美的人、事、物，包括国家也是一样。这个回答，风趣灵活，辩证犀利。

将计就计对歪理。 1982年秋，在美国洛杉矶召开的中美作家会议上，美国诗人艾伦·金斯伯格请中国作家蒋子龙解一个怪谜："把一只5斤重的鸡蛋放进一个只能装1斤水的瓶子里，你用什么办法把它拿出来？"蒋子龙微微一笑说："你怎么放进去的，我就怎么拿出来。"金斯伯格不由赞赏："您是第一个猜中这个怪谜的人。"艾伦·金斯伯格的怪谜是个"无解的方程"，而对这个不怀好意的计谋，蒋子龙采取了将计就计的谈话策略——"你怎么放进去的，我就怎么拿出来"。这句话除了具有"我用你放进去的方法拿出来"的字面含义外，实际上还隐含着另一个信息——"如果你根本就放不进去，我也就无需拿出来了"。这样，一个烫手山芋被蒋子龙抛了回去，尴尬未至就望"龙"而逃。

偷换概念对歪理。1986年，女作家谌容应邀访美，在一所大学演讲，一个美国人向她提出这样的一个问题："听说你至今还不是共产党员，那么你对共产党的私人感情如何？"谌容不假思索地回答说："我确实还不是共产党员，但我丈夫是个老共产党员，而我同他共同生活了几十年，至今尚未有离婚的迹象。可见我同中国共产党的感情有多么深。"这个提问者似乎居心叵测，要一个非共产党员在这样一个重要场合谈她对共产党的私人感情，但聪明的谌容哪里会让对方牵着鼻子走呢？她有意将"中国共产党"与"我的丈夫"这两个概念偷换，既深刻地说明了问题，又轻松地摆脱了窘境。

巧借空话对歪理。1986年6月，王蒙出任文化部长，在一次中外记者招待会上，一位外国记者问他："50年代的王蒙和80年代的王蒙，有哪些相同的地方，有哪些不同的地方？"王蒙回答："50年代我叫王蒙，80年代我还叫王蒙，这是相同之处；不同的是，50年代我二十来岁，而80年代我五十多岁。"美国记者的问话别有用心，20世纪50年代王蒙被打成右派，80年代王蒙被任命为文化部长，谈这样的个人遭遇、政治命运容易授人以柄，王蒙才不会钻这个"圈套"，所以，他在名字、年龄方面做文章，说了一番空话，貌似绝对正确，也很"切题"，实际上话里没有与问题有关的确切有用的东西，答了也等于没有回答。

以问作答对歪理。有一次，英国一家电视台记者采访作家梁晓声，并要求梁晓声毫不迟疑地回答他的问题。梁晓声点头认可。谁知，记者的问题是："没有'文化大革命'，可能不会产生你们这一代青年作家，那么'文化大革命'在你看来究竟是好还是坏？"梁晓声意识到自己上当了，他立刻反问："没有第二次世界大战，就没有以反映第二次世界大战而著名的作家，那么你认为第二次世界大战是好还是坏？"英国记者提出的问题之所以刁钻，是因为梁晓声还未开口就已经很被动，无论说

"好"还是说"坏",结果都会陷入前后夹击、左右为难的境地。但在进退维谷之际,梁晓声却迅速提出了一个同样刁钻的问题,以子之矛攻子之盾,巧借对方的手甩对方的耳光。如此机敏,令人叹服。

不仅中国人回答外国人有智慧,外国人回答中国人同样富有智慧。2004年4月8日,美国英特尔公司首席执行官贝瑞特,在我国某著名高校以"开拓数字变革新世界"为题进行演讲。演讲后,请听众提问。有听众问:"有人利用你的产品进行科技犯罪,世界上许多小孩痴迷网络不学习,你对此作何感想?"贝瑞特说:"世界上每天都有翻车事故,你怎么还买车坐车呢?"另一位听众问:"你们的产品在伊拉克被用在杀人武器上,你对此有何认识?"贝瑞特回答:"中国人发明了火药,我想不是用来杀人的。许多人把它制造成杀人武器,我不知道该怎样认识。"

总体来讲,歪道理就是歪道理,歪道理也叫不讲道理,对待不讲道理的道理,就不能按常规出牌,要开动脑筋,启发心智,机智机敏,针锋相对,从容应对,理直气壮地把歪道理驳倒。

第六课 创建人脉磁场

一个篱笆三个桩，一个好汉三个帮。自古以来，大凡事业成功人士都知道，谋事者必先谋人。不做好人的工作，不理顺和协调好人的关系，任何事情和事业都不会一帆风顺获得成功的。特别是领导机关，分工很细，层次多多，部门林立，办事程序复杂，要使各个部门、各个环节、各个层次的工作都衔接好、运转起来，必须把方方面面的关系搞得很顺，使本部门与其他部门之间，机关干部本人与其他机关干部之间，建立起相互理解、支持、协作、配合的良好关系。归根结底一句话：创建人脉磁场。

第31讲　会搞人际关系

"关系"作为一种客观存在的社会现象，既不含贬义也不含褒义。会搞人际关系，其实是情商高的标志，也是"让众人支持你"的基础和前提。

在实际工作中，因机关干部关系处理不好而影响领导决策实施的不乏其例。有的不按职责、不按程序办事，造成了工作被动；有的不善于互谅互让，造成双方产生误会，搞僵了关系；有的不善言表，态度生硬，既得罪了人，又办不成事，等等。

机关人员所构成的社会关系，从工作角度讲，大致有与上级业务部门、下级业务部门和基层单位的关系；与直接领导、非直接领导的关系；与同事之间、非同事之间的关系，等等。

具体讲，一是要处理好与上级机关和直接领导的关系，这主要是及时反映情况，请示报告工作；二是要处理好与同级业务部门的关系，这主要是互通情报，密切配合；三是要处理好与下级机关和基层单位的关系，这主要是掌握动态，帮助他们解决自身难以解决的问题；四是要处理好对外的关系，这主要是加强联系，争取理解和支持。可以说，把方方面面的关系理顺了，处理好了，干好工作就有了基础和前提。

当然，这么多关系需要处理，技巧肯定是相当复杂的。但在这里，我仅提供两条法则，这就叫化繁为简。

一条是"黄金法则"。其内涵是：你想人家怎样对待你，你也要怎样对待别人。也就是我们经常说的,"你想赢得别人的尊重,首先要尊重别人"。这是一条做人的法则,又称"为人法则",几乎成了人类普遍遵循的生活原则。

在此我讲一个案例,这个案例是某省省委机关一位处长的亲身经历,讲完案例,我们再进行剖析总结。

一年一度的年终总结大会即将在明天召开。下午下班前,李局长急匆匆来到政策法规处赵处长办公室,递过一份材料说:"这是王副局长起草的年终总结报告,我感到写得还不到位,你再辛苦一下,帮着润色润色。"

"好的!"赵处长接受了任务,下班也没有回家吃饭,在办公室泡了包方便面对付了一下,就伏在灯下,一字一句认真推敲修改起来。

赵处长是局里有名的"大手笔",经过他手的文字材料非常对局长的路子。李局长对赵处长的信任,全局人几乎都有过领教。他们起草的东西送审时,李局长总是先问一句,让赵处长看过没有?你若说没有,李局长就说,先让赵处长看看吧;你说赵处长看了,李局长就说,那好,放在这里吧。后来,局里的人都琢磨出其中的道道来,大凡给局长送审前,都是拿着自己起草的材料,先让赵处长过过目。赵处长呢,人很热情,不论谁来找他,都是有求必应。

常言讲,文无第一,武无第二。多年来,赵处长在局里"独霸文坛"的情形,让一个人心生妒意,这就是办公室王主任。"文人相轻"的陋习导致他心里极度不平衡,他早就想打破"重大材料非赵处长莫属"的"魔咒",机会终于来了。也就是在研究总结报告路子的那天,王主任升职为副局长的命令到来,李局长让他分管文秘工作。他很动情地说:"这是局长对我的莫大信任。今年的年终总结报告,我要亲自动手起草,以不负局长厚望。"

李局长原本还是想让赵处长负责起草,听到新上任的王副局长主动揽这个苦差事,连连说:"好,好,辛苦你了!"

有一个常识性问题王副局长可能不清楚，职务提升与水平提升是两码事，职务上去了，不是说水平就随之上去了，尤其是文字水平，它与职务高低还真是一点关系也没有。他的长处在协调、在办事，而不在写材料上。虽然这次他心气很高，也肯吃苦卖力，不怕加班加点，但在驾驭文字材料方面终究是欠把火候，结果就可想而知了。他费尽九牛二虎之力，起草出一份万余字的总结报告。可是李局长反复看了几遍，总觉得还是没有达到预期要求。明天就讲了，怎么办？情急之下，李局长就把修改的任务交给了赵处长。

又是一个不眠之夜。赵处长眼睛红红，脑袋蒙蒙，总算把王副局长写的总结报告修改好了。李局长看后非常满意，总结大会上照本宣科，不时引来阵阵掌声。

赵处长疲惫的脸上露出了欣慰的笑容。当然，他想不到也没有发现，王副局长的脸却越来越难看。因为处长修改副局长写的稿子，让他感到好没"面子"……

总结会刚结束，王副局长就怒气冲冲地找到赵处长："我写得稿子你来修改，你逞什么能？就你有本事？"

"是局长让我……"赵处长还想解释一下。

"什么局长让你修改，是你在局长那里瞎捣鼓的吧？"王副局长根本不给他解释的机会，"咣当"一声摔门而去。

自此，好长一段时间，王副局长与赵处长的关系总是疙疙瘩瘩。

读完这个案例，我经常想：我们可以由此感叹党政军机关里确实也存在着与时代不符的"文人相轻"陋习，可以由此批评王副局长心胸狭隘、官职升了领导水平并没有见长，但在这件事情当中，赵处长自己就没有处事不够成熟、不够妥当的地方吗？我觉得有，那就是赵处长在这件事情当中，忘记了"你想赢得别人的尊重，首先要尊重别人"这一做人处世法则。正因为赵处长没有考虑到王副局长的"面子"，没有让王副局长感到被尊重，由此使两人关系恶化。其实面子是一种尊严，让人失了面子，也就是让人失去了尊严。王副局长之所以那么大意见，在于他觉得这件事让自己很没面子、没有被尊重，甚至失去尊严。让人保住面子不是要当好好先生，而是在工作中，在不违反原则的前提下，要注意满足他人被尊重的需要。也只有这样，你才能更多赢得他人的尊重。

那么赵处长怎样做才更稳妥呢？管理学者钱世荣先生对这个案例发表的高见值得参考：此前其他部门"拿着自己起草的材料"让赵处长"过目"时，他都"热情"而"有求必应"，这是赵处长有全局观念、有协作精神并乐于奉献的表现，理应作为"正能量"大力弘扬；但在赵处长殚精竭虑修改王副局长写的总结报告时，根本"想不到"王副局长会感到好没"面子"，在总结大会现场响起阵阵掌声时，他也没发现王副局长脸色越来越难看，这就多少显露出他在人际认知乃至人际关系处理方面的"短板"了。其实，赵处长在李局长把修改总结报告的任务交给自己时，完全可以在一如既往地接下任务的同时，委婉地提醒李局长考虑：是否与"分管文秘"工作的王副局长"通个气"？这类看似不起眼的建议，其实也是一种处世智慧。

我曾有过一次与赵处长极为相似的经历，在此也把我的处理方式分享给读者朋友参考：一次筹备会议，机关各部门抽调"笔杆子"组成材料组，集中起来搞会议文件。我被分工起草领导讲话，另一位职务高我两级、年龄长我十岁的老同志负责起草总结报告。我起草的领导讲话交稿即顺利过关，那位老同志起草的总结报告反复修改，领导就是不满意。在这种情况下，领导就把总结报告交给我修改。我对领导说，老同志起草的东西，我修改恐怕不合适。领导说，没关系，都是为了工作，能者为师嘛，放开手脚修改。见没了退路，我只好给领导建议：活我可以干，名我不能要。您就跟老同志说，他起草的总结报告基础很好，通过了，让他有完成任务的成就感。领导接受了我的建议。老同志心情愉悦地撤离材料组。我利用两天两夜修改总结报告的事，直到现在他也毫不知情，自然就没有丢面子的痛苦记忆。

让人感觉受到尊重，既是处事方法，更是处世艺术。它要求人们说话办事不简单从事，不一厢情愿，要考虑到方方面面的因素和利害，把处理问题的最佳角度选择好，以求取得最佳效果。譬如说真理是宝石，如果直接把宝石扔到人的脸上，就可能造成伤害；如果用精美的礼盒把宝石包装好，恭敬递到人的手上，就会大受欢迎。

另一条是"白金法则"。其内涵是：别人希望你怎样对待他们，你就怎样对待他们。也就是我们经常讲的，"急别人所急，想别人所想，帮别人所需"。从研究别人的需要出发，达到"我敬你一尺，你敬我一丈"的功效，使我们在协调中始终处于主动地位，有的放矢地处理好各种关系。

而要做到这一点，其要点还是要注意尊重他人，多考虑他人的面子。我们还是拿上面赵处长改稿子的案例来说，以下是海南省委办公厅乐松同志读了这个案例的观点：赵处长加班加点辛辛苦苦改稿子却让王副局长丢了面子，吃力不讨好，读了不免让人有些无奈和感慨。机关工作不仅要讲能力、多付出，也需要多照顾上上下下的"面子"，这样的干部在事业上往往能走得更顺、更远。

尊重领导的面子，做到事前多请示、事后勤报告。记得那是我刚参加工作不久发生的一件事。当时，因分管文字工作的办公室主任出差，单位一把手直接让我起草一份材料。初生之犊不怕虎，有机会表现一番干劲更高了，连续几天熬夜奋战交出了稿子。办公室主任回来后，对此事有点不高兴，我也不得要领，直到有位同事好心提醒才知道自己接活忘了报告，写完了也没有征求主任的意见。实际上这位主任写作能力很强，如果自己先汇报，不仅能让材料更完美，而且也不会产生误会和隔阂。

考虑平级的"面子"，注意多通气多协调。工作几年后，我被提拔为办公室副主任，有一次与某业务部门领导分别准备单位"一把手"交派的会议材料，可能办公室"笔杆子"比较多，很快就完成了材料写作任务并上交给"一把手"。"一把手"当即表扬了办公室，同时，批评了那个业务部门。这件事发生后，我与该业务部门领导之间的关系有一段时间总是怪怪的，两个部门的配合也不太融洽。反思起来，如果交稿前给这位领导提个醒、"通个气"，或者稍微等一等对方再交稿，是不是效果会好些？

保护下级的"面子"，敢于担当责任多帮助。受到上级领导批评时，不要"责任下卸"；下属出现失误时，要进行帮助式批评；下属工作质量不高时，要多指点提醒。单位有位部门领导，威信很高，他的一条重要经验就是"推功揽过"，成绩归于部门同志，挨批时自己先扛起来。他批评下属时，不是为了发火、泄气，而是让人觉得他是真心诚意在帮自己。这样的领导，下属怎么会不拥护？

尊重和保全他人的"面子"，是工作技巧、处世艺术，其实也是情商高的一种体现。人们常讲：成功 =20% 的智商 +80% 的情商。当然，我们所讲的情商，并不是指在拉关系、聚人脉上做文章，八面取巧，到处逢迎，做"顺风草"，当"滑泥鳅"，搞无原则的迁就或庸俗的小圈子，而是指设身处地，推己及人，换位思考，多触摸他人的情绪，多体贴他人的诉求，在处事方法、工作作风、待人接物等方面更谦虚、更圆融一些。机关单位的"笔杆子"大多思维敏锐、能力出众、兢兢业业、受领导青睐，但有时也不免锋芒毕露，协调沟通不足。相信只要注重在情商上修炼一番，必能为个人事业上发展安上助推器！

第32讲　善于合作共事

大雁为什么要排成"V"字形的雁阵？科学家告诉我们，在雁阵中，大雁飞行速度要比单飞高出71%。处于"V"字形尖端的大雁任务最艰巨，需要承受最大的空气阻力，因此领头的大雁每隔几分钟就要轮换，这样雁群就可以长距离飞行而无须休息；雁阵尾部的两个位置最为轻松，强壮的大雁就让年幼、病弱以及衰老的大雁占据这些省力的位置，群雁不停地鸣叫，这是强壮的大雁鼓励落后的同伴，如果哪只大雁因为过于疲劳或生病掉队，雁群也不会遗弃它，它们会派出一只健康的大雁，陪伴它落到地上，一直等到它能继续飞行。

这种紧密团结的社会秩序，对于雁群的生存和健康发展起到了非常关键的作用。人类也是一样，只要能跟同伴合作而不是彼此争斗的话，往往飞得更高、更远，而且更快。

机关特别需要这种团结互助、合作共事的大雁精神。因为机关工作本身具有很强的合作性，除具体事务通过业务渠道承办外，绝大多数任务都要靠各个部门相互配合才能完成，绝大多数工作成果，都是集体智慧的结晶。搞一个活动是这样，组织一次会议是这样，提出一个建议方案是这样，写一个材料也是这样。所以首先要记住这句话：要合作共事，不要各自为政。

在实际工作中，不善与人合作的机关干部时有表现：有的喜欢独来独往，单独干某一件事兴致很高，跟别人一合作就没劲头；有的过分强调分工界限，不愿让别人过问自己的业务，也不大关心别人的业务工作，使自己处于封闭状态，不能自觉地融合于整体协调之中。结果，既不利于团结他人，协力办事，也容易使自己离群索居，处处设防，人为地增加精神压力，分散工作和学习精力。

正因为如此，自古至今，各行各业都极力倡导与人合作共事。印度古代有一首诗说："一腿一足怎走路？单腿单足不成步。但凡事业有成就，必须朋友来帮助。"我国有谚语"独龙难行雨""一个篱笆三个桩，一个好汉三个帮"。事实也是这样，一个人的本事再大，若离开他人的支持和协助，就很难做成什么事情。而一旦重视合作共事，就会如虎添翼，做出令人吃惊的辉煌业绩。

许多老机关都有这样的体会，依靠个别机关干部和单个部门单枪匹马地努力，完成一般事务性的工作还可以，做好全局性工作是很难的。因此，机关干部要善于激活各方面的积极因素，使机关各部门齐抓共管，形成合力。从组织手段上讲，应着力发挥好这样三个作用：

一是发挥好机关职能部门的作用。业务工作，是由机关归口管理的，该属于哪个部门的业务，就得让哪个部门管。机关人员在建议中，要按照职能分工，明确各部门的任务，以理顺关系。

二是发挥好领导办公会的作用。重大任务的部署，重要情况的通报，重点议题的确定，通常采用领导办公会的方式来进行。主管部门的机关工作人员，要精心准备议题，使所提的建议能得到领导和各个部门的广泛认同，确保齐心协力抓落实。

三是发挥好非常设机构的作用。每个单位都有上级规定或根据需要组成的各种"委员会"和"领导小组"，主要是组织协调力量，完成那些应急性、交叉性、边缘性的任务。机关人员要结合自己分管的工作，多给相应的机构"出"些题目，建议定期不定期地开会研究，有时也会把各方的力量很好地凝聚起来。

第33讲　铭记协商二字

机关办事靠协商，这是与人搞好关系、营造和谐工作环境的有效方法。

机关有些事情弹性很大，许多事情办成办不成，在很大程度上取决于机关干部会不会协商，以及协商的方法和力度。只有积极商量，理顺思想，理顺关系，理顺情绪，取得共识，才能形成相互理解、相互支持的局面。

要把握好自己的身份，注意协商的方法。机关干部既要秉承领导的意图进行协调，又不能以"二首长"的身份，"挟天子以令诸侯"。在世俗里，有些人把领导的秘书就是当作"二首长"看待的，但是作为秘书和机关工作人员，不能有这种"优越感"。必须十分明确，领导委托的协调权力，只能作为调整矛盾、解决问题的依据，不能作为抬高身价的筹码。即便是转达领导的指示，也要作充分的说明，不能以领导的口吻去支配别人。

具体来说，在工作运行过程中，要有正确的态度，主动地、耐心地与有关部门商量，决不可把自己的意见强加于人，也不得借领导、上级机关的名义去压人。要知道，用以势压人、强迫命令的方法解决问题，尽管可能求得暂时的统一和协调，但是久而久之，不免会引起其他部门的不满情绪，造成新的不协调，为今后开展工作埋下更大的隐患。把握身份，动之以情，晓之以理，以情感人，以理服人，这不仅是协调的工作方法问题，更重要的是思想水平问题。

国有国法，行有行规，机关办事有其办事的规矩。 在机关内部，需要几个部门合办的事，应由主管部门牵头，先协商有关部门后才能上报领导审批。平时处理工作，涉及其他部门、其他单位掌管的业务，都要事先与之协商，取得一致意见后，再呈报审批。当对方提出不同意见时，要耐心听取，认真研究，甚至调整或改变自己的方案。如果对方完全不同意，或者意识到根本行不通时，则应放弃自己的意见，另外研究其他办法。尤其要注意，凡是几个部门意见尚未统一时，一般不要上报审批，不能把矛盾上交。机关部门领导也不要轻易将几个部门意见相左的议题提交办公会，以免议而不决，决而不行。

适度妥协，求同存异，是搞好协商的有效方法。机关部门都有各自的职责和权限以及涉及本部门、本系统发展的直接利益。别的部门提出的协调方案，如果影响了他们的职权和利益，构成了利害关系，有时会迸发出火花，不但达不成一致意见，反而会造成隔阂。对于低级机关来说，多管少管什么事情，看得不是很重，领导让管就管，不让管就不管，多一事不如少一事。但对于高级机关来说，管什么事是一种职权，管与不管会直接影响人、财、物等重大利益问题。凡是涉及职能和权限的事，总是非常敏感，势必会据理相争。机关人员协调这类问题，要顾全大局，从整体利益出发，尽可能兼顾到各自的实际，按照能够取得的共识进行协调处理，不搞以硬碰硬，使问题久拖不决，影响整体工作的开展。

适度妥协，并不是没有原则地妥协，关键是要把握适度。 不能因为妥协，而被视为一个单纯的没有思路的执行者；不能因为妥协，而影响了计划的进展速度；不能因为妥协，而破坏了工作的质量。一句话，适度妥协是为了达到更好的效果。妥协本身是一个积极的举措，而不是消极的行为。比如，邓小平同志在处理香港问题上所采取的"一国两制"，就是适度妥协的典范。处理如此重大而复杂的历史遗留问题都能找到各方均能接受的共同点，在机关内部办事，只要围绕一个目标，相互理解和信任，求同存异，总会发现共同之处，总会找到共同点。再难的问题，也是完全可以协商解决的。

为使协商顺利进行，机关干部在承办的过程中，应做到如下三点：

一要注意尊重人。每个人都有自尊心，并期望受到他人或社会的肯定。因此，在与人协调工作时，应当注意态度谦虚，尊重对方的人格，不能因为他人地位不如自己高，能力不如自己强，或不像自己那样拥有某些权力，就不去尊重别人。伤害他人的自尊心，就等于在双方之间设了一道高墙，掘了一道鸿沟，给配合工作造成障碍。有这样三句话，堪称警世名言：拿着同级当上级，拿着下级当同级，拿着群众当兄弟。

二要善于帮助人。与上级打交道，首先要想一想自己是否最大限度地配合了上级的工作，是否完成了领导布置的各项任务，是否在实际工作中起到了带头作用；与同级打交道，首先要想一想是否为对方的工作创造了自己应该提供的服务条件，是否由于自己要求过度给对方工作造成了困难，想一想自己能够做些什么，去努力帮助别人完成任务；与下级打交道，首先要想一想怎样帮助下级解决困难，是不是理解了下级的苦衷，是不是调动了下级的积极性，等等。帮助别人也是协调相互关系的一种投资，必然会得到回报的。

三要公正对待人。在日常工作中，上级与下级，部门与部门之间出现意见分歧是难免的。机关干部在协调这类问题时，应依据分歧的客观情况，从维护大局出发，客观公正地协调，而决不能从个人好恶出发，厚此薄彼，偏心偏向。要防止在领导面前唯唯诺诺，在群众面前趾高气扬的问题发生。尤其要防止对有背景的"偏袒"，对无背景的"打压"的现象。比如，领导决策与部门认识不一致时，只要不是原则问题，就不能片面强调"不折不扣"，压着部门去办，也不能违背领导意图，走所谓"群众路线"，而应当把领导的指示与客观实际结合起来，把对上负责与对下负责统一起来，在充分协商的基础上搞好"微调"，从而既保证领导意图的落实，又能做到符合客观实际。如果领导决策与客观实际出入较大，可将实际情况和部门建议及时向领导反馈，以便调整决策。当部门与部门之间发生矛盾需要协调沟通时，机关干部应认真听取各方的意见，从中找出"共同点"，并以"参谋"的姿态出现，提出容易被双方接受的意见和建议，使他们逐步取得共识，各自调整自己的行为，以取得令人满意的结果。

第34讲　警惕文人相轻

机关干部从总体上来讲算是文人。有些人在工作中不能与他人和谐相处,恐怕还在于文人相轻的思想作怪。常见的现象有资料封锁,思路封闭,对桌办公,不相往来,没有思想的交流,没有感情的沟通,没有通力的合作。

以下是我亲眼见到的一个事例:机关干部甲起草了一份材料,领导看后不太满意,就让机关干部乙帮助加工润色。机关干部乙熬了一个通宵,累得眼圈发黑,帮助修改完后退给机关干部甲。按理讲,乙这是在帮甲的忙,甲应该感激才对,却不料甲看过修改的材料后勃然大怒:"你也是机关干部,我也是机关干部,你有什么资格修改我的稿子?"弄得机关干部乙哭笑不得,解释半天也解释不清楚,由此两人产生了很深的隔阂。这是资历差不多的机关干部之间出现的情况。如果是资历浅的人修改资历深的人起草的稿子,甚至会出现破口大骂、大动干戈的场面。

我国古代尽管有文人相轻的陋习,但也有文人相敬的范例。其中,北宋欧阳修的所作所为,被世人传为美谈。当时,欧阳修与宋祁同为文坛名流,但两人的文学主张和写作风格迥然不同。在这种情况下,两个人奉命同修《唐书》,难免会产生不同的看法和矛盾。但文坛声望很高的欧阳修却对前辈宋祁很是尊重。他从统稿到署名,都充分考虑到对方,从不将自己的观点强加给对方,并打破了著书只署官职高者名字的惯例,署上了宋祁之名。

改掉文人相轻的毛病，确实不是一件很容易的事。综合芸芸众生的表现，就会发现三种常见的病态：一是有人一见他人比自己强，就感到自己黯淡无光，心态失衡，不肯放下架子去向他人学习。二是有的人"气人有，笑人无"。你有本事他生气，说你逞能，你没本事他笑话你，说你无能，常常采用卑劣手段去贬低他人，抬高自己。三是有的人缺乏辩证头脑，或抱有偏见，只见他人所短，无视他人所长。

甩掉嫉妒心理，是克服文人相轻的一剂良药。嫉妒是一种卑劣的心理状态。嫉妒者总爱和人攀比，凡事唯恐别人抢先一步。看到别人超过自己，他不怪自己不努力、不进取，只怨别人有本事，只恨别人比自己强。常见的现象有：如果你的脚步比他快，他就设法拖住你的腿；如果他跑得慢，就变着法儿挡住你的道；如果他在工作中有失误，就盼着你的工作也出差错；如果你获得了成就和荣誉，他就否定、诽谤和抹黑。

克服爱嫉妒的毛病，关键是使自己的胸怀宽阔起来。有位哲人曾经说过这样一段话：天空收容每一片白云，不论其美丑，故天空广阔无比；高山收容每一块岩石，不论其大小，故高山雄伟壮观；大海收容每一朵浪花，不论其清浊，故大海浩瀚无涯。学天空，学高山，学大海吧，当雅量恢弘、心胸宽广之时，何愁人与人之间不能相互理解和尊重？具体到工作中，话不能说得太绝，事情不能做得太绝，凡事都应当留有余地。事情总有复杂的一面，事物总有发展的过程。不计后果，话说绝，事情做绝，害人又害己。成功的人做事总是留有分寸，失败的人总是一意孤行。记住，给自己留有一些回旋的空间。

你或许已经感受到，机关是由有着形形色色的思想、性格、脾气的人组成的。有的人性子急，有的人性子慢；有的人内向不爱说话，有的人外向妙语连珠。生活环境、成长经历的不同，必然带来性格、爱好、生活习惯、处世方法上的差异。在工作中与别人搞好关系，就要讲风格，讲大局，多想着对方的长处，不必追求尽善尽美，不能总是想着别人来迎合自己，而应时刻想着，怎样做才能对工作有利，对全局有利。把事情拿到桌面上来，让大家都看得到，这样才可能打消隔阂，让人们觉得好受。

合作共事中，只要不是原则性分歧意见，就不要斤斤计较。如果只看到他人与自己不合的一面，只看到别人的缺点，自然不会有什么好印象。但如果换一种看人的眼光，求同而存异，多看别人的可取之处，以宽容之心看别人身上"不顺眼"的地方，就会变"不顺眼"为"顺眼"。要学会宽容人、欣赏人，记着别人的好处，忘掉别人的错处，原谅别人的缺点，不去故意挑剔别人。

生活还告诉人们，在日常的磕磕碰碰中，恶意伤人的总是少数，别人一时冒犯了你，往往是由于误会或认识上的偏差，如果你能以宽容的心态处之，就会在心中滤去愠恼的杂质，荡漾起豁达的清波，从而不计前嫌，落落大方地原谅对方。反之，对别人的过失老是耿耿于怀，纠缠不放，结果只能使自己的心灵时时阵痛，而且与人结怨日深，疙瘩难解。

按照正常人的思维方式，人都有些自知之明，对自己所做的是与非，心里多少是清楚的，因此在对不起他人的地方，难免心存愧疚之意。一旦得到对方出乎意料的原谅，甚至得到对方真诚的关心和帮助，一般来说，都会发出由衷的愧悔、感激之情，进而心悦诚服地改正自己的过失。

第35讲　谨防过河拆桥

《诗经》中有这样的诗句："投我以桃，报之以李。"意为别人施恩于我，我要受恩知报。别人帮我做了事，给了我一些好处，应当把它牢牢地记在心里，并给予不同方式的感谢或适当的报答。现实生活中，人们最鄙视那种"忘恩负义""过河拆桥"的小人，"忘情忘义之人难有长久的朋友"。

一般来说，机关承办一项整体性工作，都需要组织协同动作，通常由牵头部门主办，几个部门协办。所以，机关人员在思想上必须树立谁也离不了谁的观念，不能抱着实用主义的态度，用着的时候去拉关系，用不着了一脚踢开，或者老死不相往来。部门与部门横向之间，应当保持良好的关系。常言讲，"亲戚越走越亲"，机关干部之间要做到：有事无事常来往，大事小事多商量，急事难事互相帮，好事坏事共担当，喜事美事要谦让。

你大概也会遇到这样的机关干部，由他牵头主办一项重大活动，开始协调的时候，因为需要别的部门出人、出钱、出物，往往好话说尽，每次开会请各个部门参加，赔着笑脸与大家商量，而一旦大功告成，就翻脸不认人了。这种过河拆桥的做法，不仅不能调动方方面面的积极因素，也有损机关人员和机关部门的形象。

加强协作有一个非常重要的问题，就是要尊重合作者，对他人的劳动成果给予充分的承认和肯定，特别是在名利、荣誉面前有很高的姿态。

首先，在总结活动中，在领导面前，对协办单位的人员要多美言几句，对别的部门发挥的作用要多肯定几句，有了奖励指标不要忘了他人，同等条件下，要优先考虑其他部门的人员。在工作中出现的纰漏和问题，即使由于其他部门人员疏忽所致，也要主动把责任承担过来，因为你是主办者，不论谁出了纰漏，你都负有指导不力的责任。

其次，在其他部门以后找你协调工作时，一定要在人力、物力、财力、智力等方面大力支持，密切配合，甚至要主动挑重担，啃硬骨头，不能当作额外负担，出工不出力。

再次，常存感激之心，常念支持之好。对有过协作关系的同志，平时要经常利用各种形式进行沟通，巩固已有感情，加深已有感情。发现对方有了考虑不周的事，要及时通报提醒；发现对方有了困难，要主动伸出援助之手。

请记住与人和谐相处的七条箴言：

一要多琢磨事，少琢磨人。要珍视岗位，牢记责任，勤勤恳恳，专心致志于事业。不要妒贤嫉能，拨弄是非，甚至诬告陷害，挖空心思算计他人。

二要多向前看，少往后看。要志存高远，本着一致的目标、共同的事业追求不懈奋斗。不要把过去的得失、荣辱、恩怨，常挂在嘴上、记在心里。

三要多当面说，少在背后议。要对上对下一致，敢于不卑不亢直言相谏，善于诚心诚意指出错误，切勿阳奉阴违，当面不说，背后乱说。

四要多换位思考，少本位至上。要真正树立单位建设是一个整体、个人所负责的工作是为整体服务的思想。不能仅从局部利益出发谋对策，以自己的利益得失为标准，凭小团体的利益得失定取舍。

五要多补台，少拆台。要注意维护单位和同事之间的威信、形象，工作中相互支持配合，生活中相互关心帮助，碰到困难时主动予以协助，解决棘手问题大家一起上阵。不能事不关己，高高挂起，对他人的困难视而不见，甚至幸灾乐祸。

六要多理解，少指责。要视同事如兄弟，富有深厚而真挚的感情，能容人之异，容人之长，容人之短。切忌心胸狭窄，小肚鸡肠，用放大镜看别人的问题和不足。

七要多揽过，少争功。要有为了工作、为了大局甘愿吃亏的精神，有了成绩多看他人的力量，有了失误多想自己的责任，不能看成绩你小我大，论教训你多我少。

第36讲　提升服务质量

机关工作就其职责来讲，是搞好"三个服务"：一是为上级领导服务，二是为同级机关服务，三是为基层群众服务。从现实来看，这"三个服务"的质量都需要提高，最亟待提升的还是对下服务的质量，坚决克服"门难进、脸难看、话难听、事难办"的衙门作风。

服务是成功秘诀

20世纪30年代末40年代初，毛泽东在延安有两个著名的题词，一个是"为人民服务"，一个是"为群众服务"。从那时起，全心全意为人民群众服务成为我们各级领导干部和领导机关的出发点和落脚点。认真分析一下就会发现，共产党的成功离不开"服务"二字。因而可以说，服务是一个政党、一个机关、一个企事业单位、一个团体乃至一个个体获得成功的秘诀。

这是一个服务他人，拯救自己生命的故事：

有一天，一名叫辛格的登山爱好者和旅伴穿越高高的喜马拉雅山山脉的一个山口。他们走着走着，忽然看到一个人躺在雪地上。辛格就想停下来帮助那个人，但是他的同伴说，如果我们带上他这个累赘，我们就会丢掉自己的性命。但是辛格不想丢下这个人，让他冻死在冰天雪地里。他的旅伴看到辛格的态度，就跟他告辞先走了。辛格也没有多想，急忙把雪地上的那个人抱起来，放在自己的背上。他使尽力气背着这个人艰难地往前走。渐渐地，辛格的体温使这个冻僵的身躯暖和起来，那个人活了过来。过了不久，两个人并肩前行。当他们赶上那个旅伴时，却发现他死了——是冻死的。

在这个例子中，辛格心甘情愿地把自己的一切——甚至生命——给予另外一个人，使他保存了自己的性命。而他那无情的旅伴只顾自己，最后丢了自己的性命。这正应了那句话，自私的人先死亡。从某种意义上说，服务他人实际上就是服务自己。

雷锋的故事世人皆知。论职务，他只是一个班长；论年龄，他只活了22岁。无论是从职位的高度还是从生命的长度来看，都不可能创造出多少人间奇迹。然而，他坚信，"人的生命是有限的，可是，为人民服务是无限的，我要把有限的生命，投入到无限的为人民服务之中去"，为世人留下了不朽的"雷锋精神"。雷锋精神，说到底就是"服务精神"。"学雷锋，做好事"，这"做好事"就是服务精神的具体化。大家印象最深的就是，雷锋出差一千里，好事做了一火车。这一火车好事就是为旅客送水，帮助乘务员打扫车厢的卫生，送迷路的老大妈回家，等等，看似微不足道，实则感人至深。

可以肯定地说，把服务放在第一位，无论走哪条路，从事何种职业，都是会成功的。

服务要热情

"未成曲调先有情",对下服务,尤其要注意热情,要有一颗火热的心。无论是向下面通知问题,下达任务,还是答复下级请示,都要态度和蔼,不盛气凌人,不推诿扯皮,使下级感到亲切温暖,可以信赖。

有这样一种现象要克服,领导机关从上边往下边走,越走越感到热情;基层从下边往上边走,越走越感到冷漠。这一冷一热,折射出对下服务存在的一些问题。在这点上,上级机关一定要虚心向下级学习,把"高处不胜寒"的问题解决好。

下级机关和基层对领导机关要求并不多高,你稍有一点热情他们就心满意足。我在总部机关当处长期间,要求处里的同志对来机关办事的人员做到"五个一",即有一张笑脸相迎,有一把椅子请坐,有一杯茶水端上,有一顿便饭解决温饱,有一副解决问题的热心肠。这些实属微不足道之举,倒是赚得不少赞许。看来下面对上级机关的要求确实很低,态度稍温和一些,他们就会感激之至。

当然,光表面热情还不行,还要有真心服务的行动。实际上,当前"门难进、脸难看、话难听、事难办"的现象几近绝迹了,却又出现了"门好进、脸好看、话好听、事不办"的现象,人民群众称这是"新衙门作风"。

由此可以联想到,与下级接触,为下级服务,一要热心,二要真心,不能玩虚情假意的把戏。具体说,做到这么几点——

凡早也是要办,晚也是要办的事,一定要早办;

凡主动也是办,被动也是办的事,力争主动办;

凡也可以去办，也可以不办的事，尽可能地办；

凡冷淡也是办，热情也是办的事，要热情地办。

服务要到位

机关与基层"不能心贴心，工作两张皮"的问题，始终是机关干部应该注意克服的。

有一个单位领导反映了这样一件事：他们下决心要从驻地清除一名被开除公职的宣扬邪教的顽固分子。鉴于处理这一问题存在一定的风险性，他们进行了周密部署。为取得舆论上的支持和操作上的指导，他们专门给上级机关报告了处置方案。可是上级机关答复说，希望妥善处理，防止矛盾激化，避免产生对立情绪和引发新的问题。这几句话，冠冕堂皇，但究竟同意不同意、支持不支持处置方案，没有任何态度。这种回避责任的答复，使下级非常反感。

因而，机关干部对基层实施指导，不能只局限于督促检查，还要着力为其排忧解难。当基层遇到急事难事时，能给予"雪中送炭"式的指导；当基层出现人财物匮乏时，能给予"输血""扶贫"式的指导；当基层处理棘手难题时，能给予"撑腰打气"式的指导。

机关干部为下面服务，大量地体现在检查指导工作的过程中，提高检查指导的能力，是提高服务质量的内在要求。那么，怎样对下面实施检查指导？有这么几个方面可以探索实践：

一是运用知识实施指导。知识就是力量。提供知识支持，对于当前"知识爆炸"的时代来说，尤为重要。机关干部必须有丰富的知识，孤陋寡闻当不好机关干部。所以，一定要采取多种办法、多种渠道，提高自身素质，改变自身的知识结构，以便为下级提供有力的知识指导。有人讲，机关干部要上知天文地理，中知人情世事，下知鸡毛蒜皮，意思是宏观的、微观的知识都要掌握，只有你知识丰富了，才能为下级提供有力的知识支持。

二是依据规章实施指导。机关干部对下各种形式的检查指导，均可以归结到落实规章制度上。因此要强调，机关干部在实施指导时，必须坚持按章办事。首先，要及时建章。部署新的工作任务，应当先有章法，以避免盲目性，克服因建章立制滞后而造成的随意和忙乱。其次，要遵章督查。颁布规章制度，机关要搞好宣传教育，要经常对执行规章制度的情况进行跟踪问效，及时发现和纠正存在的问题。实践证明，若不督促检查，规章制度终将成为一纸空文。再次，违章要追究。领导机关的服务也不是迁就照顾，要按照规章制度的要求，充分利用总结、讲评、通报等方式，表扬好的，批评差的，做到奖惩分明。

三是按级分类实施指导。管理学告诉我们，一般情况下，上一级机关只管他的下一个层次，下一个层次只对他上一级机关和领导负责，不搞越级指导。只有按级负责，各级办好各级的事，才能形成井然有序的领导和指导关系。做到这点，就需要各级机关明晰自己的职责，因为不同机关有不同的职责，上一级机关要尊重下一级机关的职能，机关要尊重基层的职能。这样一级抓一级，一级对一级负责，各级办好该办的事，机关办好基层想办、该办而无力办的事，才是比较优质的服务。

不搞"倒服务"

机关干部都掌握着一定的权力，有的权力还比较大。电视连续剧《人民的名义》里的国家某部委项目处处长赵德汉其实是有现实原型的。所以，如何掌权用权，始终是一个值得注意的问题。前些年，确有一些机关干部在掌权用权上出了问题，把服务变成了"倒服务"，不给好处不办事，给了好处乱办事，个别干部甚至把工作岗位当作"私人领地"，不接受组织和群众的监督，越权擅权，以权谋私，由贪小利到失大节，最终受到党纪政纪的处分，甚至被追究法律责任，教训不可谓不深刻。

处事公正透明，不搞暗箱操作。机关每个部门都有其处事的权力，都会涉及他人的切身利益。诸如经费使用、住房分配、干部调配、物资采购、工程承包等，这些都是众矢之的。机关干部在处理此类业务时，应特别讲究工作方式和方法。实践证明，这类业务处理不好，群众意见会很大，往往会损害机关威信和个人形象，甚至会助长不正之风，产生违法违纪问题。处理这类业务，从工作上讲，必须坚持按原则、按制度、按程序办事；从方法上讲，必须最大限度地增加透明度。我曾经听到搞建筑、搞订货、搞人事的机关干部诉说苦衷，说人们老是用怀疑的目光看待他们，只要办事，好像肯定收了什么回扣或得了什么好处，感到自己浑身是嘴也说不清。个中原因，就是办事的透明度不高，得不到群众的理解和信任。依我看，对于管钱、管物、管人的机关干部来说，就应该力避"瓜田李下"之嫌，公正透明行事，以免被人猜疑。比如，工程建设实行招标制，公开竞争，择优选用，消除人情和关系因素；干部任用实行公示制，尊重群众公论，依靠多数人选干部，在多数人中选干部；重要情况实行通报制度，把容易造成小道传播、乱议论、乱猜疑的问题，进行公开通报，以统一思想。

不乱插手下边的敏感问题，防止助长"说情风"。"说情风"是一个上下都反感的问题，机关干部如果经常扮演说情的角色，必然要影响到自己的形象。说情风对下边的正常工作有很大的干扰，有些很平常、很正常、很简单的问题，一旦受"说情风"的干扰，就会变得复杂起来，难办起来。在现实生活中，说情反被说情误的例子司空见惯，不少同志有切身体会，给人说情办了事，费了心思，搭了工夫，欠了人情，有时还受埋怨，甚至受牵连。这些教训要汲取，不仅不乱插手下边的敏感问题，而且还要在执行政策规定上替下边把好关。

有人提出，一要干净，二要干事，这是职业道德的起码要求。实际工作中，机关干部必须做到，为基层做好事自己不能捞好处，为基层办实事自己不能得实惠，勤勤恳恳做事，清清白白做人。

第37讲　讲究协调方法

协调工作归纳起来就是两种，一是权力协调，也就是刚性协调；二是非权力协调，也就是柔性协调。权力协调就是协调者依据职责、权限、规章制度，通过行政系统、运用行政命令的方式来协调。权力协调的方式很多，主要有指令协调法、计划协调法和法规协调法。通过发出指示、命令，调整人、财、物、技等在时间空间上的配置，是指令性协调；通过修改计划，调整执行流程，协调各单位的共同行动，是计划协调；通过修订完善规章制度，用制度规范和协调行动的，是法规协调。作为机关干部对这些应有所掌握，以便在权力协调过程中充分发挥职能部门的作用。

非权力协调即柔性协调，是机关干部常用的协调方式。既然是柔性，就不是硬碰硬，而是在方式和手段上讲究艺术和方法。

注重软化矛盾

协调的事情办多了，有顺畅的时候，也必然有碰钉子的时候，况且协调面对的就是大量的矛盾和分歧，解决起来不可能事事都顺利。协调工作碰钉子时，要注意做好软化、消除的工作，切不可硬碰硬，硬碰硬容易把事情办砸。

机关干部协调"碰钉子"往往来自三个方面：

一是协调领导层。比如某领导直接交办一件重要事情，由于事前通气不够，可能其他领导不同意办或意见不一致，这是处于"夹缝"中的协调。如果不注意沟通或沟通不成，办和不办都可能会出现"两头不落好"的情况。若某领导不了解"内情"，就此事提出批评甚至发脾气时，协调者不能因"受冤"而轻易动怒、甩手，更不能将其他领导的不同意见和盘托出予以辩解，而必须沉着冷静，有大度容忍的胸怀，主动承担责任，以缓和气氛。事后再作说明，再行协调。

二是协调领导和部门之间。由于领导与部门之间看问题的角度不同，处理问题的方法不同，加之个人的素养不同，因而在工作上产生矛盾和分歧是在所难免的。机关干部在协调这类问题时，应着力做好弥合、劝说工作，扩大其共同点，缩小其分歧点。来回传话，既不能"失真"，也不能"逼真"，凡有利于协调的话就说，不利于协调的话就不能说。不要把领导的批评话、部门的牢骚话一股脑儿兜出来，传给对方，更不能幸灾乐祸胡掺和，这是职业道德所不允许的。如果领导和部门各执己见，一时协调不通而又必须协调时，那就应当将情况真实地报告其他领导，请其他领导出面协调。

三是协调部门之间。机关干部受领协调任务，如果其他部门不配合，应采取说理的办法消除误解，取得共识；如果一时不听协调，可在条件允许的情况下，暂时放一放，待其冷却后，再伺机与有关部门协调；如果分歧较大协调不通时，可报告领导处理；报告领导，要客观公正地把情况说清楚，不要乱发议论，借机打"小报告"。打"小报告"最终没有"好果子吃"，这是协调的大忌。

讲求语言艺术

语言是协调的重要媒介和基本载体。工作协调能否顺利，讲求语言艺术很重要。任何协调方式，在语言得体方面都有明确要求，基本的就是讲求准确性、完整性、通俗性、感染性。常言道："良言一句三冬暖"，得体的语言既能简明扼要、完整准确地表达自己的意图，又能使对方入心入耳入脑，使其愉快地接受协调。

一是遵循语言交流规则。人们在社会活动中需要用语言进行交流，为使交流有效，交流双方总会自觉或不自觉地遵循某些约定俗成的交流规则。常见的有两条原则十条准则：

——合作原则。美国语言哲学家格赖斯在20世纪70年代首次提出了合作原则，他认为在语言交流中，言者和听者之间存在一种默契与合作，交流双方都期望并努力使交流取得理想效果。格赖斯的合作原则可具体分为四条会话准则，对于发挥好语言在协调中的作用，极有参考价值。

数量准则：说话要不多不少。只说需要的话，不说多于需要的话。

质量准则：说话要真实。不说自知是不真实的话，不说证据不足的话。

关联准则：说话要贴切。

方式准则：说话要清楚。避免语言晦涩，避免歧义，避免啰唆，井井有条。

总体来讲，上面四条准则要求在语言交流时，要尽量提供对方所需要的信息，说话不要啰唆、冗长、拖泥带水；要诚实，不说假话，避免夸大其词；避免东拉西扯，文不对题；避免语言晦涩难懂、模棱两可；语言要简洁，井井有条，说话要注意语速、语调、语气。

——礼貌原则。英国语言学家利奇则认为格赖斯的合作原则还不能完全概括语言在交流中的语用功能，他又提出了礼貌原则，从而对语言的交流原则进行了补充和发展。利奇的礼貌原则具体分为六项准则。

得体准则：尽量少让他人受损，尽量多让他人得益。

宽宏准则：尽量少让自己受益，尽量多让自己吃亏。

褒扬准则：尽量不贬低他人，尽量褒扬他人。

谦虚准则：尽量少褒扬自己，尽量贬低自己。

一致准则：尽量减少自己对他人的分歧，尽量使自己与他人的意见一致。

同情准则：尽量减少自己对他人的反感，尽量增加对他人的同情。

合作原则和礼貌原则是促使语言交流成功的语用规则，是根据语言规律和社会行为规范构建的。所以，我们要想协调顺利进行并取得成功，就应当认真去领会、把握和实践这些规则。

二是注意区别对象。说服力产生的最大要素，就是区别对象选择适宜的说辞。如果不管对方是谁，都用一种方法去说服，就很难顺利达到目标。要根据协调对象的地位、职业、经历、文化素养、性格特点等，采取不同的表达方式。对严谨的人，语言不妨活泼一些；对文化层次低一些的人，语言尽量通俗易懂一点、实在一点；对性格直爽的人，要开门见山、单刀直入；对干练果断的人，要言简意赅、干脆利落，等等。

三是要有好的态度。有句话说，态度比能力重要。所以，好的态度是协调必不可少的利器。协调主要是协商，要慎用指令性语言，多用商量的口气，即使传达上级的指示、转达领导交办的事项，也不要口气太硬。在一般协调场合，更要注意语言平和，态度随和。做到这些，从根本上来讲，要加强自身修养，培养良好工作作风，努力做到习近平同志所要求的"五不"：

一不自恃。不能认为"机关牌子大、领导靠山硬"而有所依仗、有恃无恐,更不允许滥用领导和办公室的名义谋取个人私利。

二不自负。要克服优越感,坚决防止对基层干部群众盛气凌人、态度傲慢、颐指气使、发号施令的现象。

三不自诩。防止自我表露、吹嘘炫耀,特别是涉及领导个人的工作和生活,不能随意张扬,妄加评论;对于党的内部机密,更应当守口如瓶。

四不自卑。克服自轻自贱、自惭形秽的心理,不能"足将进而趑趄,口将言而嗫嚅",防止唯唯诺诺,没有个人主见的现象。

五是不自以为是。不能想当然,随意删节、更改或补充领导的指示,防止粗心大意、敷衍塞责、玩忽职守的现象。(习近平:《秘书工作的风范——与地县办公室干部谈心》,《秘书工作》2014年第4期。)

四是要把握好分寸。重要的是根据不同的对象,把握好语言的分寸。对平行机关的协调,语言基调是磋商,但又不能放弃大原则;对领导的协调,其语言基调则多用请示、探询的口气,要用"建议""是不是""可以不可以"等请示色彩的语言,不能用"要""必须""应该"等确定性语言。总之,语言是一门大学问,关键靠协调者在实践中去用心把握、用心发挥。

做到灵活应变

矛盾类型多种多样,处理矛盾没有万能钥匙,只能以具体的时间、地点、条件为转移,一把钥匙开一把锁。所以,在协调时做到灵活多变很重要。

一是因人而异。一般来说，协调时，对老同志要尊敬；对新同志要和蔼；对熟悉的同志可以随便一些；对生疏的同志要正规、谨慎一些；对工作积极主动的，要充分信任，不可穷追不舍；对工作比较拖拉的，要经常提醒，加强督促。总之，要根据不同人的不同特点，有针对性地进行协调。

二是因事而异。意思是，协调不同的事情要用不同的方式。对大家普遍关心的问题，应公开处理，通常影响到多大范围，就在多大范围处理；对不宜公开的事情，如协调人事调整、调解个人矛盾等，应着重运用个别协调方式，范围越小效果越好；对涉及多个部门的具体问题，采取现场办公的协调方式比较好。

三是因时而异。就是说，协调要注重捕捉时机。比如对上协调，一个时期领导正在思考一个重要问题或某项重要工作该如何办理时，去向领导请示或磋商，提出符合领导意图的协调意见，就容易被领导吸收和确认。再一点，就是领导情绪比较好的时候，也是协调的最佳时机。一般来说，领导工作繁忙时，心情烦躁时，不宜去"迎风"协调。即使必须去协调，也要见缝插针，见机行事，多谈些领导最关心或最感兴趣的问题，取得共鸣之后，因势利导，切入"正题"。对下协调的捕捉时机，就是"借东风"，顺水推舟。比如一个重要问题需要协调解决而遇到难题时，这时正好开了个会，有了明确的指示；或下发了个文件，有了明确的规定；或某个领导人作了批示，有了明确的要求，等等。假若有利于问题的协调解决，就不要放过这样的时机。

四是着眼共赢。协调矛盾的关键是平衡利益。能否平衡利益，关键在于协调者能否跳出"单赢"的思维模式，多为双方、各方的"面子""里子"着想，多寻求一些能让双方、多方都可以从中受益的共赢途径，最终让各方在利益问题上各得其所，都觉得自己是一个赢家，这样协调才能取得预想的结果。

五是善于沟通。协调其实就是沟通,通过沟通达成共识。沟通从方式方法上区分,有正式沟通与非正式沟通、直接沟通与间接沟通、直言沟通与迂回沟通等。

正式沟通,一般要事先向对方发出通知,并且一般都在会场、办公室等正规场合进行。非正式沟通,一般随机而行,不发通知,不讲究场合,往往在对方无准备、无意的状态下进行。

直接沟通,就是当事人之间直接交流。间接沟通,就是采取委托第三方,比如请朋友或德高望重的领导与对方沟通。

直言沟通,就是开门见山提出自己的意见和看法。迂回沟通,就是先选出一两个与对方意见比较一致的问题,找对方单独商议,在营造出两个人看法一致、真诚友好的气氛之后再慢慢迂回到有分歧的意见上去,乘势说服对方,化解对立问题。

机关常用的柔式沟通,就是采用非正式沟通、间接沟通、迂回沟通等方式的沟通。

第七课
养成良好习惯

"习惯能够成就一个人，也能毁掉一个人"是西方一位学者的名言。实践也一再证明，人与人之间的成功或是失败，主要是看你是有好习惯还是坏习惯。

"良好的习惯乃是人在神经系统中存放的道德资本，这个资本是在不断地增值，而人在其一生中就享受着它的利息。"（乌申斯基语）播下一个行动，收获一种习惯；播下一种习惯，收获一种性格；播下一种性格，收获一种命运。

机关干部需要养成什么样的良好习惯？比如，守规矩的习惯、善思考的习惯、爱学习的习惯、严保密的习惯，等等，这些都会成为你命运的守护神。

第38讲 守规矩的习惯

2014年10月23日,习近平总书记在十八届四中全会第二次全体会议上强调:"治理一个国家、一个社会,关键是要立规矩、讲规矩、守规矩。"强化规矩意识的意义不难理解,但真正做到却很不容易。这与我们的传统文化有关。我们还没有完全摆脱人治的羁绊,权大于法的现象时有发生;我们还没有完全摆脱人情的羁绊,情理大于法理的问题还没有完全解决。因此,机关在办事的过程中,经常受到权力的干扰,经常受到关系的干扰,经常受到说情风的干扰,致使一些好办的事情变得不好办了,一些正常的事情变得不正常了。

法规就是规矩,守规矩就是要严格按法规办事。回顾历史,早在两千多年前,孔子就提出了类似的观点。《吕氏春秋》中有个"子贡赎人"的故事:

> 鲁国的法律规定,如果鲁国人在外国沦为奴隶,有人出钱赎回来,国家将给予全额报销。孔夫子的高徒门生中,子贡是经营商业最成功的一个,可以说他是腰缠万贯,不大吝啬金钱。有一次,他从国外重金赎了一个同胞回来,国家按规定给他报销赎金,他因自己不差钱而拒绝了。满以为老师会称赞他的高尚行为。谁知,孔老夫子听说后严肃地对子贡说:"你这样做是不对的,因为你开了个坏的先例,从此不会再有鲁国人肯为沦为奴隶的同胞赎身了。你接受

国家补偿的赎金，不会损坏你行为的价值；而你拒绝这笔赎金，只会破坏国家那条好法规。"

张运山先生在《寓言的密码》一书中对此作了精辟的分析：鲁国立那条法规的用意，是为了鼓励每一个人只要有机会，就可以惠而不费地做一件大好事，哪怕你暂时没有预付偿金的能力，也应该去借来赎金为同胞赎身，因为你不会损失任何东西。子贡的错误在于把原本人人都达到的道德标准，拔到了大多数人难以企及的高度。如果鲁国国君为子贡之举龙颜大悦，下令通报表彰，宣传乃至推广，号召全国人民向他学习，会有怎样的后果？我们可以断定：其一，社会表面的道德水准提高了，因为人人都会表态向分文不取的子贡学习；其二，道德水准的实际滑坡，因为头顶已经高悬了子贡这样的道德楷模，谁若赎回同胞再去领国家的赎金，就会被认为是觉悟太低，受到人们的谴责。然而，又有几个人有足够的财力可以保证损失这笔赎金而不至于影响自己的生活呢？这也难怪孔老夫子会严厉批评子贡的做法。

法理第一还是情理第一？这是一个首先必须统一的认识问题。美国哈佛大学举世闻名。当年，哈佛牧师立遗嘱时，把他的一块地皮和250本书赠给了当地的一所学院，这所学院后来发展成了现在的哈佛大学。对于这250本书，哈佛学院一直把它珍藏在哈佛楼里的一个图书馆内，并规定学生只能在图书馆内阅读，不能携出馆外。一天深夜，一场大火烧毁了哈佛楼，在大火发生前，一名学生碰巧把哈佛牧师捐赠的《基督教针对魔鬼、世欲与肉欲的战争》这本书偷偷带出了馆外，打算在宿舍优哉游哉地阅读。第二天，他得知火灾的消息，意识到自己从图书馆里带出的这本书，已是哈佛牧师捐赠的250本书中唯一存世的一本了。经过一番激烈的思想斗争，他找到了当时的校长霍里厄克，把书还给了学校。校长收下了书，感谢了他。然后，下令把他开除学校，理由是这名学生违反了校规。哈佛的理念是，让校规看守哈佛的一切比让道德看守哈佛更安全有效。这就是他们的行事态度——法理第一。

法理第一好，还是情理第一好？答案不言自明。机关工作人员应带头冲破"情理第一"的传统理念，确立"法理第一"即"立规矩、讲规矩、守规矩"的全新理念。现实生活中，不论是法律规定、纪律规定，还是其他规定，有时看起来与道德、人情相违背，但必须严格遵守，不能背道而驰。实践证明，只要能够坚决按法规办事，许多难办的事情反而不难了，许多难以化解的矛盾反而好解决了。否则，就不能把事情办好，甚至还会办糟；或者把一件事情办成了，把规矩给毁坏了。我们有一些法规朝令夕改，多半不是因为这些法规开始就立错了，而是立好后不严格按照它去办，使其没有发挥作用就已失去效用，不得不进行所谓的"修订""完善"。人们称这种做法为"先自毁长城，再自修长城"，这是我们不少法规缺乏稳定性、长效性的重要原因。

在"立规矩、讲规矩、守规矩"方面，机关干部肩负重大责任。因而，我们在办事的过程中，要时时提醒自己，始终把党的路线方针政策、国家的法律法令、政府的条例条令、单位的规章制度作为工作的基本依据和遵循。不能持随意性态度，合意的就执行，不合意的就不执行，或者搞变通执行。更不能搞上有政策，下有对策，我行我素，甚至走法规的边缘，钻制度的空子。尤其要警惕"以情代法""以权代法"等问题的发生，自觉维护法规的尊严，养成自觉按规矩办事的良好习惯。

第39讲　善思考的习惯

我在集团军机关工作的时候,遇到一位博学多才的领导。他曾问我:"白天都干啥呢?"

"干工作。"我回答说。

"晚上睡觉前干啥呢?"

"读书学习。"

"那你什么时间思考?"

面对这一问题,二十来岁的我回答不出所以然。因为我从未想过,思考还要有专门的时间。这位领导语重心长地告诫我:"巴尔扎克有句名言,一个能思考的人,才真是一个力量无边的人。一定要养成思考的好习惯。"

随着时间的推移,我越来越觉得思考的习惯对机关干部是非常重要的。机关干部是领导的耳目和外脑,"动脑"始终是工作的主旋律。一个不善思考的人,很难成为一名称职的机关干部。从那时起,我也写了两句话警示自己:用力工作仅能及格,用脑工作才会优秀。

勤于思考

思考的深度决定工作的力度。一个人在学习、工作中能不能有所作为，与思考的深度关系极大。古今中外大凡有建树的人，都是勤于思考的人。

勤于思考，说到底是能不能发现问题和提出问题，这不仅关系到工作有没有创造，而且关系到人生有没有作为。语言学家黎锦熙在回忆录中讲过一段小故事：

> 民国头十年间，我在湖南办报，当时常帮我们抄写文稿的有三位青年。一位是不问文稿的内容，什么都抄，就连文稿中的技术性错误，也照抄不误；第二位是见到文稿中的问题总是要提出，并能主动润色修饰；第三位则与众不同，看到与自己观点不同的文稿就干脆不抄，更不屑于在枝节问题上纠缠。这三位青年后来的前程大不一样。第一位，终身不过是一个小职员，在历史上默默无闻；第二位后来成了中国著名的作家、戏剧家，他就是田汉；第三位，则在历史上成就一番大事业，此人即毛泽东。

有这样一个观点：一个人如果从肯定开始，必以疑问告终；如果从疑问开始，则会以肯定结束。因此，机关干部要切忌人云亦云，遇到问题要刨根问底，不仅弄清是什么，还要弄清为什么，更要弄清怎么办。既有看法，又有说法，还有办法。

比如给领导起草讲话，就要问一问为什么起草这个讲话，针对什么问题讲，讲给谁听，达到什么目的，等等。这样反复思考，就能笔下生花。如果不动脑思考，埋头抄文件上的，抄报纸上的，抄上级领导的，写出的稿子很可能出现"上下一般粗，没有一句错话，没有一句有用的话"的现象。

再比如我们组织一个会议，下发一份文件，搞一个活动，派一次工作组，也要反复考虑为什么这么办，解决什么问题，达到什么目的，等等。这样三思而后行，可开可不开的会坚决不开，可发可不发的文件坚决不发，可搞可不搞的活动坚决不搞，可派可不派的工作组坚决不派，就会杜绝会议多、文件多、活动多、工作组多、检查评比多等问题的发生。

我国著名的教育家陶行知先生写过这样一首诗，道出了勤于思考的具体方法：

> 我有八个好朋友，肯把万事指导我。
> 你若想问真姓名，名字不同都姓何：
> 何事、何故、何人、何如、何时、何地、何者，
> 好像弟弟与哥哥。
> 还有一个西洋派，姓名颠倒叫几何。
> 若向八贤常请教，虽是笨人不会错。

做到勤于思考，就要培养对思考的兴趣。如果把思考看作是一件很痛苦、很枯燥的事，思考就会消极和怠惰，也就不可能思如泉涌。而一旦养成了爱思考的习惯，培养起对思考的兴趣，就不会感到苦，也不会感到累，就会把思考当成一种莫大的快乐，越想越爱想，也就会使自己的脑子时刻保持警惕，经常装有问题，遇事问个"为什么"。

敢于思考

一些社会学家和心理学家曾对诺贝尔奖获得者以及现代杰出科学家进行过调查和分析，认为"思路开阔，大胆思考""喜欢独立思考，不喜欢思想束缚""大胆地提出想法并大胆地捍卫它"，是优秀科学家和发明

家的共同素质。在提出问题和解决问题的思路和办法上，有自己的独创性，是他们取得杰出成就的重要原因。由此而论，所谓敢于思考，就是不满足于对已有的认识、经验、做法的欣赏和享用，而是能重新审视，重新评判，指出其缺点、弊端，提出新的思路和办法。

领导干部需要借助"外脑"补充"内脑"，这就决定了机关干部思考问题时，必须敢于思考，有自己的独特视角、独到见解。对事物和问题，要往深处想、远处想，发掘独到之处。不然就很难起到"外脑"的作用。比如在起草文件时，如果不是深入思考，而是等吃"现成饭"，等着领导给出题目，出了题目定路子，定了路子给例子，给了例子给段子，给了段子改句子，这样的机关干部在领导那里的印象就会大打折扣，时间长了就会失去领导的信任。

做到敢于思考，还应注意锻炼自己的批判思维能力。爱因斯坦说过："发展独立思考和独立判断的能力，应当始终放在首位。"他还教给大学生一个训练方法：每天花一点时间专门看权威的书籍，找出他们的观点，动动自己的脑子来进行批驳。每天批一个观点，天天如此，批判性思维能力以及独立、自主、怀疑、不盲从、不附和的思维能力就都能训练出来了。我们机关干部不妨试一试，肯定受益匪浅。

善于思考

黑格尔有一句名言："必须在具体时间空间框架内考虑问题。"即对事物进行评价时，必须考虑具体的时间、地点等因素。机关干部尤应遵守这一规则。机关公务活动不仅仅是机关干部个人对某一事情的判断、评价，而是代表、影响着一大批人。如一个普通人，对已经洪水泛滥的城市突降暴雨连连称好，那么他的思维活动对事情的好转可能于事无补，但也不会加剧事情的恶化，至多会引起人们对他的思维方式、价值判断作重新考虑。如果换成一名机关干部，他的这一判断就会影响到他向领导提建议的准确性，甚至可能影响到领导的决策和决心，从而影响到对抗洪救灾的态度和行为，结果可想而知。因此，机关干部在考虑问题时，要牢牢把住这样的原则：在时间空间框架之内，具体问题具体分析。

既能独立思考，又能集思广益，这是机关干部思考问题的又一条原则。这是因为，机关工作本身就是群体性工作、协作性工作，一些问题的解决不是一个人的能力所及的，而是要涉及几个部门、几个单位，甚至要上下左右通力合作。在生活中，我们也许有这样的体会，假若你有一个苹果，我也有一个苹果，两个人交换的结果是每人仍然只有一个苹果。但是，假若你有一个设想，我有一个设想，两个人交换的结果可能是各得两个设想了。同理，当一个人独自思考一个问题时，可能思考十次，而这十次思考几乎都是沿着同一思维模式进行。如果拿到集体中去研究，从他人的发言中，也许一次就完成了自己一个人需要十次才能完成的思考，并且他人的想法还会使自己产生新的联想。

中国台湾女作家罗兰说过："一个人不可能具备各方面的知识。遇到重大问题，与其自己苦思焦虑，不如把问题请教适当可信的，或具有专业知识、丰富经验的人替你斟酌损益，采用他们的建议。这不但有利于事情的判断，而且这也是最有价值的学习。"机关干部应该虚怀若谷，坚信"三人行必有我师"，虚心向他人学习，虚心向他人求教，虚心请他人帮助。只有先做学生，才能后当先生；只有博采众花，才能酿得佳蜜。请记住这句话："一旦体会过集思广益、众志成城的个中滋味，眼前便会呈现一片崭新的天地，人也仿佛脱胎换骨，而且更加确信，未来还会有更多拓展视野的机会。"

第40讲　爱学习的习惯

罗兰说:"成年人慢慢被时代淘汰的原因,不是年龄的增长,而是学习热忱的减退。要衡量一个人是否可靠,不是看他眼前职位高低,收入多少,而是看他是否随时在进修。一离开学校就停止进修的人,不会有光明的未来。"人生其实就是一个新陈代谢的过程,包括思想和机体。新的不断滋生,旧的不断淘汰。人们只有不断接受、吸纳新思想、新观念、新信息,才能推陈出新,与时俱进,健康成长。学习,不仅是人类的天性,也是生命趣味盎然的源泉。

勤读有字之书

书籍是人类进步的阶梯。学习首先是读有字之书。对于读书,时下出现了两种相互矛盾的趋势:一方面,就知识的重要性、学习的紧迫感而言,历史上的任何时期都没有今天突出。日新月异的科技进步、复杂多变的国际形势、不断深化的社会变革,使我们面临着前所未有的新机遇和新挑战,使我们对新知识、新观念、新技能产生了更加强烈的渴求。但另一方面,在信息爆炸、生活节奏加快、新闻媒体迅猛发展和娱乐方式多样化的今天,一些人无暇读书了,一些人觉得没有必要读书了,而只满足于浏览网络、转发微信、收看电视。在这方面我们有必要来一个新的认识。现代条件下，我们获取知识、提高素质的途径固然比过去更多了，但读书的重要性并未因此下降。所有的媒介和读物中，书籍依然是获得知识、提高素质的重要渠道。若就知识的系统性、思想观点的深度和阅读审美感受来衡量，书籍依然不失为最佳的选择，无论是上网、玩微信、看报，还是听广播、看电视，都不能完全取代甚至是完全不能取代读书的功用。所以，一定要养成坚持读书的习惯，只要坚持不懈，总会学有所成。

在人类发展史上，优秀的人才有的爱书如命，有的爱书胜过爱子，有的爱书胜过金钱美女。中世纪的阿维森纳为苏丹王治好了病，苏丹王要赏他黄金和美女，他再三表示不要黄金和美女，只要求允许他到王宫图书馆里去看书。我们首先要记住这个论断：读书是学习。

1.读书破万卷

这是诗圣杜甫提出的读书数量。自古至今，读万卷书是一切有识之士为自己规定的数量标准。万卷书怎么读法？要根据自己的目标，自己的情况，有些精读，有些略读，有些浏览，有些只需要看看题目，有些只需要看看前言，绝不是平均用力，要有所选择、有所侧重、有所控制地读万卷书，建立起自己合理的知识结构。

万卷书到底是多少？还可以用字数来细化一下。胡耀邦当年曾经向中青年干部提出一个要求，即需要阅读两亿字的书。有人估算了一下，认为一个人要用50年的时间才能实现这个要求。这就是说，每年读400万字，每天读1万多字。如果抓紧了，15至20年的时间就能读到两亿字的书。两亿字的书，当然包括小说，包括使人增长见闻、丰富知识的人物传记、游记、记述历史事实的著作等。这些都不需要正襟危坐、逐句细读的。应该养成快速阅读的能力和习惯。有许多小说，一小时可以看四五万字。读理论著作当然不能像看小说那样快，但平均一小时读两万字左右是可以做到的。即使是领袖的经典著作，有些需要精读，但有的

223

也可以较快地浏览。胡绳结合自己的体会讲过：在两亿字的书中，1/4的要精读，3/4的可以浏览。那么，每天抽出两个小时来读书，15至20年就可以实现读两亿字书的目标。

2.善于见缝插针

一般来说，机关干部对读书的意义还是能认识的。有的为疏于读书找借口："不是不想读书，实在太忙，没有时间读书。"一个人说他忙得没有工夫读书，实在是一件很不幸的事。如果把一个人比作电池的话，只"放电"，不"充电"，很快就会"江郎才尽"，发不出"亮光"。机关干工作忙是事实，不过，我们仍可以承认，一个人无论怎么忙，一天之中，十分二十分钟的时间总还是能抽得出的。有句成语叫见缝插针，用在读书上十分贴切。

古人读书讲究利用"三余"：冬天，是一年的空余时间；晚上，是一天的空余时间；阴雨天，也是一种空余时间。宋代文学家欧阳修有个"三上"的读书方法，"马上、枕上、厕上"。就是骑在马上看书，躺在床上看书，上厕所也要看书。这仍不失为可以借鉴的学习方法，只不过骑马改坐车罢了。问题是在这"三上"的时候，手边不一定有适当的书可以看，如果没有，就懒得动了。一次，我到一位博学多才的首长家去，早就闻知首长有个"日行万步路，夜读十页书"的习惯，且五十余年不辍。我发现他家厕所马桶的水箱盖上，放着一大摞小册子，顺手拈起，是《一分钟的寓言故事》《一分钟的小说》《一分钟的神话传说》等书籍，当时很受启发，这些书确实适合在厕所里读。由此联想到，为了让我们随时可以利用短短的空闲时间来看书，不妨经常把一两本打算看的书，放在最容易拿到的地方。比如我们下班之后，吃过午饭、晚饭，总会有一点时间坐在沙发上休息。这时如果书放在茶几下面，不必站起身来，一伸手就可以拿到，我们就自然愿意一边喝茶一边看书了。久而久之，习惯也就成了自然。

3. 贵在持之以恒

唐代大书法家颜真卿那首勉励后人读书的诗很有名："三更灯火五更鸡，正是男儿读书时。黑发不知勤学早，白首方悔读书迟。"毛泽东结合自身实践，反其道而用之，揭示出读书的真谛——持之以恒。他用一副对联勉励自己：苟有恒，何必三更眠五更起；最无益，莫过一日曝十日寒。

毛泽东无愧是揭示真理、实践真理的大家。无论做什么事情，激动一时很容易，持之以恒很困难，持之以恒读书学习就更难。我到中南海瞻仰过毛泽东住的丰泽园，那里堪称是书的世界。饭桌、茶几、办公桌都堆满了书，甚至连睡觉的床上，一半也被垒起半尺多高的书籍占据着。这是便于他在任何时候都能拿到所需要读的书。许多资料都介绍，毛泽东外出视察工作，人未登车，书箱已先上车。毛泽东登车后，或躺或坐，抓起书就看，一路书不释手。就连吃饭、开会、游泳前后，甚至上厕所的片刻时间也在读书。一部重刻宋淳熙本《昭明文选》就是他利用上厕所的时间断断续续看完的。在延安的一次演说中他说：我如果再过十年死了，那么就要学9年零359天。他确实说到做到，在82岁高龄、患白内障双目失明的情况下，还找人来为他念书。待手术后视力稍有恢复又继续手不释卷。直到临终，也就是他心脏停止跳动的前几个小时，虽然已无力说话，但他还是示意工作人员给他读书，当他听到满意的内容时，脸上还露出了微微的笑容。正是这种"决心学习，至死方休"的精神，才将一个平常的小学教员，将一个没上过一天大学、没喝过一天洋墨水的普通农家子弟，塑造成为一个震惊世界的伟人；才将一个没有进过一天军校的师范中专生，塑造成为一个统帅三军、运筹帷幄、决胜千里的伟大军事家。

有人说，不论谁有毛泽东的学习毅力和刻苦精神，都能把自己塑造成一个优秀人才，这话一点都不假。我们先看看这样三笔账：

一是每天坚持自学15分钟，能读0.45万字，一周7天可读3.15万字，一个月可读13.5万字，一年可阅读164.2万字。如果每本书大约7.5万字，每天15分钟，一年可读约22本书，一生即可读约1000本书。

二是每天坚持读1小时的书，能读1.8万字，一周7天可读12.6万字，一个月可读54万字，一年的阅读量可达650多万字，相当于30万字的书20多本。还有人算过一笔账，一个人一天坚持学习1小时，从16至70岁可以学习2万个小时左右，如果每小时读10页书，那就可以读20多万页。

三是每天坚持两小时读书学习，两年左右就可以掌握5万簇信息，即可以掌握一门学问。据研究，一个人一分钟便可以记忆一个信息，有人把这种信息称为"簇"，一门学问所包含的信息量大约在5万簇左右。正如曾经在几个领域作出杰出贡献的一位科学家所说："只要肯下工夫，半年便可掌握一门学问。"

学习就像吃饭一样，是不断地一点点累积的过程，每天持续不断，不要期待一次见效。这道理不难理解，吃饭暴饮暴食不行，学习搞突击也不行，必须持之以恒地坚持下去，仅有一天两天学习热情不行，仅有一年两年学习热情也不行，必须做到终生学习。有的机关干部8小时以内聚精会神干工作，8小时以外广泛猎取各方面的知识和信息，在工作时，储存在脑子里的知识就能任凭调用，得心应手。特别是现在每年双休日、节假日达110多天，几乎占去全年1/3的时间，如果用在读书上，收效将是不言而喻的。谁若不信，可以亲自试一试，铁下心来学习钻研，就能够成为一个博学多才的优秀机关干部。

学习归根结底是通向真理、通向知识、通向光明、通向正确的抉择。最近看到这样几句话：世上有的人喜欢储蓄金钱，有的人喜欢收藏古董，有的人喜欢搜集邮票，也有人喜欢把书上的嘉言名句储存在脑中。我认为知识是最富经济价值且最值得储存的东西，它一不怕盗窃，二不怕丢失，而且携带方便，取用简单。

学好无字之书

读有字之书，强调的是学习书本知识；读无字之书，强调的则是学习实践知识。实践知识对于机关干部来讲是更重要的知识。正如毛泽东所说："读书是学习，使用也是学习，而且是更重要的学习。从战争中学习战争——这是我们的主要方法。"

学好无字之书，说到底就是注重实践锻炼，增加经历阅历。现在有的机关干部，在一个岗位上一干到底，经历单一，阅历单一，所以，水平提高不快。因此，我们机关干部如果有条件，应尽量增加一些经历阅历，代职也好，交流任职也好，都应尽量多争取，岗位锻炼多了，阅历丰富了，体会深刻了，就会悟出一些道理来。"能上不能下，能升不能降"的思想观念和用人方法，必然制约一个干部去自觉丰富阅历经历。我在某集团军政治机关工作九个春秋，"三进三出、三下三上"，都是组织的安排，但我感到受益匪浅。我到总部机关工作后发现，我的一位首长增加阅历和经历的方法，竟然是甘愿降职使用。当年，他已经是野战军政治部宣传处副处长了，为增加基层主管的经历，他主动要求到连队任指导员，从副团职岗位到正连岗位任职，职务一下子降了三级，常人都感觉不可思议。我请教他当时是怎么想的，他说，职务不代表智慧，经历才是真正的财富。在我熟悉的首长中，他确实是一个非常有思想的人，我在他领导下工作的时间不是很长，但从他那里学到了很多。有思想的人，自然是能担当重任的人，分别十几年未曾谋面，在共和国上将授衔仪式上，我又看到了这位首长的英姿。

陆游说，纸上得来终觉浅，绝知此事要躬行。这话说得对极了。亲历的越多，体会就越深刻。我们经常讲，经历越多，阅历越丰富，就越容易看到问题，越容易发现问题。经历过基层岗位和各级领导机关岗位锻炼的人，比经历单一的人看问题更准确，道理就在于此。

靠总结经验吃饭

法国牧师纳德·兰塞姆去世以后，安葬在圣保罗大教堂，墓碑上工工整整地刻着他的手迹："假若时光可以倒流，世界上将有一半人可以成为伟人。"一位智者在解读兰塞姆手迹时说："如果每个人能够把反省提前几十年，便有50%的人可以让自己成为一个了不起的人。"

1965年7月26日，毛泽东在中南海接见刚从海外归来的李宗仁先生和夫人时，问起李宗仁的机要秘书程思远的学历和在海外的情况。程思远说："海外也有很多人学习研究毛泽东思想……"毛泽东笑着问程思远："你知道我靠什么吃饭的？"程思远茫然不知所对。毛泽东徐徐说道："靠总结经验。"（参见程思远：《李宗仁先生晚年》，第193页，文史资料出版社1980年版。）总结经验确实是提高能力素质的好方法。所以，我们干完一项工作，办完一件事情，完成一项任务，都要回过头来看一看，想一想，理一理，看看自己任务完成的好坏，认真分析一下成败得失的原因，好在哪里，错在哪里，经验是什么，教训有哪些，心里要有一本账。这样以后再做同样的事情，处理类似的问题，就会得心应手，游刃有余。

有一些事情，看起来很平常，但处理起来却很复杂，如果不及时总结经验教训，很可能永远找不到感觉。比如，机关工作大量的是协调，如何处理好上下左右的人际关系很重要，也很复杂，而有的人对此总是不屑一顾，处理起来往往自以为是，简单从事，得罪了人还不知道怎么得罪的，不论走到哪里，都与人搞不好关系。有一些事情，看起来很简单，但是没有经验教训，办起来很可能要出纰漏。比如说外出乘车、乘船、乘飞机时，票要随身带是个常识性问题，然而，不少人事先不准备，卡点往外赶，慌慌张张赶到车站、机场、码头了，才发现票还忘在家里没有带来。回去取来不及了，要么误了行程，要么重新花钱补票。总的来讲，不论是处理简单问题，还是复杂问题，如果有过一次经验教训后，及时总结记在心中，就会避免重复犯同样的错误，但若不善于总结反省，即使失败了，交了学费，却无所得，学费只能是白交了。只有经常进行总结反省，才能达到"吃一堑长一智"的目的。

世界上有一些知识是可以从书本上学到的，而有一些知识是从书本上学不到的，或者从书本上只能学到相反的东西。比如说，在为人处事方面，怎样才能给人留下好印象，就需要慢慢体验总结。同样聪明，有的给人以油滑、刻薄、自我炫耀的印象，有的则使人感到机智、犀利，却不失宽容大度。同样文雅，有的给人以酸溜溜的印象，有的则让人感觉落落大方。同样满腹经纶，有人更像是囤积居奇或二道贩子，是卖弄学问的奸商，有人则很诚恳，不失仁厚本色。还有的人，纵然捶胸顿足，仍无人相信。有的步步为营，却依然破绽百出。有的正言厉色，却仍然让人觉得滑稽可笑。

我们经常说，"失败是成功之母"，最近有人提出，"检讨才是成功之母"。看来，这话也许更确切一些，因为失败不检讨就不是成功之母。然而检讨什么呢？要检讨自己到底做错了什么，有哪些是自己不能再犯的，也就是说找找主观原因。检讨也是总结的一项重要内容。要养成一个习惯，就是每天睡觉前都检讨自己，思考一下自己到底做对了什么，做错了什么？有什么做得好，明天可以继续再做？虽然看起来是比较简单的思考，但若坚持下来，天天检讨，就会不断取得进步。

第41讲　严保密的习惯

1941年，毛泽东亲笔为中央军委机要处题词："保守党的机密，慎之又慎。"1951年在中央政治局会议上又讲道："必须十分注意保守秘密，九分半不行，九分九也不行，非十分不可。"机关干部地位特殊，责任重大，既是重要的涉密人员，又是重要的保密力量，也是窃密者瞄准的重要目标。所以，对习近平"泄露了重大机密，就会给党和国家造成损失"的告诫，一定要牢记心中，切实强化保密就是保安全、保大局、保胜利的意识，以百倍的警惕和时不我待的精神做好保密工作。

间谍就在身边，麻痹必食苦果

这是一个令人警醒的案例：

某部机关干部诸某，与贾某曾有师生渊源，后来又曾经是同事、上下级关系。1998年初，贾某复员回地方后，好长时间基本上没有联系。谁知从2001年初开始，贾某经常到诸某的工作单位来，见面的机会逐渐增多，相互联系也越来越频繁，逐步发展成了私交比较好的朋友。2001年底，诸某参与组织重要训练活动刚回机关，贾某提出要看一看这次训练活动的材料，诸某便把装有全套材料的一个文件袋给了他，贾某翻了翻说："这么多，我带回去看吧，明天还给你。"诸某没有任何警惕和怀疑，只觉得这是贾某在部队长期工作的习惯，还有部队情结，就让他把文件带了回去。第二天，贾某也很守信用，把文件还了回来。但是，诸某做梦也没有想到，此时的贾某已成为境外间谍，这一天晚上，他把文件带回去后进行了翻拍，用以向境外情报机关邀功领赏。就这样，一直到2003年8月，诸某先后四次将二十多份涉密文件提供给了贾某，贾某将其中的19份提供给了境外情报机关。案件侦破后，诸某大吃一惊，没想到自己的"好友"竟是个间谍。"他一直在瞄着我、算计我、利用我，而我却全然不知，反而误敌为友，对他以诚相待，热情有加。我与一个间谍就这样相处达3年之久，这是多么恐怖、多么危险的日子呀……"

这是诸某的悔恨之声，但为时已晚。他因泄密罪被判处有期徒刑8年。

上面这个案例告诉我们，泄密在很大程度上是缺乏敌情观念，思想上麻痹大意。一些人总认为，现在是太平盛世，各行各业都提倡与国际接轨，遍地都是朋友，还有什么密可保？这种认识是极端错误的。当前，我们所面临的保密工作形势极为严峻复杂，特别是在社会信息日益发达的情况下，境内外敌对势力窃取我经济、政治、军事、科技等秘密的间谍活动非常猖獗。敌人并没有睡大觉，麻痹大意、放松警惕是非常危险的，是要付出惨重代价的。

机关人员对保密工作一定要有清醒的认识，不能有丝毫的麻痹与松懈，必须严而又严，慎而又慎。要充分认清当前保密的严峻形势和重要意义，坚决克服"无密可保""有密难保"等错误认识，强化"间谍就在身边，泄密就在瞬间"的敌情观念，不断增强保守秘密的紧迫感和自觉性。要坚决按保密法规制度办事，防止和克服时紧时松、随意变通、心存侥幸等现象，坚持高标准，不折不扣地落实好各项保密措施和规定。

网络泄密简单，不慎就起祸端

这是我亲自参与调查处理的一起网络泄密事件：某单位一名在读研究生，将移动硬盘插入电脑，准备在互联网上下载一些资料，拟写毕业论文用。插入5分钟后，他蓦然想起移动硬盘内还存有一些涉密资料，就及时将移动硬盘取下。谁知，就是这5分多钟的时间，他以前所存的37份资料就被境外间谍情报机关全部窃走。为此，这名研究生受到了严厉的党纪政纪处分。此案令人感慨万千："网络泄密简单，不慎就起祸端。"

从近几年发生的失泄密案件看，互联网泄密是一个重要渠道。由此可见，互联网是把"双刃剑"，在方便人们工作生活、促进经济发展的同时，也给国家、社会和各级机关的保密工作增加了前所未有的难度。境外间谍情报机关设立专门机构，利用互联网所具有的开放性、广泛性、快捷性等特点，以及网络隐蔽、难防守、不受时空限制的远程技术，实施网络攻击和窃取我各种情报的活动愈演愈烈。诚然，那种经不住敌对势力拉拢腐蚀、投敌变节、故意窃密的可耻行为，历来为人们所唾弃，下场也必然是可耻的。但对绝大多数人来说，需要防止的是无意识泄密，也就是过失泄密的问题。如同我前面讲的那个案例就属过失泄密，这样的教训还有很多。某单位有一名机关干部，在家中将办公用的笔记本电脑和移动硬盘接入国际互联网，被境外间谍机关植入木马病毒，将其中的涉密资料全部盗走，教训十分深刻。

防止网络失泄密问题的发生，一方面要熟悉保密常识。分析这些年出现的网络及电子信息泄密问题，其中一条重要的教训，就是个别机关干部缺乏基本的网络和电子信息安全防护常识。所以，做好新形势下的保密工作，必须加强对网络、通信、涉密电子载体安全防护知识的学习，明确注意事项，提高防护能力。再一方面要严格落实保密规定。针对现代科技的迅速发展，信息技术的广泛应用，从中央机关到各级机关都对保密工作作出了新的要求和规定。比如，不得将涉密计算机联接国际互联网，不得在联接国际互联网的计算机上使用涉密存储介质，不得在联接国际互联网的计算机上存储、处理、传输涉密信息，阅读和使用涉密载体应当在符合要求的办公场所进行，等等，规定非常明确具体。只要严格按照上级的保密要求和规定办，就会防止失泄密问题的发生。

隔墙可能有耳，涉密一定慎言

常言讲，隔墙有耳，不可不防。这话用在保密工作上，再恰当不过了。某部机关干部李某更是有着追悔莫及的教训。

2003年4月的一天，李某执行任务刚刚从海上归来，单位领导向其通报了海上训练出现重大事故的问题，并要求注意严格保密。他听到这个消息不久，便接到一位同学的来电，询问海上是否出大事了。他开始不想说，但在同学的再三询问下，李某碍于情面，就将这起海上训练事故如实地透露给了同学，并要求这位同学不要再告诉其他人。然而，这位同学并没把李某的要求当回事，当天晚上便把消息透露给了自己的一位老首长。他们也万万没有想到，所谈论的这个秘密消息，被老首长的儿子在隔壁房间听了个一清二楚。老首长的儿子感到好奇，于当天晚上和4月30日、5月1日，先后三次将这一信息发布在国际互联网上。这条消息在互联网上被相互转载，很快在国内外蔓延开，一时间闹得议论纷纷，不仅给调查工作造成被动，也造成了极坏的政治影响。李某等人因此都受到了严厉的惩处。

"当你把秘密告诉了树，就别再抱怨树把秘密泄露给了风。"这则西方谚语作了很好诠释：一旦泄露秘密，开弓没有回头箭，覆水难收。所以，诸多《保密守则》中都有明文规定，"不该说的秘密不说""不该问的秘密不问""不在非保密场所阅办、谈论秘密"，这确实值得我们机关人员牢记和遵循。

常言讲，祸从口出。不该问的秘密你问了，不该说的秘密你说了，口无遮拦必然要出问题。现实生活中有人陷入误区，把知密当能力，把讲密当水平，把知密讲密当身价。在机关工作掌握一些内部要情是必然的，如果到处炫耀，以显示自己的能耐，就是严重违反保密规定；即使有人向你打听，你碍于情面泄露出去，也是纪律所不允许的。置身机关要十分清楚，党和国家以及各级机关的重要情况，都有一个知悉范围和解密期。该哪一级知道的，就传达到哪一级；该在什么范围讲的，就在什么范围讲；该在什么场合讲的，就在什么场合讲；该在什么时间讲的，就在什么时间讲。任何扩大范围、不顾场合和提前时间行为，都是不允许的。

需要笔下生花，不能笔下泄密

关某是机关的"笔杆子"，他才思敏捷，文采飞扬，笔下生花，兼有博士头衔，是一个令很多人羡慕的人才。2004年底，北京某研究院的王院长慕名约他为该院所编写的一本书提供部分资料，关某爽快答应。随后，他为确保书稿的知识性、趣味性、可读性，从院校图书馆将有关机密资料借出使用。在使用过程中，他发现这些资料部分内容与网上某些内容相近，自认为"借阅资料已做降密处理，不属于保密范围"，遂录入计算机与其他资料合成后提供给王院长。2005年1月，王院长将他提供的稿件作为这本书的附录出版，全国各大书店公开发行，搜狐等网站全文刊载。经有关部门查证，关某提供的四万多字的书稿中，有一半源于他借阅的机密资料，造成严重泄密。为此，关某受到行政记大过处分。

"办文"是机关干部的经常性工作，在撰写材料、起草文件的过程中，追求"笔下生花"，增强文章的准确性、鲜明性、生动性，都是必要的。但是，首先应当具有保密性。也就是说，"可以追求笔下生花，必须严防笔下泄密"。否则，就会带来严重的后果。所以，有人写出了这样的打油诗："人人都说秀才好，笔尖走马任逍遥，怎奈头上紧箍戴，小心翼翼谁见了？"

我觉得，机关干部在保密问题上怎么小心都不过分，一定要有如临深渊、如履薄冰、诚惶诚恐、战战兢兢的谨慎态度，任何时候都要视保密为"紧箍"，不能越"雷池"半步，确保任何情况下都不出现失泄密问题。

第八课
把握创新方法

"数字化之父"尼葛洛庞蒂谈论人才的标准时说:"我认为,人才不是那些学多少知识的人,而是那些能承担风险,能不循规蹈矩做事情的人。"有人说,机关干部有没有发展潜力,有没有大的作为,关键看他有没有创新意识、创新精神、创新人格。

创新对机关干部来讲,反映的是一种工作态度、进取精神和过硬素质。创新不仅是出大主意、搞大发明、谋大发展,工作中往前跨一步,别人没有想到的你想到了,别人没有做到的你做到了,别人没有解决的你解决了,也是创新。所以,必须牢固树立创新意识,不因事难而畏缩,不因事小而不为,在形成新观念、提出新建议、创建新理论、谋划新思路、推行新决策等方面,始终贯彻创新思想,用创新的理念和行动,推动各项工作的落实。

第42讲　观察有新视角

我们从一个故事讲起。

20世纪60年代初期，日本一位画家仰慕周恩来总理，特意画了一幅画送给他。

画的内容是一匹马在吃草。

周恩来仔细端详，然后说："这是一匹瞎马。"

日本画家说："它不是瞎马，它的眼睛是睁开的。"

周恩来笑道："正因为它的眼睛是睁开的，所以才说它是瞎马。马儿低头吃草，一般会闭上眼睛，因为草会扎痛它的眼睛。"

日本画家深为叹服。

在机关工作，特别需要这样的慧眼：别人不注意的现象你要注意，别人看不见的东西你要看见，别人发现不了的问题你要发现。对一个事物，只要经你过目，就能洞察其中的蛛丝马迹，并且能够透过现象看到本质，迅速作出正确判断。有了这种观察问题的新视角，就能增强工作的预见性和主动性。

正常中发现异常

一般来说，正常的事没有什么信息价值，但不少看似正常的事情、正常的现象，往往潜藏着本质性、规律性的问题，善于捕捉正常中的异常，就会防止有价值的东西从自己的眼皮下溜掉。

大家都知道，"万有引力定律"是牛顿从苹果落地的现象中发现的。在牛顿以前，这一常规现象呈现在多少人的眼前，没有引起任何人的注意，或者即使有人注意到了却没有发现其中的奥秘。所以说，真正有洞察力的人，感官神经时时处于高度警觉状态，对任何现象都感兴趣，即使是对那些常规的、常见的现象，也从不麻痹大意，而是从平常的现象中发现不平常的东西。

一次，美国石油大王约翰·洛克菲勒和一个朋友一起乘车，遇到一个男孩赶着一辆马拉的雪橇，上面装着一些桶。两个人都注意到这个快乐的孩子在美丽的天空下吹着口哨，欢喜若狂。对此，洛克菲勒说："这个年轻人将一辈子不会有成就。"迷惑不解的朋友问他为什么，洛克菲勒回答说："因为他心里不是想着赶马，而这是他的正经事。"他进而解释说，对必须面对和处理的事，要有彻底的认真精神，绝不三心二意，而是将所有的注意力、情感、责任心等，全部集中在它上面。后来的实践证明，那个注意力不集中在正经事上的年轻人果然一事无成。

对此，美国的行为医师琼·卡巴特也有一个十分精彩的观点："你无需为了以后的任何事情，就随随便便地赶快把碗洗掉。因为，每一个时刻都有同等价值，就连你在洗碗时，都是你生活的一部分，现在，眼前的时刻，是你的生活。现在这一分钟，现在这一天……才是最重要的。"

世界上没有完全相同的两片树叶。再常规、再常见的现象，只要你仔细观察，必定能发现其中的区别和疑点。观察问题，不仅要用眼睛，还要用脑用心，要善于透过现象看本质，通过量变看质变。春秋时，楚庄王准备讨伐陈国，便派使者去侦察陈国的情况。使者侦察后回来报告说："陈国是不能讨伐的，因为它城墙高，护城河深，积蓄的财物多。"大臣宁国听了他的汇报后却认为，可以攻打陈国。他向楚庄王分析说："陈国，是个小国家，而它积蓄的财物却很多，这表明它的税赋重，老百姓一定对国君怨恨不满了。城墙高，护城河深，则民力肯定疲惫不堪了。此时派兵攻打，一定能够大获全胜。"楚庄王一听很有道理，接受了宁国的建议，于是下令出兵，一举夺取了陈国。从这里我们可以看到，信息情报相同，但由于见识高低深浅不同，得出的决策意见也截然相反。

　　人类的通病是往往自以为很"科学"，常常以表面的现象来判断事物的价值，其实这是错误的观念。因为事物的价值判断是多方面的，作为机关干部应该从内在、外在等条件广泛考虑，客观衡量，才能得到正确的答案。下面这个故事比较沉重，却令人警醒：

　　中日甲午海战前夕，战云密布，箭在弦上，一触即发。当时，中国的军舰在吨位、数量和火力上都胜于日本。日本虽想挑起事端，但不知实际情况如何，迟迟不敢轻举妄动。此时大清朝举国上下一片陶醉，以为自己在武器装备上占先，中日海战中方必胜无疑。为了刺探情报，掌握清海军的底细，日本便派出了间谍实地查看。这个间谍老奸巨猾，化装到船上打眼一看，只见清海军的炮塔上居然横七竖八地晾着诸多短裤、袜子等杂物，心中暗喜："这是一支纪律松弛、管理混乱的军队，不会有多大战斗力。"他把上述细节写在情报中，并坚信不疑地分析道：中日双方作战，胜利必然在日军一方。

　　果然，海战一开，中方惨败，几乎全军覆没，先进的军舰也成了日军的战利品。

偶然中发现必然

有人说，科学的起点开始于非常、反常。我感到，认识的切入点也应格外关注反常。一个有敏锐观察力的人，对一些反常现象都是格外警惕、格外敏感的。

1723年，清抚远大将军年羹尧率军至青海，平定叛乱，连连获胜。但年羹尧十分机警，认为敌人未灭，不可懈怠。一天夜入三更，万籁寂静，官兵发出甜美鼾声，突然一群大雁叫声凄惨地从营帐上空飞过。这一反常现象引起年羹尧的高度警觉，他迅速断定，一定是敌军趁夜前来偷袭军营，车马疾驰惊得大雁疾飞惨叫。他马上唤醒官兵，全副武装，埋伏起来。四更时分，敌军果然疾驰而来，年羹尧挥军四起，歼敌大部，打了一个计划外的漂亮仗。

关注反常现象，还要注意不相关的偶然情况。偶然性和必然性是因果相关的，所以，对于某些事物的偶然现象，不能孤立地、静止地看，而要找出它们内在的联系和因果关系。1967年，日本在苏联常驻的商务人员发现，在近两三个星期的时间里，苏联外贸部门司局以上的官员没在公开场合露面。他们把这一情况上报后，立即引起东京决策层的高度重视，他们马上给日本驻各国的有关人员发了电报，要求尽快查清苏联外贸高级官员的去向。结果发现，苏联外贸高级官员都聚集在美国，进行秘密的粮食贸易谈判。得到这一情报后，东京马上意识到，苏联派这么多高层人士谈判，一定是一笔很大的粮食买卖。如果苏联大批购买粮食，就会引起国际市场粮价上涨。根据这一预测，日本抢购了一大批粮食。结果正如他们预测，在世界粮食价格上涨之时，日本人美美地赚了一笔。

现实生活中，反常的现象很多，处处留心皆学问，切忌置若罔闻，麻木不仁。善于洞察的人，大都注意透过"反常"看"非常"，偶然之中找必然。1945年，国共两党在重庆举行谈判，毛泽东知道蒋介石厌烦吸烟，所以，他在与蒋介石谈判或见面时，出于对对方的尊重，一支烟也不抽。蒋介石也知道毛泽东的烟瘾很大，平时总是口不离烟，烟不离口。而与他在一起几个小时甚至几十个小时不抽一口，从这一反常的举动中，蒋介石看到了毛泽东超人的毅力和自制力。他深知毛泽东是他最强有力的对手，重庆谈判还未结束，他即下令向我解放区发起疯狂进攻。但他却不知自己不是毛泽东的对手，他所领导的国民党军队不是毛泽东领导的共产党军队的对手。战场最能见分晓，蒋介石最终被赶到了台湾岛上（参见袁德金，刘振华：《华北解放战争纪实》，人民出版社2001年版）。

一般中发现特殊

陈毅元帅曾经告诫机关参谋人员：有些虽然是小问题，却埋藏着大危机，所以机关工作者对小问题的观察，应如猎犬般敏锐，不能放松一点一滴的小问题，粗枝大叶是不适宜机关工作的。

这是陈毅在实战中得来的宝贵经验。他曾讲过这样一个事例：

> 过去我们在井冈山游击时期有一个故事，就是我们当时力量很小，只有几千人，被多数的敌人连日连夜地追击，大家都很担心，说不定什么时候队伍会被敌人消灭。有一次，我们已经脱离了敌人，

到了一个群众条件较好的附近三四十里又没有敌情的地方。大家以为可以好好休息一下了，所以大胆睡觉。到了半夜，有一个参谋起来解手，听到老百姓说某处到了军队，这个参谋就立即报告首长。于是又派人去侦察，果然确实。队伍遂立即出发，结果我们队伍在敌人层层包围中夜间脱险，由几乎被敌人围歼中转移。

由这个例子，我们就可以看到，假如这个参谋同志不注意不报告，队伍可能遭受大的损失。

许多事物本身并没有什么价值，但在特殊环境、特殊情况下，就会产生信息价值。日常生活和工作中有许多看似平常甚至不起眼的细节或小事，但这些一般的细微小事，放在特殊条件下去分析，就能发现它有特殊的一面。一颗马掌钉与一个国家相比，实是微不足道，历史却有这样的记载：少了一颗钉子，丢了一个国家。

1485年，在英国波斯沃斯，国王理查三世准备拼死一战。里奇蒙德伯爵亨利带领的军队正迎面扑来，这场战斗将决定谁统治英国。战斗开始的当天早上，理查派了一个马夫备好自己最喜欢的战马。铁匠给马钉掌时，因缺少几颗钉子，有一只马掌没有钉牢。两军交上了锋，理查国王就在军队的阵中，他冲锋陷阵，鞭策士兵迎战敌人，率领部队冲向敌阵。他还没走到一半，一只马掌掉了，战马跌翻在地，理查也被掀在地上。国王还没抓住缰绳，惊恐的战马就跳起来逃走了。理查环顾四周，他的士兵们纷纷转身撤退，亨利带领的军队围上来了。不一会儿，亨利的士兵俘获了理查，战斗结束了。

从那时起，人们就说：少了一颗铁钉，丢了一只马掌。少了一只马掌，丢了一匹战马。少了一匹战马，败了一场战役。败了一场战役，丢了一个国家。

不知道如何识人，就肯定不知道如何用人，而识别人的最好方法就是看他在不经意间所表现出来的诸多细节。讲一个曾国藩的故事，他作为清朝末年有名的湘军统帅，以善于识人闻名于世。

有一次，他的门生李鸿章带了三个人去登门拜见，请曾国藩给他们分派职务。不巧，曾国藩散步去了。李鸿章就示意那三个人在厅外等候。过了一会儿，曾国藩散步回来，李鸿章说明来意，请他当面考察那三个人。

曾国藩说："不必了，面向门厅、站在左边的那位是个忠厚的人，办事小心，让人放心，可派他做后勤供应一类的工作；中间那位是个阳奉阴违、两面三刀的人，不值得信任，只宜分派一些无足轻重的工作，担不得大任；右边那位是个将才，可独当一面，将来作为不小，应予重用。"

听罢此言，李鸿章感到很吃惊，不解地问道："还没有使用他们，您是如何看出来的呢？"

曾国藩笑着说："刚才散步回来，见厅外有三个人。走过他们身边的时候，左边那个低头不敢仰视，可见是位忠厚老实、小心谨慎的人，因此适合做后勤供应一类只需踏实、不需机变的事情。中间那位表面上恭恭敬敬，可等我走过之后就左顾右盼，可见是个阳奉阴违的人，因此不可重用。右边那位，始终挺拔而立，如同一根栋梁，双目正视前方，不卑不亢，是一位大将之才。"

后来，三个人的成长轨迹正如曾国藩所言。他所说的大将之才，便是淮军勇将，后来担任台湾巡抚、鼎鼎有名的刘铭传。

事实告诉我们，有些大的问题，往往隐藏在细微的事情中；有些事物的发展趋势，就隐藏在初露的苗头中。因此，有思想深度的人，都是极其重视细微之处的。请记住这句话：在每一个细节背后，哪怕是最微不足道的一点点，都隐藏着伟大的力量。尤其是在面对紧急重大的事情时，熟悉情况的每一个细节，将给你把握局势的信心，为你提供解决问题的思路。

眼前中发现长远

英国诗人雪莱有一句名言："冬天来了，春天还会远吗？"说的是不要被眼前的景况挡住了视线。通俗地说，防止一叶障目。

同样的道理，机关干部观察问题、分析问题、判断问题，也不能被暂时的现象所迷惑。这是因为，世界上的事物都是复杂的，表面上看是一回事，往深看又是一回事；看眼前是一回事，看长远又是一回事。按照道家"得失律"的理论，由于整个宇宙是一个阴、阳两种力的振动体，阴中有阳，阳中有阴，得与失都不是绝对的。表面上看来"得"的事，实际可能是"失"，而表面看来是"失"的东西，实际可能是"得"。

这样阐释可能太晦涩，不好理解。不妨回顾一个人们都熟悉的故事——"塞翁失马"：

> 故事说的是边塞上一个老头儿很会养马，大家叫他塞翁。有一天，塞翁马群里的一匹马丢失了，邻居们来安慰他，深表惋惜。谁知，这老头儿却说，有什么好惋惜的，怎么能知道这就不是福呢？
>
> 过了几天，他那匹马安然无恙地回来了，竟然还领回了一匹膘肥体壮的马。邻人又兴高采烈地前来表示祝贺。他却说，这有什么值得高兴的，怎么就知道这不是祸呢？

果不然，塞翁的儿子见失马归来，按捺不住喜悦的心情，骑着马出去兜风。正应了那句话——乐极生悲，他不小心从马上摔了下来，把腿给摔瘸了，成了一个残疾人。邻人对塞翁的先见之明佩服得五体投地，再次来安慰他要想开些。谁知塞翁依旧心静如水：这有什么想不开的，怎么能知道这不是好事呢？

　　过了一些时候，匈奴大举入侵，青年人应征入伍。入伍的青年都战死了，而塞翁的儿子因为残疾而免役，反而得到保全，幸存了下来。

　　防止一叶障目，要有辩证眼光，也就是会具体问题具体分析。黑格尔在讲到具体问题具体分析及真理是具体的时，曾举过一个很著名的例子。他说，离开了具体的时间地点，对简单的问题都难以作出判断。比如，下雨是好是坏？如果城市中长期干旱，土地龟裂了，庄稼枯黄了，树木萎缩了，市民的饮水也出现短缺，此时此景，下雨是再好不过了，可谓是及时雨，"老天开恩"；但如果城市中已经是洪水泛滥，一片汪洋，冲毁了房屋，冲毁了道路桥梁，甚至吞噬了无数的生命，此时此景，再降一阵暴雨，这无异于落井下石，雪上加霜，下雨可谓是最坏的事了。因此黑格尔认为，对事情进行评价时，必须考虑具体的时间地点等因素。换句话说，必须在具体时间空间框架下考虑问题。

　　具体情况具体分析，说起来容易，做起来却不那么简单。机关干部在工作中最容易出毛病的地方主要有这么几个方面：一是唯书唯上。想问题办事情习惯于从本本出发，贯彻上级指示精神照抄照转。二是一刀切。在布置和指导工作的过程中，不分析单位之间存在的差异，不研究各地的具体特点，缺乏因地制宜、分类指导。三是走极端，搞绝对化。通常是离开事物的本来面目，要么肯定一切，要么否定一切，不能全面地看问题。这些问题，都是需要克服的。

防止一叶障目，还要有发展眼光。曾经从报端读到一篇文章，介绍有三位不记名的候选人，请你根据他们的档案材料从中选出一位最优秀者，让他担任一个国家的总统：

第一位，曾经因违反规定被两次赶出办公室，读大学时还经常吸食鸦片，每晚都要喝一升左右的白兰地酒；第二位，他笃信巫师和占卜术，有多年的吸烟史，而且长期嗜酒；第三位，曾经是国家的战斗英雄，喜欢素食，偶尔喝点啤酒，年轻时不曾违法，也无犯罪前科……

选谁呢，我想所有的人都会毫不犹豫地选择第三位。殊不知，上述候选人中，第一位是丘吉尔，1940年开始出任英国首相；第二位是罗斯福，他不仅当选了美国总统，而且四次连任；第三位是臭名昭著的法西斯魔头希特勒。

"士别三日，当刮目相看。"人是如此，事物也是一样。真理总是在发展的，每一个正确答案都不是僵死的、无矛盾的终极结论。任何结论，都很难说是最终的，所以，必须用发展的眼光看问题。

防止一叶障目，更要有公正眼光，也就是要谨防偏见。民谚说："偏见是黄疸病，有偏见的眼睛看什么都是黄的。"一个人对某事某人一旦有了偏见，就会产生偏向、偏心、偏执、偏袒，乃至导向行为的偏颇和事业的偏废。实践证明，当一个人被偏见俘虏之后，对自己喜欢的人，就会只看见他的优点；对自己不喜欢的人，就会只见到他的缺点。这是偏见带来的心理障碍。有了这种心理障碍，分析判断问题没有不出偏差的。

"疑人偷斧"的故事讲的就是这个道理：

有人丢了斧子，他怀疑邻居的孩子偷了，看邻居孩子走路的样子，也像偷斧的贼；看邻居孩子的表情，也像偷斧的贼；听邻居孩子说话，也像偷斧的贼。后来他找到自己的斧子以后，又见了邻居家的孩子，从哪一点也看不出像偷斧子的人了。

"智子疑邻"讲的也是这个道理：

宋国有一个富人家，一天下雨把院墙冲坏了，他儿子说："不把塌口堵上，必然会有盗贼来盗窃。"邻居也有人这样告诉他。第二天家中果然被窃，丢了不少钱财，这个富人认为自己的儿子有先见之明，却怀疑邻居盗窃了他家的财物。

这个富人对同样的忠告采取了不同的态度，对自己儿子的忠告，便认为未卜先知，实在聪明；对邻居的忠告，便起疑心，怀疑是他把自己家的东西偷走了。无数事实提示人们，观察问题必须有公正的眼光，不能带任何框框和偏见。

第43讲 调研有新思路

包公的传奇故事可谓妇孺皆知，他慧眼如炬，明察秋毫，断案如神，不冤枉一个好人，也不放过一个坏人。就是这样一个久享盛誉的"包青天"，也有上当受骗的灰色记录。宋人郑克在《析狱龟鉴》中记述了这样一个故事：

有一个罪犯，论律要受杖脊之刑。为少受些皮肉之苦，他便贿赂包公手下的行刑小吏，想减免一半刑罚。这小吏"受人钱财，替人免灾"，便给人犯出了一个主意，让他在行刑的那天，不停地争辩喊叫，小吏便当着包公的面大声呵斥他。包公当然不知这个圈套，见小吏如此仗势妄为，勃然大怒，便宽赦了受刑之人，惩罚了这个小吏。包公感到，让小吏顶替挨打来挫掉身边工作人员仗势欺人的气焰，是自己的明断，可他没有想到这正中了小吏的诡计，无意中成全了小吏与犯人的交易。

包公一生识破了诸多常人难辨的阴谋诡计，这一次却"栽"在了一个自己信任的小吏手里。

无独有偶。曾任美国总统的胡佛也有过类似的经历。胡佛任美国联邦调查局局长期间，心计颇多，很少有人能骗过他。他曾规定，联邦调查局所有的特工人员都必须严格地控制体重，不准超标。那些大腹便便的特工人员都知道，一旦被胡佛局长发现，肯定没有好果子吃。但是，也有一次例外。

有一天，一位胖特工得知，自己将被提拔为迈阿密地区特警队的负责人。任职前，胡佛局长要接见他，就是当面考察他。于是，这位胖特工开始琢磨：我发福得这么厉害，怎么才能顺利通过局长接见这一关呢？他到街上买了一套衣服，号码比平时要大得多，穿上一试，非常满意。因为这给人一种假象，就是减肥卓有成效。与胡佛见面的那天，胖特工穿上这身大号衣服，一见面就感谢局长提出的控制体重的要求，他一本正经地说："局长控制体重的指示太英明了，简直就是救了我的命啊……"胡佛听后很高兴，仔细端详了一阵，不但没有批评，反而连连夸奖，鼓励他继续带头瘦身。就这样，胖特工顺利过了关，如愿以偿地到新岗位任职去了。

后来，胡佛知道了这件事情的真相，他没有大发雷霆，而是说了一句引人深思的话："谁越喜欢恭维，谁就越可能被恭维者支配。"

事实告诉人们，无论身居何职，无论智商多高，没有调查研究就没有知情权；只有深入调研，才能掌握真实情况。机关干部作为领导决策的智囊和参谋，必须把陈云的名言牢记心中："我们应该用百分之九十以上的时间去弄清情况，用不到百分之十的时间来决定政策。"当然，调研绝不是一个"走一走、问一问、写一写"的简单过程，而是一个涉及面很广、综合性很强、学问很深的创造性工作。特别是在"了解实情难"的情势下，要注意探索和掌握科学的调研方法，形成新的工作思路。根据我的体会，起码要做到如下"六到"：

一是身到。"涉浅水者得鱼虾，入深水者见蛟龙。"身到就是要身临其境，对事物的方方面面进行切身感受，不能只是坐着车子转转，走马观花地看看。在这方面毛泽东同志是我们党的杰出典范,他不仅为我们留下了很多不朽的论著,而且在躬身实践方面,也为世人所敬仰。我们知道的有三次大的调查研究。一次是在1927年年初,毛泽东同志为了弄清中国农民运动的实际情况,在湖南乡下调查32天,走了1400多里路,实地考察了5个县,写出了著名的《湖南农民运动考察报告》;第二次是在1930年5月,毛泽东同志为了驳斥党内教条主义,在寻乌进行了20多天调查研究,获得了大量第一手资料,整理出了近10万字的《寻乌调查》笔记,并高度凝练成了《反对本本主义》这篇杰作;第三次是1956年,毛泽东同志为了揭示社会主义革命和建设的规律,一连工作了近两个月,听取了中央国家机关34个部门的汇报,写出了《论十大关系》这篇光辉文献。

毛泽东同志的实践告诉我们,调查研究是一项艰苦劳动,舒舒服服,走马观花,是掌握不了第一手资料的,是不可能对事物作出正确判断的。机关干部不能只是坐在办公室里看材料,当"二道贩子",而是要从办公室走出来,从会议室走出来,从应酬活动中解脱出来,经常深入基层,深入实际,深入生活,掌握丰富的第一手资料。原始的东西尽管是粗糙的,但是它的"含金量"是相当高的,到一个单位,只要情况允许,一定要接触到事实的最终端。

二是眼到。有人说"这个世界不缺乏美,只缺乏发现美的眼睛",这话很有道理。调研的目的是发现问题,解决问题。问题找准了,调研就成功了一半。要想在调研中有新的发现,就要发挥眼睛的特殊功能,多看一看。百闻不如一见。有许多事情,听别人说是一回事,亲眼看一看又是另一回事。下面这个故事不少人都熟悉:

> 洪承畴作为明末的重臣,在松山战役中为清军所俘。皇太极想收服洪承畴为己用,起初,无论是动用金钱、高官、美色等手段,

他都坚决不降，还骂不绝口，表现得宁死不屈。皇太极不死心，命范文程去做劝说工作。见范文程到来，洪承畴骂得更凶了。范文程不愠不火，仍善言安抚，并与他谈古论今。恰巧房梁有积尘落到洪承畴的襟袖上，范文程发现，洪承畴几次都是轻轻地将灰尘拂去。见此情景，范文程心里一亮，回来报告皇太极说："洪承畴不会死的，他如此爱惜衣服，更何况对自己的生命呢！"了解到了真实情况后，皇太极亲自出面劝降，洪承畴果然归顺清朝。

许多老机关都有这样的经验，下去搞调查研究，切忌听完就走，有时间一定要多转一转，亲眼看一看，这样会增加许多感性认识，看到许多真实情况。这里需要注意的是，在看的过程中，尽量不要被他人牵着鼻子走，按照早已设定好的线路看，因为让看的一般都有充分的准备，不会有什么大问题，倒是不准备让去的地方，尽量去看一看，有些真实情况可能就隐藏在这里。当然，机关干部到现场察看，也要注意身份和方法。从指导思想上讲，是为了了解实情，而不是为了挑刺和找茬，看到问题要记在心里，必要时善意地指出来，不要指手画脚，说三道四，乱加指责。否则，会引起下边的反感。

三是耳到。要善于听取各方面的情况，顺耳的、正确的情况要听，逆耳的、反面的情况也要听，而且要特别珍视反面意见。我作为从基层一级一级上来的机关干部，深感下级向上级提反面意见之难。在考虑向上级提反面意见时，总是反复掂量，不到万不得已，逆耳之言难出口，出口时也都是讲究措辞，讲究角度，讲究口气。你听起来是希望、是建议，实际上是意见。

作为上级领导机关的人员，一定要明白，你要调查什么，想听到什么，想看到什么，下面的一些人总爱揣摩，唯恐说不到点子上，如果你再不虚心，不注意兼听，就很难听到不同意见。这一点陈云同志讲得很深刻：领导听话要特别注意听反面话。相同的意见谁也敢讲，容易听得到。他还说，事物是很复杂的，要想得到比较正确的了解，那就必须听取各种不同的意见，经过周密的分析，把它集中起来。所以，机关干部在调查了解情况时，一定要注意多听，不仅正规场合听，而且在闲聊、谈心和茶余饭后，也要把耳朵变得很灵敏，这样，了解的情况自然就会多起来。

四是口到。也就是不耻下问，放下架子，甘当小学生，虚心向下级请教，向基层的同志请教。孔子作为圣人，他能做到"每事问"。所以，古人便有入境问禁，入乡问俗，入门问讳的说法。即进入别的国家（地区），应该了解当地法律禁止的事情；进入异乡，应当询问当地的风俗习惯；到别人家里，应当了解他家里的避讳禁忌。这给我们提供了调查了解的思路。

毛主席常说："学与问是不能分开的。"早在1930年，他就在《反对本本主义》一文中告诫那些做领导工作的人说："迈开你的双脚，到你的工作范围的各部分各地方去走走，学个孔夫子的'每事问'"。他还说："我就是这么一个人，要办什么事，要决定什么大计，就非问工农群众不可，跟他们谈一谈，跟他们商量，跟接近他们的干部商量，看能行不能行。这就要到各地方跑一跑。"

怎样问，当然也有学问，我跟一些领导同志下基层调研时，发现他们经常采用"四问式"调查法：一问基层同志最满意的事情是什么，二问基层同志最不满意的事情是什么，三问基层同志最盼望的事情是什么，四问基层同志最急需解决的事情是什么。方法挺简单，却很是实用。

五是心到。就是对掌握的情况进行理性思考，从中提炼出带规律性的东西来。首先要把宏观分析与微观分析结合起来。对一个单位的情况分析，既要考虑大范围的宏观情况，又要考虑小范围的微观情况；既要看整个工作过程的宏观情况，又要看某一个阶段工作的微观情况。也就是既要进入局部去考察，又要站在全局的高度进行综合分析，防止以偏概全。

其次要把横向分析与纵向分析结合起来。所谓横向分析，就是指把这项工作、这个单位放在更大范围，与相同或相似的参照物进行比较，衡量其进步和发展状况。所谓纵向分析，就是看基础、看发展、看全过程。只有把横向与纵向结合起来分析，才能客观地作出正确结论。

再次，要把静态分析与动态分析结合起来。某一个时期、一个单位、一项工作的情况，总是具有相对稳定性，但随着形势的发展又是不断变化的。机关干部想问题，必须坚持静态与动态的统一，即利用已知的推测未知的，通过现实预测未来的可能性。当然，静态情况具有不变性，比较好掌握；而动态情况可变性大，不确定因素多，分析和把握相对难一些。但要想使调查的情况有深度，一定要学会动态分析，善于从联系上、发展上、趋势上研究新情况新问题。

又次，要把定量分析与定性分析结合起来。事物都是质和量的统一，调查分析既要注重从质的规定上去把握，又要注重用适当的量来衡量。我们常用的概率推算、百分比计算等，就是定量分析法。定性主要是通过对事物表象的分析，来揭示事物的本质。

六是手到。就是要用文字形式把调查研究的情况表述出来。不要等到调查结束后再整理资料，要随时进行"去粗取精，去伪存真，由此及彼，由表及里"的加工整理；发现不清、不实、不准的问题，及时进行补充调查，使调查资料更客观、更完整、更准确；不要等回到机关向领导汇报时，才发现有些情况说不清，再向下边打电话问这问那，这样不仅费时费力，也影响领导机关的威信。

做到手到，就要提高对文字材料的认识。在这方面，多数机关干部是重视的，但也有的态度不够端正，有的不在乎，甚至鄙视写作，认为做具体工作是务实的，写材料、耍笔杆子是务虚的，搞文字游戏，没什么意思。实际上，说这种话的人，多数并非不明白动笔的重要性，而是自己没有这方面的能力，为自己开脱找台阶下。还有的对写作存有偏见，把写文章与做表面文章画等号，明明自己害怕艰苦，不愿动手，还美其名曰"咱不做表面文章"。我感到，写文章的不一定是做表面文章，不写文章的不一定不做表面文章。关键在于文章是怎么样写的，工作是怎么样做的。如果经过周密的调查研究，写出有理有据、对工作有正确指导作用的材料，这样的文章越多越好。实事求是地讲，撰写文字材料，是一个机关干部综合素质的反映，没有观察问题、分析问题、综合问题的能力，是写不好材料的。不信可以验证一下，哪个人在写总结材料时，"了"字用得最多，哪个人在写汇报材料时，好像填报表一样，数字用得最多，百分比用得最多，那么，他观察、分析、综合表达的水平就比较低，因为他只会罗列现象，归纳不出观点，更上升不到理性的高度。所以，"手到"不仅是工作的需要，也是提高自身素质的需要。

第44讲　督查有新方法

习近平同志曾指出："督查方法要有突破、有创新、有实效，以不断适应新形势下督查工作的需要。"（《没有督查就没有落实——在与浙江省督查干部座谈时的讲话》，《秘书工作》2015年第1期。）督促检查抓落实，是领导机关的一项重要工作。要防止决策部署出现中间梗阻、虎头蛇尾、质量效益差、落实不到位等问题的发生，创新督查方法非常关键。

陈云同志有句名言："难者在弄清情况，不在决定政策。"这话用在督查工作上，也是非常恰当的。可以说，对真实情况把握不准，甚至没有弄清楚，推动决策落实也就无从谈起。所以，在当前情况下，督查遇到的最大困难，是了解真实情况难。这里，既有了解事件真相难，也有了解事件处理的真实情况难，还有了解上级决策和领导批示落实的具体情况难等。因此，要创新督查方法，首先要创新获得真实情况的方法和手段。

摸真情，讲真话，动真格

明代天顺、成化年间，宦官、外戚、功臣占田成风，农民流离失所，成为一大社会问题。成化四年（1468年）三月二十四日，明宪宗朱见深根据朝臣的建议，发了一道严诏，要求各级官员严格把关，不论任何人以任何理由请求赐田，都一概不得批准；对以前所占的田，也要进行查清，看看到底是荒地还是农户的田产。当时，老百姓见皇帝出面替他们做主了，无不拍手称快。户部官员也摩拳擦掌，打算认真清理一番。

谁知仅仅过了几天，户部就于四月初一接到皇帝的第二道诏书：将涿州庄田六十二顷赐给周太后的长弟周寿。前一道诏书墨迹未干，这第二道诏书就把它变成一纸空文，朝令夕改，皇帝的命令皇帝自己来破坏，这成何体统！户部便顶着不办，但传旨的宦官却悄悄透露了一个信息，这件事是皇太后逼着皇帝干的，如果不办，太后肯定和皇帝没完。皇帝是孝子，你们看着办吧。

既然如此，户部当然不能使皇帝为难，便如数给了周寿六十二顷田地，不过在赐田的诏书中特意加了一句："下不为例。"即其他人不得与周寿攀比。然而朝廷里谁都知道，这几个字只能管住没有关系背景的人，对那些功臣外戚根本没有约束作用，效法此事的人只会接踵而至。

一年后，周家老二周彧更是狮子大开口，一次要求赐予武强、武邑两县"空闲"田地六百余顷。明宪宗这回可真正伤脑筋了：不给吧，不行；给吧，又没法向天下交代。于是他让户部派人去调查核实，看看周彧所要的田地是否真是"闲田"。意思不言而喻：若是"闲田"，就给周彧；不是"闲田"，则对不起，只得得罪母亲和二舅了。

户部派去的是一位姓戴的主事。戴主事办事很认真，亲临现场察看，举目望去，尽是快要收割的麦子，哪里是什么"闲田"？戴主事觉得事难办了。后来，他通过仔细核查和丈量，终于查出偷漏税收的田地七十四顷，并将其收归公有。戴主事将核实的结果上报，并提出了处理意见：周彧所要的田地全部是良田，百姓的产业，不应赐给；即使要给，也只能是那七十四顷偷漏税收的田地。周彧对这个结果大为不满，但他对户部没有办法，只有通过姐姐周太后继续向外甥施加压力。

明宪宗无奈，就派了相当于现在的厅局级干部刑部郎中彭韶和御史季琮再去实地核查。彭韶性格刚正不阿，办事公道秉正，他和季琮到了武强、武邑后，调查发现这些田地全部是老百姓的产业，马上回朝据实禀报。彭韶上疏自劾说：那六百余顷田地自古以来就是当地百姓的祖业，外戚岂能强夺百姓的口粮田。小臣实在不忍"夺小民衣食，附益贵戚"，因此，"请伏奉使无状罪"，也就是请皇上治自己因说了真话而无法完成使命之罪。彭韶使出了这种甘愿自罚的手段，不仅把众大臣惊呆了，连明宪宗也暗自击节，不得不钦佩他别出心裁。但为了向太后交代，他一面"诏以田归民"，一面责备彭韶"邀名方命"，命锦衣卫将他逮捕下狱。周太后虽然蛮不讲理，但见到有人为此蹲监狱，也不好意思再逼儿子了。她这边一松劲，负责议论朝政的言官们便纷纷上疏，一时间舆论哗然，明宪宗也就顺从"民意"，将彭韶开释。

这个故事说明，我们从事督查工作，应当像彭韶那样面对实情和真相，以"甘愿坐牢"的勇气来讲真话。实事求是是我们党的优良传统，做真人、干真事、吐真言，应是立身之本、谋事之基、为官之德。然而，眼下靠说假话捞政绩等欺骗上级的现象还在一定程度上存在，这就要求我们机关工作人员在督查时，必须把群众的需要当作工作的第一信号，把群众的困难当作检验工作的第一任务，把群众满意当作检验工作的永恒标杆，讲出"真心话""真情话"。要真调研、真走访、摸真情、识真相，努力掌握第一手资料，使各种"水分"报告、浮夸数字、虚假成绩不攻自破。可以说，弄清真原委，报出真情况，解决真问题，是对我们督导检查的根本要求。

暗访比明察更重要

历史小说《雍正王朝》中有这样一个情节：

黄河因历代治理不力,以致洪水泛滥。清雍正二年(1724年),黄河洪水来势凶猛,河防工程一度告急。在一个狂风骤雨、雷电交加的黑夜,河南巡抚田文镜正冒雨巡视河堤,忽然在八盏彩绘玻璃风灯的映照下,有一个既普通又特殊的人物来到了他的面前,田巡抚正在愣神,这人开口说:"怎么,你当了巡抚,眼睛里就没有朕了吗?"吓得田文镜即刻躬身下拜。入棚坐安,田文镜正要向雍正汇报河防情况,雍正却对田文镜说:"告诉你,朕来开封已经六天了,就住在与你几步之遥的老城隍庙里……"

从历史资料看,古代比较贤德的君王,是经常进行微服私访的,因为这是获得真实情况的重要方法。这种方法至今还被一些现代化企业所效仿。有一次,肯德基公司上海分公司突然收到总公司发来的评价分数和等级,连公司经理都不知道上级是什么时间来检查和考核的。原来,为了做好督查工作,肯德基总公司培训了一批人员,时常伪装顾客来到遍布世界近百个国家、数以万计的子公司或分店进行检查评分。检查人员不敢公开身份,更不敢吃请和索贿。正因为如此,分公司时刻感到有压力,从不敢懈怠,经营中一直坚持着高标准,从而也保证了总公司始终立于不败之地。

实践一再证明,暗访是进行督查的有效方法。现在这种方法用得还不是太多,倒是经常看到这样的现象:在开展督查前,提前通知被督查单位和部门。前来督查时,坐着车子转一转,走马观花看一看,办公室里听汇报,招待所里吃顿饭,往往很难了解到真实情况,或了解的情况是片面的、肤浅的。要改变这种状况,就应吸收和借鉴微服私访的优长,既要明察,更要暗访。对所要督查的单位和事项要适当"保密",最好不提前打招呼,也不要公开身份,更不能吃请收礼,这样才能提高督查的质量和效益。

不妨杀个回马枪

在一次报告会上听到这样一个事例：

有一次，国务院有位领导同志到某省考察，省委主要领导陪同他检查验收粮食收购改革的情况。所到之处都是一片喜人景象，农民"卖粮"的积极性很高，粮仓满盈，干净整洁，管理井井有条。这位领导看后非常高兴，给予高度评价，同时对粮食收购改革更加充满了信心。谁也想不到，领导同志结束考察刚回到北京，就收到来自这个省的一封举报信，信中说他上当受骗了，他看到的那些粮仓里的粮食都是从全省各地临时抽调上来应付检查的。领导同志似信非信，为了弄清实情，他立即派秘书重返这个地区，要求把实情彻底弄清楚。临行前还特地嘱咐秘书采取微服私访，不给任何人打招呼，吃住行都是自己安排。当地领导当然没料到国务院领导同志如此较真，竟然派人杀了个"回马枪"。借来应付检查的粮食早已物归原主，暴露出来的当然就是粮仓空空……

这个事例告诉人们，杀"回马枪"的作用不可低估。古戏中的大将作战，每每在将败之际会使出一个绝招——杀一个"回马枪"，且往往会产生出奇制胜的效果。督查工作中杀他一个"回马枪"，也会收到意想不到的效果。督查人员与造假者之间，存在一种此消彼长的博弈关系。水过地皮湿的"例行督查"，结果往往让造假者蒙混过关，暗自窃喜；而杀"回马枪"式的回查，则是一种行之有效的督查策略。断掉造假者逃匿的后路，能够提高督查工作的针对性和有效性。

采取"四抓四促"策略

在长期的督查实践中，有人总结出"四抓四促"策略，值得我们机关工作人员借鉴。

一是抓本促标。督查任何问题，都必须抓住根本，从源头治理，才能彻底解决。"抓本促标"的前提是找到问题的根本——原点、源头。如何才能找到问题的原点？毛泽东提出了一个看似简单却很实用的方法：凡事多问几个"为什么"。具体的操作方法是"打破砂锅问到底"，即顺着事物的因果链，多层次、多侧面地连续发问"为什么"，直到真正弄清了"是什么"，特别是弄清了"问题的根子是什么"，再问"怎么办"。问题的原因清楚了，就容易找到"标本兼治"的灵丹妙药。

二是抓点促面。一个点上的问题常常是面上问题的缩影，只解决一个点上的问题，挂一漏万，无济于大局。督查工作必须采取"抓点促面"的方法，从处理一个点上的问题入手，由点到面扩大辐射效应，才能促动全局整改，达到推进整个大局的目的。我们借用《解放军报》刊载的"陈毅丹阳整军纪"事例，阐释如何"抓点促面"：

1949年5月，第三野战军解放南京后进驻江苏丹阳休整，为进军上海作准备。8日下午，陈毅司令员在街上边散步边巡查部队的军容风纪。当走到光明大戏院门口时，发现几个军人与戏院工作人员在争吵。一了解，原来是我们的战士拿着解放区的纸币要买票看戏，戏院工作人员从未见过这种货币，不接受，由此发生争吵。陈老总见状，立即严肃批评战士道："不能用，就不看嘛，干啥子要往里闯嘛！这和国民党的部队有啥子区别？"说得战士们羞愧地低下了头，在场的老百姓都鼓起掌来。

一场纠纷化解了。可是，陈老总却没有到此为止，他马上由这个点上的问题联想到了整个三野部队的群众纪律问题，联想到了大军进入上海时的群众纪律问题。为促进面上的工作，他连续采取了以下步骤：

——立即指示所属部队检查整顿群众纪律，推动全面整改，放大辐射效应。

——连夜召开野司直属队排以上干部会议，在会上发表了"入城纪律是给新区城市人民的见面礼"的讲话，对城市纪律，特别是对进入大上海的纪律提出了五条更加明确严格的要求。

——当夜即向所属部队发出了《关于城市政策的通令》，广泛深入地对官兵展开城市纪律教育，为进入大上海奠定坚实的思想基础。

陈老总采取"抓点促面"的方法，使三野官兵的群众纪律空前严明，进入大上海时，官兵宁可露宿街头，也不入民宅，秋毫无犯，以后还涌现出"南京路上好八连"等大批爱民模范，得到广大人民群众和外国友人的一致赞扬。

三是抓上促下。其意义不难理解。第一，"屋漏在下，止漏在上"。许多问题出在下面，根子却在上面。比如得过脑中风的人，手脚不听使唤，这不是手脚的问题，而是脑血栓堵塞了脑血管致使中枢神经受阻的结果。要让中风的人手脚灵活起来，必须从"头上"治起，单纯治疗手脚是难以奏效的。第二，"榜样的力量是无穷的"。"群众看党员，党员看干部，干部看领导"，这是一个普遍规律。所以，历来强调"一级做给一级看，一级带着一级干"。第三，"严下先严上，严民先严官"。连上级机关和领导干部都能高标准、严要求了，督促下级落实还能有什么问题？

所以，一定要把"抓上促下"作为提高督查实效的重要法宝。

四是抓细促周。据有关资料记载，我国进行氢弹实投试验时，曾经发生过这样的事故：操作人员在氢弹推脱装置上安装燃爆弹时，出于好意，把弹架上一个关键的小螺钉多拧了四分之一圈，造成电阻过大，导致氢弹投放失败。

幸运的是，在实投实验之前，周恩来总理坚持与汇报投弹的专家在"细"字上较真，一再提问"氢弹投不掉怎么办？"专家肯定地回答道："不会投不掉。我们铺设了正常、应急、超应急三条投弹路线，并在推脱装置上安装了两颗燃爆弹，完全有把握投下氢弹。"可是周总理仍然坚持"十万把握问万一"，继续追问"万一投不掉怎么办？"从而促使专家又提出了两套处置"万一"的特别预案。实投时，真的发生了"万一"，指挥员就是按照处置预案命令飞行员锁死装置，固定住氢弹，安全地带弹返航的（参见宋炳寰：《中国核试验意外带核弹着陆》，《百年潮》2015年第1期）。

从诸如此类的事例可以看出，一些涉及面广、参加人数众多、执行环节复杂的任务，很容易出漏洞、出差错，必须在"细"字上较真，抓细促周，方能万无一失。所谓"细节决定成败"，应是"抓细促周"的最好诠释。

第45讲　思维有灵活性

思维的灵活性是指思维活动的智力灵活程度。也就是说，在思考问题和解决问题时，不固执成见和习惯程序，足智多谋，随机应变。机关干部的创造性，在很大程度上有赖于思维的灵活性。

围绕"多端"想问题

对同一个问题，可以多开端，多联想，得出多种结论，从而锻炼多端思维能力。以我们机关干部经常接触到的铅笔和回形针为例：一般人或许只认为铅笔有一种用途，那就是写字。但是，如果多端思考，就会得出这样的结论：铅笔不仅能用来写字，必要时还能用来当尺子画线，还能作为礼品送人表示友爱，还能当商品出售获得利润；铅笔的铅磨成粉后可以做润滑剂，演出时也可临时用于化妆，削下的木屑还可以做成装饰画；一支铅笔按相等比例锯成若干份，还可以做成一副象棋，可以当作玩具的轮子；在野外有险情时，铅笔抽掉芯还能被当作吸管喝石缝里的水；在遇到坏人时，削尖的笔尖还能作为自卫的武器……总之，一支铅笔有无数的用途。围绕"回形针的用途"这个问题，就可以从它在通常情况下有什么用，变形后又有什么用，对人们的学习、工作、健康分别有什么用，对男人有什么用，对女人有什么用等多个角度进行思考，从中归纳出：回形针可以把纸别在一起，烧红后可以在软木塞上钻孔，可以用来做安全别针，做发卡，可以用来固定标签，可以用来制作链条等多种用途。

还有个变废为宝的故事：

美国得克萨斯州有座很大的女神像，因年久失修，当地政府决定把它推倒。推倒后，广场留下了几百吨的废料，而清除这些废料至少得花2.5万美元。没有人愿意为了这2.5万美元的劳务费揽份苦差使。有个叫斯塔克的人却独具慧眼，大胆将这份差使揽到自己头上。他请人将大块废料破成小块，并进行分类：把废铜皮改铸成纪念币；把神像帽子弄成很好看的小块，并标明这是神像著名桂冠的某部分……装在一个个十分精美而又便宜的小盒子里。更为绝妙的是，他雇了一批军人，将广场上这些废物围起来。斯塔克的神秘举动引起了人们的极大好奇心。时机已到，斯塔克开始推出他的计划。他在盒子上写了一句伤感的话："美丽的女神已经去了，我只留下它这一块纪念物。我永远爱她。"斯塔克将这些纪念品出售，小的1美元一个，大的10美元左右。卖得最贵的是女神的嘴唇、桂冠、戒指等，150美元一个，而且很快被抢购一空。斯塔克从一堆废料中净赚了125万美元。

由此可见，不论遇到什么事情，只要我们从多端来考虑问题，就能找到最佳的工作思路。

围绕"反向"想问题

一般来说，人们习惯于顺着事物发展的方向去思考问题和解决问题，这叫作顺向思维。顺向思维符合常理、常规、常情，有利于人与人之间的理解和沟通，比较容易形成共识。顺向思维遵循事物发展的一般顺序，比如说，从上到下，从左到右，从近到远，从内到外，从前到后，等等。因此，很容易被大多数人所掌握，并且很快形成思路。由于人们的日常学习、工作、生活大多数处在常规问题的情景中，因此，每解决一次问题，那种特定的思维模式、方法、思路就在我们的大脑中烙印一次。随着一次次的重复，这种特定的思维过程和特点就成为习惯而被固定下来，以至于以后任何事物出现时，人们首先自觉不自觉地沿袭着先前的思维习惯思考下去，所以，我们把顺向思维又称作习惯性思维或常规思维。

反向思维是与顺向思维相反的一种思维方法，是指人们在思考问题时，跳出常规，改变思考对象的空间排列顺序，从反方向寻找解决办法。

吸尘器的诞生就是如此。1910年，在伦敦举行了一次除尘器表演。当时，除尘器是很吸引人的，可是那次表演实际上是用风把灰尘吹走，而且观众被吹得浑身上下都是灰尘。人们乘兴而来，败兴而归。有个叫布斯的人想，吹尘看来是行不通的，能不能换个办法，把吹尘改为吸尘呢？回到家之后，他用手帕蒙住自己的嘴巴和鼻子，趴在地上用嘴猛力吸气，结果灰尘不再到处飞扬，而是被吸附在手帕上。后来的吸尘器就是根据布斯这个设想制造出来的。

晶体管的发明又是一例。代替电子管的新元件是晶体管，制造晶体管的原料是锗。全世界都在研究如何把锗提炼得更纯。日本新力公司的江奇博士和他的助手黑田百合子也孜孜不倦地探索。尽管黑田操作十分小心，但是总不可避免地混进一些杂质。她提心吊胆地一次次测量参数，却发现每次都显示出不同的数据。于是她想，既然绝对提纯不可能，倒不如采取相反的做法，故意一点点地添入少量杂质，看看能够提炼出什么样的晶体。这一念头虽然违反常规近似荒唐，江奇博士知道了黑田的构想后却拍案叫绝。照此方法，他们进行了一连串的实验。结果，当他们把锗的纯度故意降到一半时，一种极为优异的半导体诞生了。为此，江奇荣获了诺贝尔奖。

是不是一切问题都需要反向思维呢？日本丰田汽车创始人丰田喜一郎曾经说过这样一句话："如果我取得了一点成功的话，那是因为我对什么问题都倒过来思考。"这话虽然有些夸张之嫌，却对我们有所启迪。尤其是顺向思维陷入困境的时候，让思维重新选择一个出发点，重新确立一个方向，可能会使你茅塞顿开，豁然开朗，顺利到达成功的彼岸。

围绕"变通"想问题

变通是创新思维的重要组成部分，它反映了创新思维过程中的转换和灵活应变特征。我们的思想和行为必须根据客观情况的变化而变化。客观情况需要你"这样变"时，你能作出"这样"的反应；客观情况需要你"那样变"时，你也能作出"那样"的抉择。我们经常说的"变通处理"，就是变通思维的通俗表述。

苏联学者捷普洛夫说："思维过程，通常是由于人需要克服某种困难，需要理解某种事物，以及需要解决某种问题开始的。"人的一生，可能平平淡淡、无所成就，也可能轰轰烈烈、扭转乾坤。但是，都免不了遇到各种各样的难题。用惯常的方法、老一套的模式解决不了问题时，变通处理可能就是一剂最好的灵药。下面这个"六尺巷"的故事，就是变通处理邻里矛盾的典型案例：

清代康熙年间，张英担任文华殿大学士兼礼部尚书，他老家安徽桐城的府邸与吴家为邻。张家打算扩大府第，便在邻居身上打主意，要邻居让出三尺地面，以便张家修院墙。邻居吴府根本不买账，张家见吴府寸土不让，便撺掇张夫人修书一封，派专人千里迢迢送到京城，要张英出面干预。张英见信后，对家里人倚官仗势、欺凌乡里的行为十分不满，立即作诗一首相劝："千里修书只为墙，让他三尺又何妨？长城万里今犹在，不见当年秦始皇。"张夫人见了张英的诗，觉得很有道理，便命家丁退后三尺筑墙。吴家见此情景，深受感动，也马上把院墙主动后退三尺。这样张吴两家的院墙之间，就形成了六尺宽的巷道，成了有名的"六尺巷"。这件事在京城和当地传开来，众人称赞不已，都夸张英待人宽厚，有长者风范。

事情就是这样，争一争，行不通；让一让，六尺巷。这也就是变通处理的神奇之处。

人的思维要保持超乎寻常的灵活性、开放性和创造性，尤其是当情势发生变化或是受条件制约，原来的思路不通时，就应及时改变原来的想法。世界最大的成衣制造企业、美国的礼维公司创始人礼维·施特劳斯的成功，就是一个很好的例证：

> 1850年，美国掀起淘金热，人们纷纷背井离乡，到美国西部冒险。礼维被不断传来的发现大金矿的消息搅得心神不定，无意工作，他决定去碰碰运气。可是当他长途跋涉来到旧金山时，却发现来得太迟了。有金可挖的地方已被人们占得差不多了，地下的黄金没有他的份。他改变初衷，在旧金山开了一家商店，专门销售日用品，包括帐篷和马车上用的帆布。然而，生意冷清，很不景气。一天，有位淘金者来商店买裤子，对礼维说："我看用你的帆布来做短裤挺好，现在矿工们穿的短裤都是棉布做的，几天就被磨破了。如果用帆布来做，既结实又耐磨，大家一定欢迎。"淘金者的几句话，启发了礼维，他用帆布加工了一批裤子放在自己的商店里卖，果然

大受淘金者的青睐，纷纷前来抢购，原来冷清的店面一下子热闹起来。不久，礼维在旧金山开了一家服装厂，专门生产矿工欢迎的帆布工作服。后来，礼维接受一名叫雅克·诺伯的人的建议，在裤子的腰部和臀部的口袋上装上铜钉、铁扣，使裤子更为别致，受到了其他年轻人的欢迎。此后，礼维又不断改进样式、工艺和用料，从而形成了牛仔裤独特的风格。牛仔裤不仅在全美国流行起来，还蔓延到欧洲、亚洲、非洲和南美洲。如今，该公司已传到第四代，在世界十多个国家有工厂，年营业额达6亿多美元。

围绕"荒唐"想问题

作为一种创新的思维方法，围绕荒唐想问题，就是留心和思考他人的幽默滑稽、荒唐悖理的笑谈，从中寻觅具有创新价值和启发意义的因素，从而使自己的思路大开，萌生奇思妙计。请看下面这几个实例：

例一：在日本某乡里，有一次几个人一起在池塘里挖藕，不知谁放了一个响屁，逗得众人大笑起来。有个人开玩笑地说："好响啊！真够分量！像这样的重磅响屁再来几个，干脆把这些藕都冲出来，我们就省劲了。"听他这么一说，大家笑得更厉害了。荒唐，简直太荒唐了。然而，就在这时，有一个人却止笑而陷入了沉思。他想，要是用唧筒把压缩空气灌进池子里，靠压缩空气的强大力量，不就真的可以把藕冲出来了吗？后来他用这样的办法试了几次，结果都是只见冒水泡，而不见藕冒上来。接着，他又把用气冲改为用水冲，就是把水加压后用唧筒灌进水池子里，这一下成功了！用这种办法挖藕，既省力又省时，而且不像用人工挖的那样容易损坏，同时还可以把藕冲洗得很干净。

例二：有人曾突发奇想而口出怪论："种庄稼像现在这样播种太费劲了，播种应该像机关枪那样把种子射出去，又快又准！"这话说得多荒唐！可是，国外却真的已经发明了用来播种的种子枪。这种"枪"实际上是在一种特制的容器里面装上种子，还有种子发芽需要的养料及杀虫药。播种的时候，只要把一粒粒种子弹射到地里，这些种子落地后就会生根发芽。

例三：曾经有人说过这样"幼稚""蠢笨"的话："大街上来来往往的人这么多，要是能把人走动所产生的能量利用起来就好了。"美国科学家罗伊·伦德刚居然以此为线索，于1981年研制出了地毯发电装置，当人在地毯上走动时，地毯下面的杠杆就会发出电来。

围绕荒唐想问题，属于创新思维中的"大胆发想法"一类。所谓大胆发想法，就是要彻底冲破现存事物和思想的束缚，对现在尚没有，但可能产生的事物进行大胆设想的创新思考方法。当然大胆设想，并不是胡思乱想，而必须遵循一定的原则和方法：第一，首先要摆脱现有事物的束缚，不能盲目地迷信权威和经典；第二，必须有大胆怀疑的精神，前面已讲过，没有怀疑就没有创新，在怀疑的同时必须进行认真的分析和想象；第三，对已经熟悉的事物，也要有意识地像对待新东西一样对待它，这样往往会发现新的东西；第四，要海阔天空，甚至可以想入非非，这样可以扩大想象的范围，捕捉到创造想象的火花，激发灵感的产生；第五，大胆构想、探索对比，是激发创新思维的好办法；第六，把形象思维和逻辑思维结合起来。总之，既要异想天开，又要脚踏实地，这就是结论。

第九课
锤炼高尚品格

　　好人不一定能当好官，但好官必须是好人。关于做一个什么样的人，一般人都会有自己的理解和行为准则，有人选择高尚，有人选择卑贱，似乎无可非议。然而，机关干部不能把自己混同于普通的人，普通的人可以自由选择——或卑贱，或高尚，而机关干部只能选择高尚。

　　因为，机关干部是保证各级领导机关正常运转的重要力量，是一个特殊的群体，对职业道德有着特殊的要求。如同军人必须与牺牲为伴一样，机关干部必须与高尚为伴，否则就难以担负机关工作的重任，也不可能成为一名合格的机关干部。

　　毛泽东在半个多世纪前提出的"做一个高尚的人，一个纯粹的人，一个有道德的人，一个脱离了低级趣味的人，一个有益于人民的人"，今天仍应成为机关干部的座右铭。

第46讲　做贤能不做小人

关于小人，有人给他们画了个像，大致有四个方面的特征：

一是媚上。凡小人皆喜欢阿谀奉承、溜须拍马，伺察领导的爱憎，大献殷勤，讨好领导。

二是善谗。进谗是小人的本性，历史上没有一个奸佞小人不陷害忠良。他们不学无术，却专挑别人的毛病。别人勤勤恳恳做事，他们投机取巧，还在领导面前品头论足，说东道西，贬低他人，抬高自己。

三是重利。孔子曰："君子喻于义，小人喻于利。"小人明显表现出重利轻义、见利忘义的秉性，在关键时刻贪生怕死，出卖他人。这种人无情无义，为了讨得领导的宠爱，甚至出卖患难与共的朋友甚至恩人。

四是朋比。孔子曰："君子周而不比，小人比而不周。"这话深刻揭示了小人讲结党而不讲团结，搞小集团而不顾大局的卑鄙行为。小人喜欢在单位拉帮结派，朋比为奸。

小人的这些鬼把戏，有时被识破，有时也确实把个别领导给蒙骗了。然而，小人的卑鄙行径与龌龊行为，能够蒙骗个别人，不能蒙骗多数人；能够骗人于一时，不能骗人于一世。实践也证明，君子坦荡荡，小人长戚戚。小人一时得志之后，看似耀武扬威，颐指气使，实则外强中干，心怀鬼胎，甚至惶惶不可终日。从某种程度上说，做小人是非常可怜的，小人鲜有善终，小人的下场大都好不了。

有句话说得好，"我们无法判断别人是坏人还是好人，但我们自己可以做一个好人"。在这里，我们主要研究一下怎样做"贤臣"。

诚信从政

古今中外，诚信一直都是社会和谐的纽带，在人际交往、社会发展、治国理政等方面都发挥着十分重要的作用。做贤臣，一个很重要的方面，就是要诚信从政。

这是因为，"诚信"这一概念，一开始就是在行政语境下使用的。孔子提出"为政以德"的主张，把诚信道德上升为治国的基本方略。他说："人而无信，不知其可也。"（《论语·为政》）也就是说，一个人如果不讲信用，不知道他怎样可以立身处世。实践证明，为政者如果损信于民则国必乱，失信于民则国必危。因此，为政者要想长治久安，必须率先垂范，为政以德，讲求诚信，取信于民。

现在，世界上诸多国家和地区对于公务员都有诚信从政的要求。比如，香港特别行政区政府《公务员事务规则》规定："公务员不得令本身所处的地位，引致职责与私人利益有所冲突，不得令政府名声受损，不得利用公职谋私利，不得令人对其诚信有所怀疑。"新加坡禁止下级公务员请其上司吃饭，只有在上司即将退休之际，向主管公务员的部门提出申请获准后才可宴请。这种做法有利于对公务员的管理和上级对下级公务员的客观评价。他们认为，下级公务员请上级公务员吃饭，可能使下级公务员对上司的诚信程度产生疑问，久而久之，就会影响到整个公务员队伍建设。

诚信，不仅是我国古代道德体系的基础和根本价值取向，也是我国当代道德体系的基础和根本价值取向，更是社会主义核心价值观的重要组成部分。要把习总书记"大力培育和弘扬社会主义核心价值体系和核心价值观"的要求落到实处，各级领导机关和党员干部必须充分发挥带头作用，以诚信从政的模范行为和高尚人格感召群众、带动群众。我们党对各级干部诚信从政要求标准很高，这就是十九大报告所要求的："党的一切工作必须以最广大人民根本利益为最高标准。我们要坚持把人民群众的小事当作自己的大事，从人民群众关心的事情做起，从让人民群众满意的事情做起，带领人民不断创造美好生活！"

在诚信从政方面，机关干部必须树好形象、做好表率。2014年5月8日，习近平总书记在视察中央办公厅时提出了"五个坚持"的总体工作要求，即坚持绝对忠诚的政治品格，坚持高度自觉的大局意识，坚持极端负责的工作作风，坚持无怨无悔的奉献精神，坚持廉洁自律的道德操守。这是新形势下机关工作的科学指南，作为机关干部，要认真学习领会，既要内化于心，更要外践于行。"五个坚持"做好了，诚信为政的形象就会牢固树立起来。

做人要实

习近平总书记2014年3月9日在参加十二届全国人大二次会议安徽代表团审议时的讲话中强调，党员干部"要对党、对组织、对人民、对同志忠诚老实，做老实人、说老实话、干老实事，襟怀坦白，公道正派"。做人要实，是我们的谋事之基、创业之根、做人之本。

北宋有个叫晏殊的词人，素以诚实著称。他聪明过人，7岁即有文名，14岁时被一位官员推荐于朝廷，正赶上真宗皇帝御试进士。

真宗听说他很聪明，就让他把考试的题目做一遍。小晏殊看了看试题，对真宗说："我十天前做过这个题目，草稿还在，请陛下另外出个题目吧。"真宗见他这样诚实，感到晏殊可信，便赐他"同进士出身"。

晏殊在史馆供职期间，正值天下太平无事，每逢节假日，京城的大小官员常到郊外游玩，搞采摘，吃农家饭；或在城内的酒楼茶馆举行各种宴会，各种舞会。晏殊因为家贫，没有钱去吃喝玩乐，只好在家里和兄弟们读书写文章。

有一天，真宗皇帝点名要晏殊担任辅佐太子的东宫官，大臣们十分惊讶，不明白真宗为什么作出这样的决定。真宗解释说："近来群臣经常游玩宴饮，只有晏殊和兄弟们闭门读书，如此自重谨慎，正是东宫需要的合适人选。"

晏殊向真宗谢恩后说："我也是个喜欢游玩宴饮的人，只是家里穷而已，如果我有钱，也早就参与了。"

真宗听了，对他的诚实非常赞赏，从此对他更加信任。

像晏殊这么实在的品格，至今也是非常需要的。那么，如何做个实在人？这就是：要兢兢业业、任劳任怨干好本职工作，在平凡的岗位上做出不平凡的业绩；要坚守做人底线，老实本分，作风正派，光明正大，不当"两面人""老好人""墙头草"；要对人真诚，与人为善，严于律己，宽以待人，顾大局、识大体、讲风格，共同营造团结和谐的干事氛围；要严格遵守党的政治纪律和政治规矩，坚决抵制歪风邪气，不随波逐流，不阳奉阴违，不拉帮结派，不搬弄是非；要凭实绩、凭本事接受组织挑选和群众评判，而不是四面出击、投机钻营、欺上瞒下、邀功求赏。

诚心助人

助人为乐，是中华民族的传统美德。我常这样想：我们不能选择是否有个聪明的头脑，但是我们可以选择有一副较好的心肠。机关干部是领导的外脑和助手，一定要做到诚心助人。以出点子为例，不论对上"参谋"还是对下"参谋"，都要以对党的事业、对单位建设、对领导和同志高度负责为根本前提，要出好点子，不出馊主意。

所谓好点子，指的是对上对下，对眼前对长远，对局部对整体，对集体对个人，都有益而无害的点子。反之，影响单位建设，影响党群关系，影响领导形象的点子，都是馊主意。

有一份资料介绍成克杰的秘书周宁帮出"主意"的事。作为身边工作人员，周宁帮不仅完全知晓成克杰与其情妇李平的关系，而且还给他们出了一个"捞一笔钱再结婚"的主意，被成克杰采纳。从此，成、李便疯狂地上演了一幕幕权钱交易的"二人转"。

当然，成克杰的犯罪是咎由自取，怨不得他人。但是，透过周宁帮的所作所为，举一反三，机关干部给领导出什么主意，却是一个值得重视的问题。出好主意就是帮人，出坏主意就是害人，做"贤臣"只能帮人，不能害人。要记住这条定律，害人和害己往往是连在一起的，在害别人的同时也在害自己；帮人和帮己也往往是连在一起的，你在帮别人的同时也是帮助了自己。

第47讲 做清官不做贪官

《十八届中央纪律检查委员会向中国共产党第十九次全国代表大会的工作报告》（2017年10月24日中国共产党第十九次全国代表大会通过）指出："十八大以来，经党中央批准立案审查的省军级以上党员干部及其他中管干部440人。其中，十八届中央委员、候补委员43人，中央纪委委员9人。全国纪检监察机关共接受信访举报1218.6万件（次），处置问题线索267.4万件，立案154.5万件，处分153.7万人，其中厅局级干部8900余人，县处级干部6.3万人，涉嫌犯罪被移送司法机关处理5.8万人。"这一方面反映了"全面从严治党成效卓著"，同时也暴露出一些党员干部在贪腐的泥潭里越陷越深，令人触目惊心。

一个干部成为贪官，造成的损失太大了！首要的是给党组织带来惨重损失。党培养一个干部，要付出十几年甚至几十年的时间和昂贵的代价，如今一朝沉沦，几十年的心血全部付之东流。如果贪官多了，会严重破坏党在人民群众心目中的形象和威信。

就对贪官本人来讲，损失也是很惨重的。一位女贪官曾在看守所里向记者算过"七笔账"：一算"政治账"，自毁前程；二算"经济账"，倾家荡产；三算"名誉账"，身败名裂；四算"家庭账"，夫离女散；五算"亲情账"，众叛亲离；六算"自由账"，身陷牢笼；七算"健康账"，身心交瘁。

河北省"第一秘"李真在伏法前，也曾经沉痛地反省道：我毁了自己，也把家人拖进了痛苦的深渊，我妈妈体弱多病，可过去是引我为自豪的，如今风烛残年的她，怎经得起这种打击？我儿子今年已经8岁，聪明可爱，可从小失去母爱，对我依恋感很强，我进来之后，小伙伴不再跟他一块玩，大一点的孩子欺负他，他哭着求别人："你们别再打我了，是我爸爸出事了，不是我出事了。"我多少次在梦中梦见儿子哭着要找我，要我回家，回家陪他，但这怎么可能呢……

"老虎""苍蝇"们的教训警示人们，贪污之路是一条毁灭之路！

贪官污吏历来为老百姓所不齿、所痛恨。所以，我们机关干部，要把清廉为官作为自己的追求。

记住清明节的本意

现在，国家已将清明节定为法定节日。作为领导机关的工作人员，首先要理解清明节的本意——实际上是"清正廉明"。

据史料记载，春秋时期，晋国公子重耳逃往国外避祸，生活非常艰苦，不仅见不到荤腥，还常常处于饥饿状态。一次，他的随从介之推不得不从自己的腿上割下一块肉让他充饥。

十几年之后，重耳做了晋国的国君，也就是晋文公。即位后，他重赏所有跟随过他的有功之臣，唯独忘了介之推。介之推却毫不介意，带着母亲去绵山隐居。

晋文公知道后，羞愧莫及，亲自带着人去请介之推。介之推拒受封赏，不肯出山。晋文公无计可施，便下令放火烧山，他想，介之推是一个孝子，一定会带着母亲跑出来的，却不想这场大火把介之推母子都烧死了。

传说介之推死前把食指咬破，用血写下一首遗诗：

割肉奉君尽丹心，但愿主公常清明。
柳下做鬼终不见，强似伴君做谏臣。
倘若主公心有我，忆我之时常自省。
臣在九泉心无愧，愿政清明复清明。

此后，晋文公以"清明节"来纪念介之推。从这里可以看出，对忠贞傲骨的推崇，对清明政治的期盼，才是清明节的本意。

汉字中的廉政文化

机关干部作为文人，可培养对文字研究的兴趣。仔细研究我们的汉字，它的结构是很有意思的。一些字的结构中，就有廉政文化的内涵。因为古代曾以贝壳作为钱币，所以至今许多与钱有关的汉字，其偏旁部首都带有"贝"字。

"贪"：上面是个"今"字，下面是个"贝"字。这就说明，凡是贪污受贿得来的钱，都不可能长期据为己有。这些钱今天或许是你的，可一旦东窗事发，明天就会被查处、被没收。

"贿"：左边是个"贝"字，右边是个"有"字，而"有"字是这样组成的："大"字少一捺，"明"字少个"日"。所以，"贿"字可以理解成"来路不正大光明的钱"。

"赂"：其本来是一个"路"字，但为了抢钱，也就为"贝"而失足，就成了"赂"。大凡贪图贿赂的干部在事发后，都后悔为了钱一失足而成千古恨。

"败"：左边是一个"贝"字，右边是一个反"文"。这正说明凡是以不文明的手段，比如贪污受贿等得到大量钱财的人，将来必定是身败名裂。正如《红楼梦》中的《好了歌》所言："世人都说神仙好，只有金钱忘不了；终朝只恨聚无多，待到多时人去了！"

"赃"：繁体的"赃"字，左边是一个"贝"字，右边是一个"藏"字。这说明凡是贪赃枉法得来的钱，都不是光明正大的。所以，许多贪官总是提心吊胆，东藏西躲，但最后还是"机关算尽太聪明，反误了卿卿性命！"

另外还有一些汉字，尽管其偏旁部首不带"贝"字，但与反腐倡廉也有很大关系。

"吃"：左边是一个"口"字，右边是一个"乞"字。表明作为领导机关的干部，要是连自己的"口"都管不住，总爱用公款大吃大喝，将来一旦被依法查处，其下场也就和乞丐差不多了。

"忌"：上面是个"己"字，下面是个"心"字。说明在一个干部心中，要是只有自己，没有广大群众，就会犯官场之大忌，从而走上以权谋私的歪路。

"欲"：左边是个山谷的"谷"字，右边是个欠缺的"欠"字，说明只欠一步，就是深谷。所以，作为领导干部和机关干部，私欲不能太强，面对金钱美色的诱惑，必须悬崖勒马，回头是岸。

"废"：由一个"广"字和一个"发"字组成。在市场经济大潮的冲击下，有些人忽然明白了一个道理，那就是"尽管金钱不是万能的，但没有钱是万万不能的"，所以整天想着的就是"发发发"。但是任何事情都有个度，若为了广发而置党纪国法于不顾，贪污受贿的钱再多，又有什么用处呢？一旦被依法查处，不仅钱会被没收，自己也失去了自由。

"忍"：结构组成为"心"字上面一个"刃"字。苏东坡曾说过："人处贫贱易，处富贵难；安劳苦易，安闲散难；忍痛易，忍痒难。"面对金钱美色的诱惑，一些大权在握的领导干部和机关干部的确心痒难熬，如不占为己有，就像有人用刀剜自己的心一样。但是，必须牢记"知足者常乐，能忍者自安"，小不忍则乱大谋也。

"惩"：可以理解为对人心的征服。自古以来都是"得人心者得天下"，新中国成立不久，毛泽东就指出："治国就是治吏，礼义廉耻，国之四维；四维不张，国将不国。如果臣下一个个都寡廉鲜耻，贪污无度，胡作非为，而国家还没有办法治理他们，那么天下一定大乱，老百姓一定要当李自成。国民党是这样，共产党也会是这样。"必须对那些贪污受贿的领导干部和机关干部进行严惩，才能得到广大人民群众的拥护。

"狱"：两犬对"言"也。比如行贿者对受贿者所下的保证："这事就是刀架在脖子上我也不会说出来。"可一旦东窗事发，谁都是拼命地将问题往别人身上推。所以，两犬对言说的都不是人话，是不能相信的。

以干净手段谋升迁

谋求职务升迁无可厚非，但手段一定要干净。这是因为，只有干净的手段得来的职务，才能干净干事。比如说，靠送礼行贿得来的位子，本身就是不干净的，怎能保证你将来在这个位子上干净做事？这显然是不可能的事。我有个同事曾经是个优秀的机关干部，原本我们的职务在同一个起跑线上，几年不见，他脱颖而出，跨入高级干部行列，听说前景非常看好，我正打算给他发个信息祝贺一下，却又听到他被"双规"的消息，令人惊愕不已。

后经查实，他职务之所以升得快，是靠花钱买来的。因他尝到了"又跑又送，提拔使用"的甜头，打算捞更多的钱去买更高的职务，便利用职务之便，收受房地产商的巨额贿赂，却不料"机关算尽太聪明，反误了卿卿性命"。东窗事发后被"双开"，接着被判处有期徒刑12年。

有些干部经不住查，不查没有事，一查就有事。原因就是用不干净的手段谋求升迁，升迁后又做不干净的事。尽管有的人隐藏得很深，没有暴露，甚至侥幸躲过查处，但他却始终怀揣炸弹，惶惶不可终日，心灵时时处于煎熬之中。比如有个局级干部因前些年把U盘插在计算机上，差点儿造成泄密事故，组织上找他谈过一次话，提出警告批评。前段时间，又发现有人在互联网上没按规定使用U盘，造成了泄密事故，组织上考虑到他有前科，把他列入嫌疑人之一，再次找他谈话，原想让他说清楚是否泄密的问题。但他做贼心虚，以为组织上掌握了他这些年利用职务之便贪污受贿的问题，便"主动"把非法获取数千万元的犯罪事实都交代了出来。

有句俗语："平生不做亏心事，半夜敲门心不惊。"我们所做的每一件事情，都要规规矩矩、坦坦荡荡，十年之后敢于见人，百年之后敢于见鬼。

警惕"糖衣炮弹"袭击

纵观历史和现实，"糖衣炮弹"主要有"四美"：美色、美物、美金、美言。春秋战国时期，越王勾践用了其中的三种武器，便夺了吴王夫差的志：美色是奉送西施，美物是奉献宫宝，美言是甘心做吴王的孙子。

在当前形势下，我们机关干部特别是身居要位的干部，应对以下五种发送"糖弹"的手段，保持高度警惕：

一是以支持工作为由，送汽车、豪宅等高档物品；
二是利用婚丧嫁娶、生病住院、逢年过节之机，送红包、礼金、存单、有价证券；

三是投其所好，或以美色引诱，提供色情服务，出资包养情人，或以古董、名画、高档烟酒开道，拉其入伙，引其上钩；

四是采取迂回手段，从家属子女和身边工作人员中打开缺口，逼其就范；

五是先送小的东西，再送大的东西，先联络感情，再把其变成他们所谓的"哥们儿""铁杆"，然后一步一步地在利益上同他们绑在一起，成为他们违法乱纪的"保护伞"，与其同流合污。

没有无缘无故的爱，也没有无缘无故的恨。"礼下于人，必有所求。"大凡为他人搞超常规服务的，都有其背后的目的，如果不保持警惕，就会吃亏上当，追悔莫及。

强化慎独意识

所谓慎独，也就是在没有任何监督的情况下，仍能够谨慎自律，严格要求自己；在有利可图的情况下，控制住不当的欲望，严防做出越轨的事情。应该说，能做到这点实在不易。请看下面这个事例：

明代有个叫曹鼎的人，官职接近于今天的检察官。一次，他抓到一位很有姿色的女贼。因离县衙太远，途中便与女贼同住一庙。

月光下，女贼千方百计勾引曹鼎。见此，他写了"曹鼎不可"的纸条贴在门上，提醒自己千万不要越轨。转念一想，这荒郊野外，送到嘴边的肉，不吃就太亏了，吃了又有谁知晓呢？

曹鼎撕掉门上的纸条，正想破门而入时，忽然又觉得不妥，认为如果做了，就成了因私欲而废公法的行为。想到这里，他又把纸条贴了上去。

过了一会,曹鼎又生一念,女贼是犯人,我做了坏事,她也不敢说,于是又撕掉纸条;可又一想,这是乘人之危,是不道德的,万万不能做,于是又把纸条贴了上去。

就这样,一晚上曹鼎折腾了十多次,总算保住了自己的清白之身。

看了这个故事,人们会立刻想到这样两个问题:一是真正做到在女色面前慎独,其思想斗争的激烈程度,不亚于同犯罪分子白刃相见;二是面对美色诱惑较多的今天,做到慎独"不可",守住道德底线,是要有坚强意志的。

强化慎独意识,就要克服侥幸心理。侥幸心理是一种非常不健康的心理。它常常使人作出不正确的判断,错误地估计形势,从而迷失方向,误入歧途。所有违法乱纪的人都爱耍小聪明,感到只要自己算计得好,伪装得巧妙,事情办得隐蔽,能处理好各方面的关系,做了违法违纪的事情也不会被发现。殊不知,组织和群众的眼睛是雪亮的,法网恢恢,疏而不漏,伸手必被捉,谁也逃脱不了这个规律。

按理讲,干部当到一定的级别,工作干到了一定的机关,那些常识性的道理不用他人讲,自己都是清楚的;哪些事情能做,哪些事情不能做,自己都是应该了解的,不需要他人和组织的提醒。然而现实世界就是这样不可思议,最容易记住的事情往往最容易忘记,最容易明白的道理往往最不容易接受,最需要吸取的教训常常最难于消化,最不应该犯的低级错误都是发生在高级人物身上。杭州市原副市长许迈永,因贪污受贿过亿而被判处死刑。他在悔过书中写下这样一段话:"我总以为朋友靠得住,并心存侥幸地认为,自己所做的这些事是天知、地知、你知、我知,不会有问题,即使出了事,组织上查,也会有人替我挡一下。"结果当然是一人犯罪一人当。

在实际工作中,机关干部要强化自律意识,要切实做到四个"管住":一是管住自己的嘴,不乱吃,不乱说;二是管住自己的腿,不跑官要官,不去不该去的地方;三是管住自己的手,向上不伸手,向下不插手;四是管住自己的心,不低俗,不庸俗,不恶俗,始终保持健康的生活情趣和阳光心态。

第48讲 做人才不做奴才

人不可以使自己位高，但可以使自己崇高。做人才还是做奴才？答案当然在前者。然而，理想很丰满，现实很骨感。在有的时候、有的地方，人才总是怀才不遇，奴才总是平步青云。所以，对于做人才还是做奴才，有的人就感到彷徨犹豫，苦闷不堪。尤为可悲的是，有的本来可以成为优秀人才的机关干部，企图升迁走捷径，扭曲自己的性格，向奴才方向发展。这是一项很痛苦的抉择，也是一项很无知的选择。

人才的价值是显而易见的。无论怎么说，人才总是事业的中坚和骨干，一个单位兴旺发达主要靠人才，而不是靠奴才。人才虽然有时候不被人喜爱，但受人尊敬，经常听到有的领导说："这个人身上有些缺点毛病，但本事还是有的。""这个人的职务没有提升起来，不是个人水平不够，不是干得不好，而是运气差点，机会赶得不好。"奴才虽然有时惹领导喜爱，但不受尊敬，特别是活得没有人格尊严，有时靠拍马溜须、逢迎讨好捞个一官半职，人家也不服气，背地里戳他的脊梁骨。不也经常听到这样的话吗："他算个什么东西，只不过是某某人的一条狗，神气什么，狗仗人势。"人活到这个份儿上，付出的代价就太大了。即使你的职务再高，位置再显赫，身高也在一米八五以上，你的形象也是猥琐的、卑劣的，是叫人瞧不起的。

机关干部追求政治上的进步、业务上的提高乃至职务上的升迁，是有上进心的表现。但是，在追求个人进步靠什么的问题上，还应划清一些是非界限。

要靠真本事，不靠拉关系

前些年，由于"老虎""苍蝇"们横行霸道，在干部的提拔使用上出现了一些"逆淘汰"的不正常现象，致使一些机关干部把关系看得过重。有的认为，个人成长进步是靠关系，不是靠本事，干部有"四化"不如关键时刻有人说一句话。因此，有的人挖空心思跑门子，拉关系，跑官要官。此种观念和做法是非常错误的。

首先要看到，乱拉关系是搞不正之风，既败坏党风，又影响干部队伍建设。实事求是地讲，绝大多数机关干部都明白这个道理，对靠关系而不靠本事上去的人，心里是不服气的。即使个别热衷于搞关系的人，往往也非己心所愿，而是迫于无奈。从众心理者有之，有的感到大家都在拉关系，自己不能搞特殊，要跟上时代发展的"新潮流"，不能做"不识时务的傻子"；适应心理者有之，过去对拉关系看不惯，不习惯，现在多见不怪，习以为常，麻木不仁，已慢慢适应；向往心理者也有之，不认为拉关系是搞腐败，而是感到不会拉关系是没本事，关系越多本事越大。所以，要抵制庸俗关系学的影响，必须把紊乱了的思想观念端正过来，不能见怪不怪，任其泛滥，更不能适应向往，推波助澜。

其次要看到，关系有用也有限，能管一时，不能管长远。在现实世界里，有人拉关系还是有用的，不承认这一点是不现实的。但是，关系所起的作用也是有限的，不能过分夸大其作用，不承认这一点也是不现实的。尤其是干部成长是一个动态的过程，你所拉的关系对你的情况熟悉一些，在某一次或某一阶段提拔使用时，可能起一定的作用，但是你没有真才实学，依靠关系用起来也没有多大发展后劲。

再次还要看到，是金子在哪里也发光，唯有真才实学最可靠。在关系与事业的天平上，哪头轻哪头重，绝大多数领导干部心中都清楚。如果有了真本事，放在哪里都能打得开局面，举荐者说话就硬气，就容易通得过；反之如果没有真才实学，有关系也很难为你说上话。就是退一步来讲，关系能给个人成长进步带来好处，但是任何关系的权力都有其阶段性，不可能永远靠得住。靠本事吃饭的人则不同，有关系的时候能成长进步，没有关系照样能成长进步。所以，只有下决心练好"内功"，有了真才实学，才能经得起时间的检验、行逆风船的检验和人心的检验。

要靠埋头苦干，不靠投机取巧

由于客观世界的复杂性，现实生活中也确有"会哭的孩子多吃奶""投机取巧的人占便宜"的现象，但我们也不能把阴暗面看得过重，把消极因素看得过多，把支流当成了主流。从总体来说，从长远来看，真正有出息、有前途的，还是埋头苦干、默默奉献的老实人。

首先，只有埋头苦干才能多出政绩，为个人成长进步积累"本钱"。政绩是个人进步的资本，政绩越大资本越多，进步的可能性也就越大。一个人的政绩从哪里来？只有从苦干中得来，投机取巧是不能得来的，大凡政绩突出的干部，都是用辛勤的汗水浇灌出来的，这一道理不难明白。

其次，只有埋头苦干才能增长才干，为个人进步创造条件。一个人进步大小，要看他的才干高低、本事大小，本事越大，进步幅度就越大。机关是需要人才的地方，不是埋没人才的地方。越在大机关干越是这样，不用担心没有发展，就怕个人没本事。有了出众才华，进步就有了保证。

再次，只有埋头苦干才能树起威信，为个人进步打牢基础。埋头苦干是中华民族的传统美德，敬重埋头苦干的人也是中华民族传统文化心理。大凡搞投机取巧的人，不论在哪里，威信都不会太高。投机取巧的成功，仅是一种侥幸，骗得了一时，不能骗长远，骗得了个别人，不能骗众人。所以，要想有威信，只能靠脚踏实地，埋头苦干。

要靠组织培养，不靠人身依附

现实生活中确有人反其道而行之，总相信"朝里有人好做官""背靠大树好乘凉"。因此，在个人成长进步上，不是依靠组织和群众，而是在领导层里找靠山，搞人身依附，对组织的重用不感恩戴德，把功劳记在某个人身上。这种思想和做法，确实助长了用人上的不正之风，作为一个有良知的机关干部，必须坚决给予抵制。

首先要充分认识到，个人的成长进步，离不开组织的培养和众人的帮助。每个机关干部的才能都不是天生的，都是各级组织辛勤培养教育，各级领导手把手传帮带，广大同仁帮助的结果。在个人成长的征途上，由于诸多历史的、客观的原因，可能某位领导在你身上花费心血多一些，在你发展的关键处起作用更大一些，但也不能作为人身依附的理由。这是因为，作为领导，他是代表组织做工作的，有责任培养教育部属；作为部属，要把领导看作是组织的化身。要感谢，只能感谢组织，不能感谢哪个人；要依靠只能依靠组织，不能依靠哪个人。

其次要充分认识到，个人能量再大，也大不过组织的力量。随着民主和科学化进程的加快，在用人问题上，制度越来越严格，方法越来越科学。集体的力量，群众的公论，在选人用人上的作用越来越突出。试想，大多人不高兴、不满意、不赞成的干部，靠山再硬也难提升，即使提升了，也难站住脚。有的人讲，现实生活中也确有靠人身依附升官发财的，这的确是事实，但我们还要看到这样的事实，那就是也有一些靠人身依附得过便宜的人，最终却又吃了人身依附的大亏。

　　再次要充分认识到，靠人身依附最没出息，必须始终保持高尚的人格，靠过硬的真本事立世。纵观历史，那些靠人身依附的人，虽然可能一时得道，到头来很少有出息的，倒是许多人下场十分可悲。机关干部应时刻保持清醒头脑，对人身依附给事业和个人成长进步带来的危害要充分估计到，始终保持磊落正派的道德情操，坚持自律自戒：戒私欲太盛，戒投机钻营，戒急功近利，戒争功诿过，戒盲目攀比，戒自命不凡。无论什么时候，都要挺直腰杆做事，堂堂正正做人。

第十课
登上成功快车

成功，就其字意来讲，是指获得预期的结果。成功，是个人存在价值得到他人的承认，是个体内在满足、快乐、充实的感觉，是通过努力实现预定目标所带来的内心的宁静感。

一个成功的机关干部有什么标志？比较通俗的概括是："上面有人调，下去有人要，领导喜欢用，测评得高票。"也就是上级机关能看上他，缺人、少人时把他看作是上调的对象；提职放下去大受欢迎；一有大的任务、大的材料、大的活动，领导就喜欢点他的将，时常几个领导争着使用他一个人；每到民主测评时，总是名列前茅。

放眼现实世界，有人驰骋在成功的大路上，有人挣扎在失败的漩涡里。所以，成功一定有方法，失败一定有原因。作为最后一课，我送给大家一个良好祝愿：登上成功快车！

第49讲　把单位当家建

大约二十年前，我在总参兵种部机关任组织处长，有一次写领导讲话，主讲人田永清将军告诉我说："我想到了这样三句话——主官如筷，班子如拳，单位如家，你把它解读一下写到讲话稿里。"这三句话在党委扩大会上讲出来后，引起了强烈反响。特别是"单位如家"这句话，大家觉得朴实而有深意，直到现在还有人时常提起。

什么是单位？单位是你和社会之间、他人之间，进行交换的桥梁。单位是你显示自己存在的舞台，单位是你美好家庭的后台，单位是你提升身价的增值器，单位是你安身立命的客栈。诚如一位领导同志所言：如果你是小草，单位就是你的地；如果你是小鸟，单位就是你的天；如果你是一条鱼，单位就是你的海。家庭离不了你，但你离不了单位。没有单位，你，什么也不是。我当时解读单位如家的中心意思是：要像看待家一样看待单位，要像爱护家一样爱护单位，要像建设家一样建设单位。

在单位要珍惜三点

一要珍惜手头的工作。工作就是职责，职责就是担当，担当就是价值。珍惜工作，就是珍惜把握的机会，就是珍惜组织的信任，就是珍惜人生的舞台。

二要珍惜人际关系。百年修得同船渡。能够到一个单位工作，那是缘分。所以，对单位的人际关系一定要珍惜，宁可自己受委屈也尽量不争高低。要帮人，不要害人。一个人只有能够处理好和自己有工作关系的关系才叫能力。

三要珍惜已有的。在单位你已经拥有的，一定要珍惜。也许时间久了，你会感到厌烦。要学会及时调整自己，使自己在枯燥无味的工作面前，有一种常新的感觉。你已经拥有的，往往失去了，才会感受到价值；而一旦失去，就不会回来，这往往让人抱憾终生。

在单位要忌讳三点

一忌把工作推给别人。工作是你的职责，是你立足单位的基础。把属于自己的工作推给别人，不是聪明，而是愚蠢，除非是你不能胜任它。推诿工作是一种逃避，是不负责任，更是无能，这会让别人从内心深处瞧不起你。

二忌愚弄他人。愚弄别人是一种真正的愚蠢，是对自己的不负责任。尤其是对那些信任你的人，万万不可耍小聪明。长期在一起共事，让人感动的是诚恳，让人厌恶的是愚弄和虚伪。

三忌心浮气躁。心浮气躁、沉不下心来，是在单位工作的大忌。单位不是走马观花，而很有可能是一生的根据地，是一个人一辈子存在的证明。要沉下心慢慢干。有机会了也不要得意忘形，没有机会或者错过了一个机会也不要患得患失。只有埋头，才能出头。最后的赢家往往是那些慢慢走过来的人。

在单位要不忘三点

第一，**不忘贵人**。单位无论大小，一把手只有一个。那些能够在一把手面前推荐你，说你好话的人是你生命中的贵人，不能忘恩负义。在单位要克勤克敬，兢兢业业，而不是耍赖撒泼，妄自尊大。单位从来不按年龄的大小排序，而是按职务排序，谁以自己的年龄大小来说事，谁就是真正的傻瓜。没有一个人会因为你年龄大而从内心深处敬重你。那些对年龄的尊重只是一种表面的应酬。

第二，**不忘补台**。互相补台，好戏连台；互相拆台，一起垮台；明争暗斗，两败俱伤；互相帮衬，相得益彰。在单位，老年人有老年人的优势，年轻人有年轻人的优势。万万不可互相轻视，那是自相残杀。在单位，能多干一点就多干一点，总有人会记得你的好。在单位，千万不可以带一个不好的头，不要破坏单位的规则，那样就是拆一把手的台，也就是拆自己的台。一定要把属于私人的事限制在私人的空间。否则，关键时刻没有人认可你。在单位要尽量远离那些鼓动你不工作的人、鼓动你闹矛盾的人，那是在让你吸食毒品。

第三，**不忘谦虚**。谦虚使人进步，骄傲使人落后。在单位，永远不要说大话，没有人害怕你的大话，大家只会瞧不起你。维护自己的单位，维护自己的工作，维护自己的职业。如果你仅仅是为了玩耍，请你不要在单位里。你若是颗种子，单位就是你的沃土。单位离开谁都能运转，但你离不开单位，你要努力证明，你在单位很重要。

第50讲　干一行精一行

不少人喜欢拿破仑那句名言："不想当元帅的士兵不是好士兵。"我更喜欢他的另一句名言："即使让我挖厕所，我也要挖出天下最好的厕所来。"古今中外大凡事业成功者，都有一个共同的特质，那就是"干一行，爱一行，精一行"。

干一行，爱一行

几年前，美国心理学博士艾尔森对世界100名各领域的杰出人士作了一项问卷调查，结果让他十分吃惊——其中61%的人承认，他们所从事的职业，并非是他们最喜欢的，至少不是最理想的。

一个人竟然能够在自己不大喜欢的领域里，取得辉煌业绩，靠的是什么？带着这样的疑问，艾尔森博士又走访了多位商界精英，其中纽约证券公司的金领丽人苏珊的经历，为他提供了有益的启示。

苏珊出生于中国台湾的一个音乐世家，她从小就热爱音乐，但她阴差阳错地考进了大学的工商管理系。尽管不喜欢这一专业，但她学得很认真，各科的成绩均是优异，毕业时被保送到麻省理工学院，她又在这里拿到了经济管理专业的博士学位。如今已是美国证券界风云人物的她,依然心存遗憾地说:"迄今为止,我仍说不上喜欢自己所从事的工作。如果能够让我重新选择,我会毫不犹豫地选择音乐。但我知道那只是一个美好的假如了,我只能把手头上的工作做好……"

艾尔森博士问她:"你不喜欢你的专业,为何你又做得那么优秀?"苏珊粲然一笑说:"因为我在那个位置上,那里有我应尽的职责,我必须认真对待。""不管喜欢不喜欢,那都是自己必须面对的,都没有理由草草应付,都必须尽心尽力,尽职尽责,那不仅是对工作负责,也是对自己负责。"

苏珊的话很耐人寻味——"因为我在那个位置上",凝聚了她对自己所从事工作的敬重,凝聚了她不甘平庸的理念。很多人常常无法改变自己在工作和生活中的位置,但完全可以改变对其所处位置的态度和方式。"大山不向我走过来,我就向大山走去,而且要登到最高峰",这就是成功人士的志向和风度。假若老是"这山望着那山高",常常抱着"这个工作我没有兴趣""那个工作不适合我"的想法,久而久之,这个社会中再也不会有适合自己的工作了。

我觉得,要想成就大事,既要有理想,又要讲实际。任何一项工作,都必须有人去做,而且必须做好。国防大学知名教授金一南的成功经验,对任何人都有启迪。

14岁,金一南刚初中毕业,"文革"风暴袭来,一夜之间他成了"黑帮子女",继续上学的机会没了。

1971年,他到街道小厂当了一名学徒工,学习烧制装阿司匹林的瓶子,熟练的工人一天一般烧制千余个,他一天最多烧2000个瓶子,很快成为优秀学徒工,派去外厂学车工。为完成加工支援越南抗美前线的一个特殊输油管接头,他在车床上连续奋战36个小时,右手被车床尾座顶尖撞破,鲜血直流,他一边往工作服上抹血一边干。师傅见他工作裤右侧全是血,吓得大叫,以为他受了重伤,强行把他从车床上拽下来送到卫生所包扎。在卫生所门口,车间主任说了一句:"金一南天生就是个好工人。"

1972年底入伍后,从空军地勤机械员到北京军区通信团无线电技术员和技师,金一南经历了12年的基层连队生活,在夏天炎热不堪、冬天滴水成冰的宿舍兼工作室里,他把维护电台的经验体会整理了一本又一本。他凭着自己的技术积累,夺得全团技术竞赛第二名,被破格提升为连队技师,又有人说:"金一南天生就是个好技师。"

1987年,金一南如愿以偿进了国防大学图书馆。他在图书馆工作11年间,学计算机、学英语、搞数据库,成果丰硕。他主持开发的"国防相关信息情报系统"获军队科技进步奖,成为军事训练信息网上运行的第一个大型情报系统,这时有人又说:"金一南天生就是个好馆员。"

1998年,金一南开始登上三尺讲坛,到现在二十年的教龄,但他厚积薄发、一鸣惊人,很快成为全军、全国的知名教授。他连续三届获得"国防大学杰出教授"称号,很多人又说:"金一南天生就是个好教员。"

怎样看待天生的"好工人""好技师""好馆员""好教员"?金一南回答说:"没有什么事是注定的,没有什么人是天生的。我们这一代人从一个动荡的年代走过来,注定了没有比别人更优越的条件,注定了在同等的时间内,要比别人做更为艰苦的工作,走比别人更为艰苦的历程。人生旅途中,的确有很多事情自己无法把握。我能够把握的唯有一条,从来没有厌弃过、从来没有后悔过自己干过的所有工作，都是全身心投入，一心一意把它干好。我相信一句话，一个人如果热爱生活，就从热爱工作开始。一个人如果热爱祖国，就从干好工作开始。"

平时多抢重担挑

我在机关工作近四十年的体会是，一个人要长本事，平时就要多抢重担，少推卸责任，多干活，少闲着。实际上也是这样，不少机关干部见了类似写材料等重任躲得远远的，工作挑轻的，力气是省了，增长能力的机会也就放过了。

人的能力强是工作多逼出来的，铁肩膀是压出来的。本来是你职责范围内的工作，你把它推卸给了别人，让人代劳，自以为是占了便宜，实际上是把机会、把能力推出去了；而有的人抢挑重担，便登上了锻炼、增强、显示自己能力的舞台。在这个舞台上，他开头的表现可能不会很出色，但随着实践锻炼的增加，他的能力就会越来越强。因此，机关干部要想尽快提高自己的工作水平，平时一定要做到不怕多干事。如果你的某位同事性情懒惰，遇事不愿动手，指派你去干这干那，你可以充分利用这种多做事的机会来提高自己。千万不要一心想比别人还要懒些，或是推托抱怨。如果这样，便是让你经受锻炼的机会白白跑掉。有许多成功的人，都是因为除派定的工作之外，还要做许多别的事情，并因此得到不少经验。他们做同事的工作，心甘情愿，不要报酬，所花的时间在办公之外，又常常是别人或领导不知道的。

当然，这样做额外的工作，必须是带着一股热忱和兴趣去做，然后才会有成效。如果是以埋怨的态度去做，或是专门想引起同事或领导的注意，博得他们的同情或称赞，那么工作就不会有什么成就。成功的人并不是希望获得称赞，而是因工作本身有趣才去这么做的。对待工作的态度比工作本身还重要一些。

这里讲一个外国人的实例，说的是阿穆尔肥料工厂厂长马克道厄尔的升迁经历。

马克道厄尔最初是在一个懒惰的书记官底下做事，那个书记官总是把自己应该干的事推到手下职员的身上。他觉得马克道厄尔是一个可以任意驱使的人，某次便叫他替自己编一本阿穆尔先生往欧洲时用的密码电报书。

那个书记官的懒惰使马克道厄尔拥有了做事的机会。他做事极为认真，不像一般人编电码那样，随意简单地编几张纸了事，而是编成一本小小的书，用打字机很清楚地打出来，然后整整齐齐地用胶装订好。

谁知，那书记官把这一成果交给阿穆尔先生时，阿穆尔先生却问道："这大概不是你做的吧？"

"不……是……"那书记官战栗地回答。

"你叫他到我这里来。"就这样，马克道厄尔到办公室来了。"小伙子，你怎么把我的电报做成这个样子的呢？"阿穆尔问。

"我想，这样你用起来方便一些。"

过了几天后，马克道厄尔便坐在了前面办公室的一张写字台前。再过些时候，他便取代了那个书记官的职位。

衡量一个干部优劣的标准不外乎"德、能、勤、绩"四个字，而"抢挑重担"不仅能使自己的能力得以迅速提升，而且可以同时促进其他各个方面的发展。你抢挑重担，主动多干工作，不计分内外，不计报酬有无，其"德"自会令人称道；你抢挑重担，必然加班加点，别人休息你工作，其"勤"自不必说；你抢挑重担，也为自己争取到了施展才能、干出业绩的舞台，"绩"也由此产生。所以做到了"抢挑重担"，可以一举多得，可以获得"德、能、勤、绩"的全面大丰收，这样的大账不可不算。

第51讲　优化自己才能

人与人之间的差异，主要是能力上的差异。对于这个道理，孔子曾说过，"君子病无能也"，意思是说，君子最怕的是无能。马克思曾经指出，"人的价值蕴藏在才能里"。

就人的肉体本身而言，人是没有多大价值上的差距的。一个人不论个头多大，也只是那几十种化学元素组成的，从这一点上说，人与人差不多；但从实际来看，人与人又差得多。在同一个机关，这种现象并非鲜见。有的机关干部"上面有人调，下去有人要，领导喜欢用，测评得高票"，也就是上级机关能看上他，缺人、少人时把他看作是上调的对象；提职放下去大受欢迎；一有大的任务、大的材料、大的活动，领导就喜欢点他的将，时常几个领导争着使用他一个人；每到民主测评时，总是名列前茅。有的机关干部则不行，在机关干了多年，却没有多少长进，才能依旧，政绩平平，上级机关人员换了一茬又一茬，从来没有打过他的主意；下面听说他要去任职，直摇头，甚至不约而同一句话：谁来都行，唯独他不行；单位领导一听让他干一项大的工作，承办一项大的活动，就犯疑虑，担心不行；在民主测评的先进行列里，很少见到他的影子。这就是才能优劣的区别。

练就"五项全能"

机关干部怎么优化才能？这里提出"五项全能"的标准：

一是能文能武。也就是说能力素质全面，基本功扎实。说相声的基本功是说、学、逗、唱，唱京剧的基本功是做、念、唱、打。机关工作起码需要有"五功"：一是"脑功"，要开动脑筋，善于学习、思考、谋划、总结，需要想能想得出来；二是"口功"，口头表达能力好，需要讲能讲得出来；三是"手功"，文字表达能力强，需要写能写得出来；四是"腿功"，善于深入实际，调查研究，掌握真实情况，既能为领导决策提供依据，又能帮基层排忧解难；五要有"身功"，言行一致，勤政廉政优政，自身形象良好。

二是能高能低。这是机关干部的角色特征要求。机关干部的角色是经常变化的，该高的时候就要高，该低的时候就要低。向首长提建议，就得以部属的身份去请示汇报；拟发文件，就得站在发文机关的高度去审视；写讲话稿，就得站在讲话首长的高度去思索；下基层检查指导工作，就得站在派出机关的高度去指导；处理问题，就得把握住自身分管的业务和职权。

三是能前能后。机关干部是领导的影子，而且这个影子的位置是不断变化的。有时要在领导的后头，有时又要跑到领导的前头。干好这鞍前马后的工作，就要拿捏好这"前"和"后"的分寸。大致说来，要想在领导前，走在领导后，也就是"动脑子"的事要在前，"露面子"的事要在后。如出主意、提建议等，凡属于思维范畴的活动，跑到前面去，基本没有错；但不能有"请客坐上位、照相坐中间、走路走前面"的欲念。

四是能方能圆。"方"就是坚持原则，"圆"就是讲究策略。首先是坚持原则，重大原则问题不让步，这是底线。要坚持按法规办事，按程序办事，按职责办事，按党委决策和领导的指示办事。与此同时，也要防止工作简单化，注意方法和策略，以办成事为目的。

五是能苦能乐。机关无论大小都是办事机关。办事是个苦差事。这个"办"字中间是个力，意思要肯下力气。力字两边还有两个点，一个点代表的是辛劳的汗水，一个点代表的是辛酸的泪水。所以，在机关工作要任劳任怨，不怕加班加点，需要早上班就早到，需要晚下班就晚退，需要连轴转就不睡觉。虽苦虽累乐此不疲，酸甜苦辣无怨无悔，始终保持良好的精神状态。

培养"四不怕"精神

习近平同志在《秘书工作的风范——与地县办公室干部谈心》一文中指出："办公室每一位同志都是很辛苦的，整天有干不完的事，经常加班加点，甚至通宵工作。连星期六也难以休息。赶写材料的秘书更辛苦，工作强度很大，超过了一般部门的工作量。东汉刘桢的两句诗'驰翰未暇食，日昃不知晏；沉迷簿领书，回回目纷乱'把秘书人员埋头文稿，忘记用饭，不知早晚，头昏眼花的状况描写得十分形象。"（习近平：《摆脱贫困》，福建人民出版社2014年版。）由此可见习近平同志对机关工作的酸甜苦辣非常了解和体谅。在长期的机关实践中，我深切体会到，在机关工作，特别是搞文字工作，不但要有才气，还要有力气，更要有好脾气。具体来说，要有"四不怕"的精神：

一不怕吃苦。文字工作是一个苦差事、累差事。机关干部，人称"四水干部"——喝墨水、费脑水、流汗水、尿黄水（上火）。这些话虽有调侃之嫌，却也有几分形象逼真。实事求是地讲，再会写文章的人也没有好写的文章。从事艰苦的脑力劳动，就不能怕吃苦。大凡机关的"笔杆子"都有这样的体会，从接受任务那一刻起，就会感到沉重的压力，吃不下饭，睡不好觉，有时因为一个问题，因为一句话甚至一个字，要绞尽脑汁、冥思苦想、痛苦地琢磨好半天，还可能没有结果；有时感到脑力不足，身心疲惫，心理和生理承受到了极限；有时时间紧，往往夜以继日，连续加班，打通宵甚至连续几个通宵都不鲜见。所以，吃不了苦，受不了累，熬不了夜，是很难做好这项工作的。

二不怕返工。文章是改出来的，不是写出来的。文章不妨千遍磨。初写者往往怕被他人否定，怕被领导否定，怕推倒重来。然而实际工作中，写一遍就成功的情况比较少见，反复修改，甚至多次返工的事经常发生。所以，经常搞文字工作的人，对"返工"这种现象司空见惯，让变路子就痛痛快快地变路子，让改句子就痛痛快快地改句子，让换例子就痛痛快快地换例子，改多少遍也不能发牢骚、发脾气。据说，在出版界，要想使出版物差错率不超标，必须审读、校对7遍以上。起草机关公文特别是领导讲话也有这样的程序，提纲要层层把关3到5次，成稿后也要层层把关3到5次，每次都要字斟句酌，反复推敲，这样才有可能在领导那里通过。即使文采比较好的大"笔杆子"，也有这样的漫长经历。认识到这个特点规律，就不怕否定自我、不怕反复修改了。

三不怕批评。机关干部辛辛苦苦、加班加点精心搞出来的文件、材料，不被领导认可，受到领导批评甚至严厉批评的事时有发生，特别是遇到懂文字材料的领导，挨批评更是家常便饭。我所在的单位有一位领导，自己文字水平非常高，对部属的文字要求以刻薄而著称。他看到机关干部送来的草拟文件不满意，经常不客气地给予严厉批评。有时候，他看完送来的稿子不满意，就自己动手修改。我们的机关干部都有深刻体会，这个领导的话有时虽然讲得尖刻，没有顾及你的面子，但实际上他工作非常认真，文字思想水平很高，跟他能学到不少东西。严师出高徒。不批评不进步，不磨砺不成才。如果能经受得住批评的考验，就不愁没有文采。

四不怕无名。机关工作是无名的事业，无名的事业需要无名英雄。正如习近平同志在1990年与地县办公室干部谈心时指出的，"出成绩时大家可能是无名英雄，寂寂无闻；在遇到问题时，可能成为矛盾的焦点，尝尽酸甜苦辣"（习近平：《摆脱贫困》，福建人民出版社2014年版）；2014年5月，习近平总书记在视察中办时要求机关人员"为了党和人民事业勤勤恳恳、任劳任怨，不图名、不图利，专心致志、心无旁骛做好工作"（习近平：《办公厅工作要做到"五个坚持"》，《秘书工作》2014年第6期）。具体到我们机关干部身上有三点：一要"任劳"。就是不怕吃苦、加班、熬夜。人的差异在于八小时以外。工作要出质量，不加班不行；完成突击性任务，不熬夜不行；把平凡的工作干得不平凡，没有超常的举动更不行。二要"任怨"。要受得了委屈，经得起误会，耐得住寂寞。不怕吃苦，不怕吃亏，不怕吃气。三要"认命"。机关干部的职业特点，命中注定就是要甘当无名英雄，有了成绩是集体的，是领导的，是群众的，有了问题只能从自身找原因，找教训，不能强调客观理由。

守住三条底线

"底线"是指一种境界，是指不能含糊，不能推卸，必须坚持，必须做到的事情。机关干部必须坚守的三条底线是：道德、纪律、法律。只有守住了这三条底线，才能筑牢成功的堤坝。

道德、纪律、法律这三条底线是分层次的。如果说道德是低压线，那么，纪律就是中压线，而法律就是高压线。违反了道德这条底线，就会受到舆论的谴责，你自己心里也不好受；违反了纪律这条底线，就会受到党纪政纪处分；违法了法律这条底线，就会受到法律的制裁。习总书记2015年6月26日在中共中央政治局第二十四次集体学习时的讲话中强调指出："对违规违纪、破坏法规制度踩'红线'、越'底线'、闯'雷区'的，要坚决严肃查处，不以权势大而破规，不以问题小而姑息，不以违者众而放任，不留'暗门'、不开'天窗'，坚决防止'破窗效应'。"

第一，不越道德这条"底线"。意大利诗人但丁说过："道德能够弥补知识的缺陷，而知识却难以弥补道德的缺陷。"坚守道德底线的意义毋庸赘言，因大多数党员干部都懂得，且能讲得头头是道，突破道德底线，不是因为不知道，而是因为做不到，不然就不会有那么多失德的"苍蝇""老虎"了。坚守道德底线，说难也难，说简单也简单，只需做到"慎初"二字可。

慎初，就是要谨防"第一次"。人生贵善始，第一道"防线"被冲破了，往往会"兵败如山倒"。为官者洁身自好，守身如玉，永葆本色，就要把好第一关，死守第一道防线。具体说来，要做到以下"三个不能"：

一是不能以"不是我一个"来原谅自己。实际上这是"从众攀比心理"作祟。这种心态不是以是非对错作为判断标准，而是片面地以人数多寡作为正确与否的标志。似乎参与的人越多，就越正常，越有安全感。即使稀里糊涂上了"贼船"，栽了跟头，不仅执迷不悟，而且还以"不是我一个"来原谅自己。诚然，突破道德防线、走上贪腐道路的不止一两个人，特别是十八大以来，我们党坚持"老虎""苍蝇"一起打，一些干部违纪案件不断被公之于众，这难道不使人感到有所畏惧吗？我们党对待腐败行为采取"零容忍"态度，反腐只有进行时，没有完成时。一个单位不论是谁，不论牵涉多少人，发现一起、查处一起，没有免罪的"丹书铁券"，也没有"铁帽子王"。如果在突破"底线"方面搞攀比，最后吃亏的必定是自己。

二是不能以"一次不要紧"来开脱自己。不少贪腐分子都有这样的忏悔，开始时常常以"一次不要紧"安慰自己、开脱自己。没想到开弓没有回头箭，有了第一次，就会有第二次、第三次，最终不能自拔，一步步滑落犯罪深渊。宋代文学家欧阳修在《五代史伶官传序》中说："夫祸患常积于忽微，而智勇多困于所溺。"一个人要想坚守住底线，抵抗住形形色色的诱惑，必须从点滴之处防微杜渐，努力做到慎初。倘若总是习惯于用"第一次不要紧"来为自己开脱，到头来势必会步入"悬崖勒马收缰晚，船到江心补漏迟"的危险境地，"开脱自己"也会变成"开涮自己"，人要是把自己"涮"了，结局还会好吗？

三是不能以"一点小事无所谓"来放纵自己。好多贪腐官员开始都是从"小事起"而后"摊上大事"的。古人曾经告诫我们："勿轻小事，小隙沉舟；勿轻小物，小虫毒身。"因此，古今中外都极力倡导"为官不纵小恶"。不纵小恶，对组织来讲，是对干部的爱护，对干部自己来讲，是自我的保护。"千里之堤，溃于蚁穴。"从小恶到大恶，是从量变到质变的蜕化过程。不纵小恶，说到底就是要做到防微杜渐，及时克服小缺点、小错误，把它消灭于萌芽状态之中，长此以往，必然会在思想上筑起一道坚固的"长城"，有效抵御形形色色的错误思想和行为的侵蚀。

第二，不踩纪律这条"红线"。十九大报告指出："加强纪律教育，强化纪律执行，让党员、干部知敬畏、存戒惧、守底线，习惯在受监督和约束的环境中工作生活。"党的纪律是多方面的，它包括政治纪律、组织纪律、工作纪律、保密纪律、生活纪律、廉洁纪律，等等，其中最重要、最根本、最关键的是遵守政治纪律，要增强政治意识、大局意识、核心意识、看齐意识，任何时候任何情况下都要与以习近平同志为核心的党中央在思想上、政治上、行动上保持高度一致。这就要求：

一是不得对党中央的大政方针说三道四。从实际情况看，一些党员干部乱评乱议、口无遮拦现象比较突出。有的人在那儿调侃，传播小道消息，东家长西家短乱发议论，热衷于转发网上不良信息，甚至一些所谓"铁杆朋友"聚在一起妄议中央大政方针；有的人热衷于打探消息，四处寻问，八方打听，不该问的偏要问，不该知道的特想知道，捕捉到一些所谓内幕消息就到处私下传播；有的人对中央查处的一些大案要案在背后说三道四，甚至显得忿忿不平，等等。这就踩了政治纪律这道红线。

二是重大问题及时向组织报告。每个党员干部都是组织的人，相信组织，服从组织，依靠组织，无话不可对党言，有事及时向组织报告，这是我党的优良传统和特色优势。在相当长的时间里，个人重大问题隐情不报现象比较突出：有的得了重病不报告，最后病危了组织还不知道；有的子女家属长期在国外也不报告；有的家庭发生重大变故不向组织报告，离婚、结婚多少年了，组织都不知道；有的弄了很多证件，护照好几本，还有假身份证。这些都是不守纪律、不懂规矩的表现。习总书记严肃指出："懂规矩就应该报告，隐情不报的，一是不懂规矩，二是这里面怕有不可告人的隐情。"

三是不搞团伙利益集团。习总书记在中共第十八届中央纪律检查委员会第五次全体会议上强调："党内绝不允许搞团团伙伙、结党营私、拉帮结派，搞了就是违反政治纪律。"机关党员干部，一定要自觉强化"五湖四海"观念，不以人画线，不搞小圈子，不垒小山头，不结小帮派，不去参加那些所谓的同乡会、同学会等活动；自觉抵制拉关系、找靠山、攀龙附凤、跑官要官等歪风邪气，尤其是不能不择手段往上爬。要真心明白，在党内不守纪律、不讲规矩，跟组织玩小聪明，权欲膨胀、利欲熏心，不择手段往上爬，为了自己什么事都敢干，总有一天会自己毁了自己的。要确立起这样的观念：靠素质立身，靠能力成功，靠品德做人，靠组织进步。

第三，不触法律这条"高压线"。 可以说，法律是"高压线"，是"雷区"，要敬而远之，不能碰，不能闯，否则就会身败名裂。那么，如何才能够守住法律这道底线？关键是对其要有敬畏感。明朝初年，太祖朱元璋曾经问众大臣:"天下何人最快活?"对此,大臣们众说纷纭。有的说功成名就者快活,有的说金榜题名者快活,有的说妻妾成群者快活。朱元璋面露不悦之色。这时,有个叫万钢的大臣答道:敬畏法度者快活!朱元璋听后极为赞赏,连声说道,讲得好!讲得好!

所谓敬畏法度,就是害怕受到法律制裁的意思。党员干部,切忌有权大于一切的无所畏惧意识,要自觉把自己置于法律的约束之下。"上帝想要谁灭亡,必定先令他疯狂。"那些出问题的干部,并不是一开始就坏,他们很多人开始时谨慎小心,但在事业有所成就时,就开始飘飘然,忘乎所以,甚至疯狂作为,以致"天堂有路不去走,地狱无门闯进来"。

做敬畏法度者,就要时刻用法度来规范自己的行为。不做与法律规定相违背的事情,就会拥有自由。相反,不畏法度的人,无法无天,我行我素,置党纪国法于不顾,最终必定会受到应有的制裁,不仅官做不成了,甚至连做人的自由也没有了。

习总书记要求各级领导干部"要牢记法律红线不可逾越、法律底线不可触碰,带头遵守法律、执行法律,带头营造办事依法、遇事找法、解决问题用法、化解矛盾靠法的法治环境"(《习近平谈治国理政》第二卷,第127页,外文出版社2017年版)。我们各级机关党员干部,也要自觉践行总书记的要求。一是要守法律,重程序,这是法治的第一位要求;二是牢记职权法定,明白权力来自哪里、界线划在哪里,做到法定职责必须为,法无授权不可为;三是保护人民的权益,这是法治的根本目的;四是自觉接受监督,这既是对党员干部行使权力的监督,也是对党员干部正确行使权力的制度保护。

后 记

五年前中央军委批准我退休,我的人生转入了"下半场"。当时,我提出了自己"一个中心、两个基本点"的新的人生规划。

"一个中心"——以休息为中心。组织上批准退休,绝对是一种关爱。过去讲,"拉革命车不松套,一直拉到共产主义","共产党人有晚年无闲年"。所以,自打入党那天起,就有了"生命不息,工作不止""小车不倒只管推"的心理准备。没料想在身体还健康时,就被批准退休,这是组织给予的关怀和福利,以休息为中心,是服从组织决定的题中应有之义。

当然,休息,是积极的休息,不是消极的休息。什么事情也不干,除了吃饭就是睡觉,那是消极休息。积极的休息,就是率性而为,尽力而为,干点自己想干的事,喜欢的事。这就衍生出了"两个基本点"——讲一点课,写一点书。

"讲一点课"在这里不作赘述。我对"写一点书"是这样理解的:"书籍是人类进步的阶梯",能够为"进步阶梯"增砖添瓦,也是人生之幸事,我乐此不疲。我的《机关的机关》系列丛书6本,其中3本是退休以后出版的。这本《机关功课51讲》,是我退休后出版的第4本书。我还会继续写下去。因为我有一个理念：写好书，行善举。多写一些传播正能量的书，多写一些好读、好记、好用的书，这是我人生"下半场"的目标所在、理想所在。

最后，特别感谢编辑朋友们的辛劳付出，感谢读者朋友们的抬举关爱！

张传禄

2018年10月30日于鸡鸣书屋

图书在版编目（CIP）数据

机关功课51讲 / 张传禄著. -- 重庆：重庆出版社，2019.4
ISBN 978-7-229-14014-4

Ⅰ.①机… Ⅱ.①张… Ⅲ.①国家行政机关—工作经验—中国 Ⅳ.①D630.1

中国版本图书馆CIP数据核字（2019）第023527号

机关功课51讲
张传禄 著

出　　品：华章同人
出版监制：徐宪江　秦　琥
责任编辑：徐宪江
特约编辑：马巧玲
责任印制：杨　宁
营销编辑：史青苗　刘　娜
封面设计：今亮后声·小九

重庆出版集团
重庆出版社 出版

（重庆市南岸区南滨路162号1幢）
北京华联印刷有限公司　印刷
重庆出版集团图书发行有限公司　发行
邮购电话：010-85869375
全国新华书店经销

开本：787mm×1092mm　1/16　印张：20.25　字数：220千
2019年4月第1版　2024年8月第6次印刷
定价：49.80元

如有印装质量问题，请致电023-61520678

版权所有，侵权必究